Lo que queda de la izquierda

de la izquierda

RELATOS DE LAS IZQUIERDAS LATINOAMERICANAS

Taurus es un sello editorial del Grupo Santillana

www.editorialtaurus.com.mx

Argentina
Av. Leandro N. Alem, 720
C 1001 AAP Buenos Aires
Tel. (54 114) 119 50 00
Fax (54 114) 912 74 40

Bolivia
Avda. Arce, 2333
La Paz
Tel. (591 2) 44 11 22
Fax (591 2) 44 22 08

Chile
Dr. Aníbal Ariztía, 1444
Providencia
Santiago de Chile
Tel. (56 2) 384 30 00
Fax (56 2) 384 30 60

Colombia
Calle 80, 10-23
Bogotá
Tel. (57 1) 635 12 00
Fax (57 1) 236 93 82

Costa Rica
La Uruca
Del Edificio de Aviación Civil 200 m al
Oeste
San José de Costa Rica
Tel. (506) 220 42 42 y 220 47 70
Fax (506) 220 13 20

Ecuador
Av. Eloy Alfaro, 33-3470 y Avda. 6 de
Diciembre
Quito
Tel. (593 2) 244 66 56 y 244 21 54
Fax (593 2) 244 87 91

El Salvador
Siemens, 51
Zona Industrial Santa Elena
Antiguo Cuscatlan - La Libertad
Tel. (503) 2 505 89 y 2 289 89 20
Fax (503) 2 278 60 66

España
Torrelaguna, 60
28043 Madrid
Tel. (34 91) 744 90 60
Fax (34 91) 744 92 24

Estados Unidos
2105 N.W. 86th Avenue
Doral, F.L. 33122
Tel. (1 305) 591 95 22 y 591 22 32
Fax (1 305) 591 91 45

Guatemala
7ª Av. 11-11
Zona 9
Guatemala C.A.
Tel. (502) 24 29 43 00
Fax (502) 24 29 43 43

Honduras
Colonia Tepeyac Contigua a Banco Cuscatlan
Boulevard Juan Pablo, frente al Templo
Adventista 7º Día, Casa 1626
Tegucigalpa
Tel. (504) 239 98 84

México
Av. Universidad núm. 767
Colonia del Valle
03100 México D.F.
Tel. (52 5) 554 20 75 30
Fax (52 5) 556 01 10 67

Panamá
Av. Juan Pablo II, nº15. Apartado Postal
863199, zona 7. Urbanización Industrial
La Locería - Ciudad de Panamá
Tel. (507) 260 09 45

Paraguay
Av. Venezuela, 276,
cntre Mariscal López y España
Asunción
Tel./fax (595 21) 213 294 y 214 983

Perú
Av. Primavera 2160
Surco
Lima 33
Tel. (51 1) 313 4000
Fax. (51 1) 313 4001

Puerto Rico
Av. Roosevelt, 1506
Guaynabo 00968
Puerto Rico
Tel. (1 787) 781 98 00
Fax (1 787) 782 61 49

República Dominicana
Juan Sánchez Ramírez, 9
Gazcue
Santo Domingo R.D.
Tel. (1809) 682 13 82 y 221 08 70
Fax (1809) 689 10 22

Uruguay
Constitución, 1889
11800 Montevideo
Tel. (598 2) 402 73 42 y 402 72 71
Fax (598 2) 401 51 86

Venezuela
Av. Rómulo Gallegos
Edificio Zulia, 1º - Sector Monte Cristo
Boleita Norte
Caracas
Tel. (58 212) 235 30 33
Fax (58 212) 239 10 51

JORGE G. CASTAÑEDA Y
MARCO A. MORALES

LO QUE QUEDA
DE LA IZQUIERDA

RELATOS DE LAS IZQUIERDAS
LATINOAMERICANAS

TAURUS

PENSAMIENTO

D. R. © Jorge G. Castañeda y Marco A. Morales, 2010

D.R. © De esta edición:
       Santillana Ediciones Generales, S.A. de C.V., 2010
       Av. Universidad 767, colonia del Valle
       México, 03100, D.F. Teléfono: 5420 75 30
       www.editorialtaurus.com.mx

Primera edición: octubre de 2010

ISBN: 978-607-11-0751-0

D.R. © Diseño de cubierta: Jorge Garnica
Composición tipográfica: Ma. Alejandra Romero I.

Impreso en México

ÍNDICE

TERCERA PARTE
ESTUDIO DE CASOS

CUARTA PARTE
PROGNOSIS

PRÓLOGO

Un cuarto de siglo después del advenimiento ya duradero de la democracia representativa en América Latina, los saldos de la izquierda en el poder son variopintos, pero sin duda alguna apasionantes. Lo que las élites tradicionales y algunos gobiernos foráneos siempre temieron efectivamente sucedió, pero sólo a medias. Por un lado, la disputa por el poder exclusivamente en las urnas, en países repletos de grandes masas excluidas, desembocó en la llegada a las casas presidenciales de gobernantes autodesignados de izquierda, y en claras señales culturales que confirmaban la autoidentificación de izquierda: un obrero en Brasil, un indígena en Bolivia, un serrano moreno en Venezuela, un ex guerrillero en Uruguay. Resultó acertada la convicción —y el miedo— de que la celebración de elecciones más o menos limpias y equitativas en sociedades profundamente desiguales redundaría en triunfos de la izquierda (como había sucedido con Salvador Allende en Chile en 1970), que a la postre serían —o no— revertidos por las armas.

Pero por otro lado, en buena parte de los casos realmente existentes, los triunfos de dicha izquierda no significaron lo que sus promotores o adversarios anhelaban o temían: una transformación radical de la sociedad en cuestión de su economía, y de su relación con el mundo. En varios países emblemáticos —Chile, Brasil, Uruguay, El Salvador— la victoria electoral de la izquierda trajo buenos gobiernos, quizás dotados de una sensibilidad social ligeramente mayor, envueltos en una retórica en ocasiones evocatoria del antiimperialismo de antaño, pero cuyo sello, en su conjunto, radicaba en la continuidad de las políticas de sus predecesores: de la Concertación dirigida por la democracia cristiana en Chile, de Fernando Henrique Cardoso en Brasil, de Arena incluso en El Salvador.

Ahora bien, en otros casos, la izquierda que llegó al poder en estos años sí decidió buscar una transformación de fondo en sus países respectivos. En términos generales, estos casos se limitan a cuatro: Nicaragua, Ecuador, Bolivia y Venezuela. En dos de estos casos, Bolivia y Ecuador, gracias a cierta moderación en los hechos, al alto precio de los *commodities*, y a la situación geopolítica, la transformación ha sido modesta (Ecuador mantiene el dólar como divisa propia a más de dos años de gobierno de Correa) y benigna para el bienestar de la gente. En los otros dos ha resultado ser más radical y ha traído graves consecuencias económicas, políticas e internacionales para Nicaragua y Venezuela. Pero incluso si consideramos a Bolivia y Ecuador como naciones donde se haya en marcha una "revolución", se trata, en tres de los cuatro casos, de naciones muy pequeñas, empobrecidas y de escasa proyección regional. Sólo Venezuela podría considerarse como un país de peso regional considerable, y donde se ha emprendido una reorganización real de la sociedad, aunque en verdad de mucho menor escala de lo que sus admiradores y enemigos estiman.

Si agregamos a estos casos el hecho de que en Uruguay y Argentina, por motivos distintos, la aceptación del status quo social, económico, político e internacional ha sido la regla también, podemos concluir que la llegada de la izquierda en el poder no se ha traducido en un asalto al Palacio de Invierno, ni mucho menos al cielo. Se parece enormemente al auge de los partidos socialdemócratas europeos entre ambas guerras o después de la segunda guerra, con la peculiaridad de que la desaparición del bloque socialista y la irrelevancia de Cuba permiten evitar el anticomunismo de aquellos partidos en estas coyunturas. Más aún, si la social democracia europea hacía de la estridencia anticomunista una de las prendas de su carácter reformista y moderado, la izquierda moderada y reformista en América Latina hace de su estridencia revolucionaria y procubana una prenda de su fidelidad a la causa. Fidelidad inexistente: ninguna de las izquierdas exitosas en América Latina hoy pretende hacer la revolución, y todas por tanto violan el apotegma castrista: "El deber de todo revolucionario es hacer la revolución". No son revolucionarios y no hacen la revolución.

Este extraño resultado, previsible y previsto por muchos que consideramos desde hace 20 años que la era de la revolución en América Latina ha concluido, no deja de generar tensiones y de suscitar preguntas y debates no resueltos. El más importante, y evidente, se enfoca al tema de la desigualdad. Si para llegar al poder la izquierda debe abdicar de su obligación de hacer la revolución, ¿qué acaso no abdica al mismo tiempo de su deseo y compromiso de reducir, incluso mínimamente, la desigualdad, flagelo sempiterno de la región? Si América Latina sigue siendo esencialmente la misma que hace medio siglo, en los albores de la Revolución cubana, o que hace 40 años, durante la era de las guerrillas fallidas de los sesenta y setenta, o que Centroamérica, durante las victorias agridulces de los ochenta y noventa, entonces ¿renunciar a la revolución no equivale a aceptar sumisamente el estado permanente de las cosas?

La respuesta a estas preguntas es a la vez obvia y polémica. La América Latina de hoy tiene muy poco que ver con la época de oro de la revolución, y mucho más que ver con las sociedades de clase media de la mitad del siglo pasado, o incluso antes, de Europa occidental. Allí se desató un círculo virtuoso entre el surgimiento de las clases medias y las conquistas obreras logradas por los partidos socialistas (y en algunos casos, sobre todo Francia, comunistas): gracias a los avances sociales, se ensanchaba la clase media y, gracias a esa expansión, los partidos obreros ganaban elecciones. Hoy Latinoamérica es, en sus países más poblados y desarrollados, una región donde las clases medias empiezan a ser mayoritarias (aunque apenas, y no de manera irreversible), y donde el ascenso al poder de gobiernos de izquierda moderada o de centro-derecha moderada (como en México los últimos 15 años) desata un círculo virtuoso semejante.

Las clases medias emergentes, producto de años de estabilidad financiera, de un modesto pero constante crecimiento económico, y de mutaciones demográficas impresionantes, llevan al poder a gobiernos a su imagen y semejanza. Estos en seguida ponen en práctica políticas públicas favorables a dichas clases medias, que por tanto siguen ampliándose. Esto por supuesto no se extiende a todas las naciones del hemisferio. No vale para la mayoría de los países de Centroamérica y del Caribe, para Bolivia, Paraguay, Ecuador y ahora para Venezuela. Tampoco rige en regiones importantes de los países más desarrollados: Chiapas, Oaxaca y Guerrero en México, el Nordeste brasileño, la Amazonia colombiana, el altiplano peruano.

Más aún, la regresión es factible. La propia crisis del 2009 trajo retrocesos importantes en muchas de estas sociedades. Pero todo parece indicar que la caída del 2009 fue modesta y pasajera, y que la tendencia previa se ha mantenido. De tal suerte que el abismo que separa a la América Latina de hoy de aquella vivida y (mal) vista por las izquierdas de los años sesenta, empezando por el Che Guevara, se seguirá abriendo. Y las izquierdas de hoy se volverán más reformistas y menos revolucionarias cada día, al ceñirse cada día más a su base social: las nuevas clases medias bajas de América Latina, que a diferencia de los proletarios de Marx, sí tienen mucho que perder.

Todo ello prácticamente nos garantiza una gran continuidad en las políticas públicas pregonadas por la izquierda en América Latina, por lo menos cuando se encuentra en el poder. Pero también implica que para innovar, para dotarse de un programa propio y moderno, esa izquierda tendrá que trabajar mucho, ya que no puede limitarse a sólo seguir haciendo lo mismo, sobre todo cuando lo mismo se parece mucho a lo que propone y hace el centro o incluso la derecha. Algunos ejes de pensamiento pueden resultar pertinentes y útiles. Uno inicial reside en la construcción de espacios supranacionales, a escala regional, que permitan anclar los enormes avances políticos y jurídicos del último cuarto de siglo: derechos humanos, defensa colectiva de la democracia, derechos de género, de pueblos indígenas, de trabajadores y ambientales. La mejor defensa de lo logrado consiste en la construcción de candados internos y externos que nadie como la izquierda tiene interés en armar. Un segundo ámbito se ubica en la creación de un piso de protección social para la sociedad entera, transformando radicalmente las prestaciones sociales vinculadas al empleo formal en sociedades donde la informalidad del empleo, de la economía y de los derechos es la regla. En tercer lugar, la izquierda puede volverse la abanderada del "acceso a la modernidad" para la mayoría de la población: acceso a crédito, seguros, conectividad, tecnología, instrumentos de información y comunicación. Y por último, tratándose de simples ejemplos, en una lista de ninguna manera exhaustiva, la izquierda puede convertirse en campeona de las causas sociales: salud reproductiva, matrimonios y derechos para parejas del mismo género, eutanasia, legalización de algunas sustancias ilícitas, más y mejores libertades para todos.

Hay otras banderas, como reducir o eliminar el armamentismo, o detener el cambio climático. Todas ellas, juntas, constituyen una masa crítica de transformaciones que difícilmente alguien más puede lograr, que son absolutamente necesarias y que modificarían las condiciones de existencia de millones de latinoamericanos. No son una revolución, pero sí cambian el mundo. Si la izquierda de la región persevera en el camino de la sensatez y moderación, de la democracia y el mercado, de la inserción en el mundo real y del rechazo a las quimeras tropicales, puede contribuir enormemente a ese cambio del mundo real. No es lo que soñó, pero es con lo que puede amanecer en los años venideros.

Primera parte

Revisitando la utopía

Capítulo 1
El estado actual de la utopía[*]
Jorge G. Castañeda y Marco A. Morales

La utopía desarmada[1] se convirtió en una referencia obligada para todos aquéllos interesados en estudiar política latinoamericana y, particularmente, para aquellos interesados en la izquierda latinoamericana, al ser uno de los primeros estudios exhaustivos sobre la izquierda en América Latina. Escrito en un tiempo de crisis política, económica y social en la región, *La utopía desarmada* concluyó con un diagnóstico para la izquierda latinoamericana —adecuado para el inicio de los noventa— y una prognosis para los años por venir. El surgimiento reciente de gobiernos de izquierda en América Latina obliga a realizar una tarea impostergable: revisar el análisis plasmado en *La utopía desarmada*. Muchos eventos han sucedido en la región que modificaron las dinámicas dentro de cada país y entre los países desde 1993. En más de una forma, la América Latina analizada en *La utopía desarmada* ha sufrido cambios profundos, algunos de ellos imprevisibles hace una década y media.

En principio, los países de América Latina tuvieron experiencias de primera mano con crisis financieras cuyos efectos fueron duraderos en sus economías. La crisis mexicana de 1994, seguida por la crisis asiática de 1997, y la crisis rusa de 1998, reverberó en las economías de la región. Este episodio culminó con la moratoria de Argentina ante el Fondo Monetario Internacional (FMI) que fue el resultado de un experimento fallido con un plan de convertibilidad que vinculó el valor del peso con el valor del dólar. Ninguna de estas crisis —y mucho menos sus efectos— puede entenderse separada de las reformas hacia economías más abiertas y menos reguladas

[*] Partes de este texto se basan en un artículo publicado en el número Primavera/Verano 2007 del *Brown Journal of World Affairs* bajo el título "La Vuelta a la Izquierda Continúa". Agradecemos a Alejandra Lecona por una excelente asistencia de investigación.

que fueron instrumentadas en la región durante la década de los noventa.

Otro de los desarrollos inesperados en la última década sucedió en el frente del comercio internacional. El Tratado de Libre Comercio de América del Norte (TLCAN) fue negociado, aprobado y entró en vigor el 1 de enero de 1994, creando el bloque comercial más grande en el mundo. Unos meses después, la primera Cumbre de las Américas endosó la propuesta del entonces presidente Clinton de Estados Unidos para crear una zona libre de aranceles: el Área de Libre Comercio de las Américas (ALCA). Innecesario recordar que las negociaciones no se completaron en la fecha prevista: 2005. Su destino estaba inevitablemente ligado al destino de la Ronda de Desarrollo de Doha de la Organización Mundial del Comercio (OMC), que también debía completarse en ese año. Las negociaciones de la OMC se detuvieron y la expectativa de completar la Ronda de Doha fue débil —por decir lo menos— luego del colapso de las negociaciones en la V Reunión Ministerial en Cancún, México.

Mientras tanto, Estados Unidos ha concluido una serie de acuerdos bilaterales de libre comercio con algunos países en el continente —con mayor notoriedad con Centroamérica y la República Dominicana en el Tratado de Libre Comercio Centroamérica-Estados Unidos-República Dominicana (TLC-EU-RD)— que posiblemente contribuyó a diluir el mandato para concluir las negociaciones en el frente multilateral. Pero los países en la región también han negociado sus propios acuerdos comerciales y ampliado la influencia de otros acuerdos previos que buscaban fortalecer el comercio regional, como Mercosur o el Pacto Andino. Mientras tanto, Cuba y Venezuela establecieron las bases para la Alternativa Bolivariana de las Américas (ALBA), una alianza internacional diseñada como contrapeso a los esfuerzos encaminados al libre comercio en la región. Si bien es muy pronto para saber si prosperará como alternativa al ALCA, es claro que ha minado el consenso necesario para concretar el ALCA o cualquier acuerdo en el marco de la OMC con efectos continentales.

La agenda de derechos humanos y democracia tuvo también un giro inesperado. La Organización de Estados Americanos (OEA) aprobó la Carta Democrática Interamericana en 2000, que paradójicamente salvó a Hugo Chávez de ser derrocado por un golpe de estado. El juez español Baltazar Garzón reinició el debate sobre violaciones de derechos humanos en dictaduras al emitir una orden de arresto en 1998 en contra del ex dictador chileno Augusto Pinochet vinculada con investigaciones sobre la desaparición de ciudadanos españoles durante los años de la dictadura argentina. De la misma manera, el surgimiento del movimiento zapatista en México en enero de 1994 trajo la "cuestión indígena" al centro de las causas de derechos humanos, por nombrar sólo algunos desarrollos. Todo lo anterior, a la par de la protección doméstica de los derechos humanos, ha obligado a concebir una definición "amplia" de democracia y ciudadanía en el hemisferio.

A pesar de estos avances, la estructura social de la región ha tenido muy pocas mejoras. Algunos programas de combate a la pobreza han sido relativamente exitosos en México (*Progresa/Oportunidades*), Brasil (*Bolsa Família*) y Chile (*Chile Solidario*). Sin embargo, el resto de los países en la región no han podido enfrentar el problema exitosamente durante los últimos quince años. La inequidad, también, continúa siendo una tarea pendiente en tanto que América Latina es aún la región con la peor distribución del ingreso en el mundo. Las bajas tasas de crecimiento durante los noventa y la débil recuperación de las economías durante los últimos años no han contribuido a mejorar la distribución del ingreso, y es previsible que la actual desaceleración global contribuya poco a este fin. Al mismo tiempo, la tarea de mejorar las condiciones de las minorías étnicas y grupos no privilegiados tiene un gran camino por recorrer.

Como fue el caso durante el siglo pasado, la relación de América Latina con Estados Unidos ha tenido algunos desarrollos interesantes. Mientras que la administración Clinton tenía una perspectiva medianamente elaborada al respecto (aún cuando implicó intervenciones militares en Haití), la importancia de América Latina en la política exterior estadunidense ha decrecido, principalmente como resultado de otros eventos globales. Sin duda, el más significativo de ellos fue el ataque terrorista del 11 de septiembre, seguido por las guerras en Irak y Afganistán. Éste fue claramente el punto de inflexión para el presidente que no tenía una "relación más importante que" América Latina. Algunos temas, sin embargo, se mantienen activos en la región. La guerra contra las drogas es uno de ellos, a través del *Plan Colombia*, que data de la administración Clinton, así como algunos cambios en el proceso de "certificación" en la cooperación antidrogas que ha suavizado la relación con varios países y, más recientemente, la *Iniciativa Mérida* pactada con México durante la administración Obama. Pero la confrontación del presidente Hugo Chávez de Venezuela con Estados Unidos, aplaudida por otros líderes populistas en la región, puede tener efectos en las preocupaciones de la diplomacia estadunidense como podría sugerir el efusivo apretón de manos que el presidente Obama dio al presidente Chávez en la Cumbre de las Américas en Trinidad y Tobago en 2009.

Individualmente, cada país presenta una cara radicalmente distinta a la que prevalecía al principio de los noventa, particularmente con respecto al avance de la izquierda. Al escribir estas líneas, once países de América Latina —Argentina, Bolivia, Brasil, Chile, Ecuador, El Salvador, Nicaragua, Perú, Paraguay, Uruguay y Venezuela— han elegido gobiernos de la izquierda. Esto implica que, para el final de la década, más de la mitad de los países —y dos tercios de la de población (CEPAL 2006e)— en América Latina continental estarán gobernados por la izquierda. En este contexto, nos vemos obligados a preguntar: ¿cuál ha sido el papel de la izquierda en la fisonomía actual de América Latina? Este libro busca responder a esta pregunta.

EL RECIENTE SURGIMIENTO DE LA IZQUIERDA

Imaginemos que es el 1 de enero de 1990. Si fuésemos a identificar países gobernados por la izquierda en el hemisferio, podríamos localizar sólo dos: Cuba y Nicaragua. Curiosamente, ninguno de estos gobiernos fue elegido en las urnas; llegaron al poder por la vía armada. Con una definición más laxa, podríamos ubicar a un tercer candidato para el conteo: Chile. Para el final de diciembre de 1989, los chilenos habían elegido a su primer gobierno postpinochet, y prefirieron a una coalición de partidos que incluía a los socialistas. En estricto sentido, los socialistas no controlaban directamente el poder dado que los demócrata-cristianos detentaban la presidencia. Un par de meses después de este hecho en Chile, los sandinistas nicaragüenses serían derrotados en la primera elección democrática en el país desde que ellos asumieron el poder. Tomaría casi ocho años volver a tener un gobierno de izquierda en el continente: el de Hugo Chávez en Venezuela.

Para mediados de 2010, once países han elegido o reelegido partidos que se identifican con la izquierda o el centro-izquierda. Estos partidos han estado en el poder en Chile desde 1990, en Venezuela desde 1999, en Brasil desde 2003, en Argentina desde 2003, en Uruguay desde 2005, en Bolivia desde 2006, en Perú desde 2006, en Nicaragua desde 2007, en Ecuador desde 2007, en Paraguay en 2008 y en El Salvador desde 2009. Brevemente, éstas son las historias detrás de cada elección.

Venezuela

Hugo Chávez fue elegido por primera vez en 1998 con 56 por ciento del voto bajo el auspicio del recientemente creado Movimiento Quinta República (MVR). Luego de la ratificación de la nueva constitución, fue reelegido con 60 por ciento del voto. Fue reelegido por segunda ocasión[4] en las elecciones de 2006 con 63 por ciento del voto, derrotando al candidato socialdemócrata Manuel Rosales por un margen de más de tres millones de votos (aproximadamente 25 por ciento del voto).[5] El hecho notable es que Chávez ha aumentado la proporción de votos que obtiene en cada elección desde que asumió el poder por primera ocasión.

Brasil

Luiz Inácio "Lula" da Silva, del *Partido dos Trabalhadores* (PT), ganó la presidencia por primera ocasión en las elecciones de 2002 con 61 por ciento del voto. Éste fue el resultado de una elección en segunda vuelta contra el candidato del *Partido da Social Democracia Brasileira* (PSDB) José Serra, luego de no haber conseguido el 50 por ciento de los votos durante la primera vuelta. Lula fue reelegido en 2006 con casi 61 por ciento de los votos luego de una intensa campaña contra Gerardo Alckmin del PSDB que le dio una victoria con un margen de 20 por ciento de los votos. Aun así, el 48 por ciento que obtuvo Lula en la primera vuelta de esta elección fue superior al 46 por ciento que obtuvo en la primera ronda de 2002, y mucho mayor que los porcentajes que obtuvo en sus previas participaciones en elecciones presidenciales —32 por ciento en 1998, 27 por ciento en 1994 y 16 por ciento en 1989.[6]

Chile

La coalición de la Concertación fue elegida por vez primera en 1989. Sus primeros dos gobiernos fueron encabezados por demócrata-cristianos: Patricio Aylwin (1990-1994) y Eduardo Frei (1994-2000). Fue hasta la elección de 2000 que el Partido Socialista postuló al candidato de la Concertación. Ricardo Lagos ganó la elección en segunda vuelta en contra del derechista Joaquín Lavín con 51 por ciento del voto que le dio una pequeña ventaja de 2.6 por ciento de los votos. Michelle Bachelet, a pesar de haber sido llevada a la segunda vuelta en enero de 2006 contra Lavín, logró incrementar la proporción de votos obtenida por Lagos en 2 por ciento, otorgándole un margen confortable de ventaja de 7 puntos porcentuales, que la llevó a ganar la elección con 53 por ciento del voto.[7] Con esta hazaña, los gobiernos de la Concertación fueron elegidos por cuarta ocasión consecutiva, teniendo a candidatos socialistas en las últimas dos elecciones.

Argentina

Cristina Fernández de Kirchner logró ganar la elección presidencial de 2007 sin mayores problemas bajo el auspicio del Frente para la Victoria (FV), una escisión del Partido Justicialista que había llevado a su esposo Néstor a la presidencia cuatro años antes. Su 45 por ciento de votos[8] hizo innecesaria una segunda vuelta, y duplicaba la proporción de los votos obtenidos por su esposo cuatro años antes. Néstor Kirchner fue elegido presidente en 2003 con 22 por ciento de los votos. Dado que ninguno de los candidatos había conseguido el 45 por ciento de los votos requeridos por la reforma constitucional de 1994, una segunda vuelta entre él y Carlos Saúl Menem era inevitable. Pero previendo una derrota, Menem declinó, entregándole *de facto* la presidencia a Kirchner.

Uruguay

Tabaré Vázquez fue elegido en 2004 como el candidato de la coalición de izquierda Frente Amplio (FA) con 52 por ciento del voto.[9] Vázquez ganó la elección al incrementar la proporción de votos que había obtenido en sus dos participaciones previas fallidas en 1994, cuando obtuvo 46 por ciento, y en 1999 cuando obtuvo 31 por ciento.

Bolivia

Evo Morales, el líder cocalero y fundador del Movimiento al Socialismo (MAS) boliviano fue elegido presidente en 2005 con 53 por ciento del voto:[10] un logro histórico considerando que aventajaba a su competidor más cercano por más de 25 por ciento del voto. En 2005 Morales duplicó su porcentaje previo de votos —el 20 por ciento que obtuvo cuando compitió en la elección de 2002. En tan sólo dos elecciones, MAS y Morales se convirtieron en figuras fundamentales de la izquierda en el país.

Nicaragua

Daniel Ortega, el renovado ex líder guerrillero del Frente Sandinista de Liberación Nacional (FSLN) fue elegido de nuevo como presidente de Nicaragua en 2005 con 38 por ciento del voto.[11] Luego de haber sido expulsado del poder durante dieciséis años y de sufrir derrotas en las tres elecciones presidenciales previas, Ortega decidió reinventarse y hacer campaña con una plataforma moderada: dejó de oponerse al TLC-EU-RD, expresó su voluntad de mantener relaciones diplomáticas con Estados Unidos y se alejó de la nacionalización de propiedad privada, que había instrumentado en los ochenta. Dio un paso adicional a la derecha al declarar abiertamente su oposición al aborto. A pesar de haber ganado la elección, Ortega sufrió un revés electoral al obtener casi cuatro por ciento menos de votos que en su participación en la elección de 2001.

Perú

Alan García se convirtió en presidente por segunda ocasión como candidato del APRA en un regreso inesperado, derrotando al populista Ollanta Humala por sólo 5 por ciento del voto en una elección de segunda vuelta.[12] García había dejado la presidencia en 1990 en medio de una severa hiperinflación, turbulencia económica y un aumento en la violencia. Un cambio en su discurso era necesario, así que abiertamente respaldó el Tratado de Promoción Económica con Estados Unidos y se manifestó a favor de la solidez fiscal en el gobierno. Sin embargo, realizó también promesas populistas, como la pena de muerte para terroristas y la reducción de salarios para ministros y miembros del Congreso. A pesar de haber estado dieciséis años fuera del poder, logró aumentar su proporción de votos en casi 5 por ciento con respecto a su anterior candidatura en 2001.

Ecuador

Rafael Correa, el candidato de la Alianza PAIS, se convirtió en presidente con el respaldo del 57 por ciento de los votos en una elección de segunda vuelta en contra del candidato de la derecha, Álvaro Noboa.[13] Luego de un resultado muy cerrado en la elección general, donde compitió con una plataforma populista y pro Chávez, el pragmatismo político lo llevó a reinventarse como un candidato moderado en la segunda vuelta donde se distanció de Chávez, prometió mantener dolarizada a la economía ecuatoriana y minimizó la posibilidad de una moratoria en el pago de la deuda de Ecuador.

Paraguay

Fernando Lugo, el carismático ex misionario partidario de la Teología de la Liberación, ganó la elección presidencial en Paraguay como candidato de la Alianza Patriótica para el Cambio (APC) en 2008. Lugo derrotó al Partido Colorado —que se había mantenido en el poder durante alrededor de sesenta años— con 42 por ciento de los votos,[14] que representó una ventaja de más de 10 puntos porcentuales sobre este partido, y casi 20 puntos sobre el Partido Unión Nacional de Ciudadanos Éticos (Unace). Si bien Lugo ha expresado simpatía por Chávez y Evo Morales, su equipo ha tratado de presentarlo como un candidato más moderado.

El Salvador

Mauricio Funes, candidato del Frente Farabundo Martí de Liberación Nacional (FMLN), resultó vencedor en la elección del 15 de marzo de 2009, derrotando a la derechista Alianza Republicana Nacionalista (Arena) que acumulaba ya dos décadas en el poder. Si bien las encuestas durante la campaña mostraban una ventaja más amplia, el FMLN ganó con el 51 por ciento de los votos,[15] claramente en una elección cerrada al quedar sólo dos candidatos luego del retiro del resto de ellos. Si bien Funes no perteneció a la guerrilla que dio origen al FMLN y fue una cara moderada en la elección, hace tiempo que los líderes reformistas abandonaron el FMLN y ahora es dominado por los viejos líderes guerrilleros Castristas. Es notorio que el FMLN haya incrementado el porcentaje de votos que obtiene en cada elección, al punto que en la más reciente duplicó el porcentaje de votos que obtuvo en su primera participación electoral en 1994.

Destacan tres patrones en las descripciones anteriores. Primero, todos los gobiernos de izquierda que han buscado reelegirse —Venezuela, Chile, Brasil— lo han logrado sin complicaciones. Segundo, los gobiernos de la izquierda elegidos desde 2000 —excepto por Kirchner y Fernández en Argentina (2003 y 2007), Ortega en Nicaragua (2006), Lugo en Paraguay (2008)— han ganado la elección con más del 50 por ciento del voto. Finalmente, los votantes en la mayoría de los países parecen preferir candidatos moderados en la izquierda a los populistas vociferantes. Esto que se confirma con la elección de candidatos que se presentaron como la cara moderada en su partido o la versión moderada de su pasado —Alan García en Perú (2006), Daniel Ortega en Nicaragua (2006), Fernando Lugo en Paraguay (2008) y Mauricio Funes en El Salvador (2009)— o que se moderaron a tiempo para ganar la elección —Rafael Correa en Ecuador (2006)— mientras que los populistas de hoy —Ollanta Humala en Perú (2006) y Andrés Manuel López Obrador en México (2006)— no lo fueron. Éstas son las lecciones más notorias de las elecciones recientes.

Pero existe también un desarrollo menos notorio de la izquierda durante estos últimos quince años: la proporción de votos para la izquierda en la mayoría de estos países ha aumentado elección tras elección. La gráfica 1.1 claramente muestra el aumento en la proporción de votos para la izquierda en América Latina *con relación a la elección previa inmediata* para el periodo 1990-2009. Es importante notar que la izquierda creció en estos países en un promedio de medio punto porcentual durante los noventa, pero de 13 por ciento entre 1990 y 2009. Es interesante notar también que, con excepción de tres años —1990, 1995 y 2000— el porcentaje de votos para la izquierda creció consistentemente durante el período.

GRÁFICA 1.1
**CAMBIO AGREGADO EN LA PROPORCIÓN DE VOTOS
POR LA IZQUIERDA EN AMÉRICA LATINA
(1990-2009)**

Dado que nos interesa también mostrar el éxito electoral de los partidos que actualmente están en el poder durante este periodo, las gráficas 1.2 muestra el cambio en el porcentaje *con relación a la elección previa inmediata* para los partidos que prevalecieron durante el periodo en la gráfica (a) —PT en Brasil, Concertación en Chile, FMLN en El Salvador, FSLN en Nicaragua, APRA en Perú y FA en Uruguay— y aquellos de reciente creación en la gráfica (b) —FV en Argentina, MAS en Bolivia, Alianza PAIS en Ecuador, MVR en Venezuela y APC en Paraguay— comenzando con su primera aparición en las urnas. Resulta claro que, excepto por Nicaragua y Perú, estos partidos incrementaron su proporción de voto durante los noventa y la primera década del siglo XXI. Más aún, excepto por Nicaragua en 2006, estos partidos mostraron un crecimiento positivo y constante en la proporción de voto durante la primera década del siglo XXI.

GRÁFICAS 1.2
CAMBIO EN PROPORCIÓN DE VOTOS PARA LA IZQUIERDA
EN AMÉRICA LATINA POR PAÍS
(1990-2009)

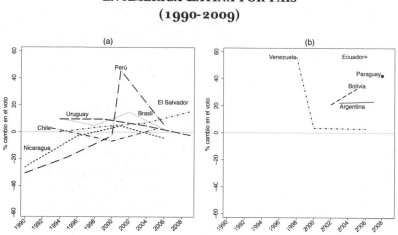

¿CUÁNTAS IZQUIERDAS?

Como testigos y analistas del surgimiento de la izquierda tenemos una pregunta de la mayor relevancia frente a nosotros: ¿por qué existen claras diferencias entre los partidos de izquierda que han sido elegidos? O, con un fraseo diferente: ¿existen, dos o más izquierdas en América Latina? Hemos visto un aumento en el número de gobiernos elegidos que se inscriben en la tradición de la izquierda durante la última década y media, y queremos entender este fenómeno. Por lo tanto, es necesario determinar si nuestro objeto de estudio es el mismo en todos los casos para evitar generar conclusiones incorrectas. Las diferencias entre los casos sugieren que no todos ellos pertenecen a la misma categoría; hay más de una izquierda. Sus orígenes son divergentes: algunos surgen de una izquierda histórica que se ha actualizado para acceder a y permanecer en el poder, mientras que otros han aparecido con un discurso vistoso y atractivo.[16] Los medios para llegar y mantenerse en el poder también son distintos: algunos juegan bajo los límites impuestos por el juego democrático y el imperio de la ley, mientras que otros tienden a ignorar las instituciones cuando éstas se vuelven inconvenientes para alcanzar sus necesidades inmediatas. Más aún, los objetivos de largo plazo son distintos: algunos buscan resultados inmediatos que refuercen a sus bases de apoyo, que son una condición necesaria para mantenerse en el poder, mientras que otros prefieren políticas con efectos de más largo plazo en las áreas que más les importan —pobreza e inequidad.

Los traslapes entre estas distinciones sugieren que una clasificación dicotómica para la izquierda en América Latina es adecuada. Las etiquetas que se les dé a cada una proveen información sobre la distancia entre ambos polos en la izquierda, y resulta irrelevante si se le llama "buena" vs. "mala", "correcta" vs. "incorrecta", "moderna" vs. "vieja"; el punto es que existen dos extremos en el espectro que proveen un marco robusto para el análisis. ¿Son dos categorías suficientes, o necesitamos más?[17] Las taxonomías son esquemáticas por definición. Deben capturar ciertos elementos comunes en una población. Pero si la taxonomía tiene tantas categorías como casos analizados, no nos ayudará a entender el fenómeno que observamos.[18] Una clasificación dicotómica puede sujetarse a otra subdivisión que nos permita refinar los contornos de las diferencias entre grupos. Sin embargo, la parsimonia es siempre apreciada cuando esquemas más complejos contribuyen poco a mejorar nuestro entendimiento del fenómeno en cuestión. Por estas razones, no descartamos en principio que puedan hacerse refinamientos al esquema planteado, pero nos limitaremos a recordar que debe considerarse el poder explicativo que se gana al agregar complejidad a los modelos.

Agrupar a Chávez con Kirchner y Morales como los polos opuestos de Lula, Bachelet y Vázquez no carece de cuestionamientos. Los primeros, se arguye, pertenecen a una categoría distinta porque cumplieron sus promesas con resultados[19] y dieron respuesta a "las necesidades largamente ignoradas y construyeron el muy necesario capital social".[20] Sin embargo, la cuestión relevante no es si se redujo la pobreza en un porcentaje determinado, si se realizaron transferencias directas a los más pobres o si los motivos corresponden con el discurso. La cuestión relevante aquí es la *sustentabilidad* de estas políticas. ¿Durante cuánto tiempo puede reducirse la pobreza a través de transferencias directas a la población *sin* instrumentos adicionales que ayuden a la población a superar la pobreza y mantenerse fuera de la pobreza posteriormente? Si las políticas de reducción de la pobreza están basadas en la disponibilidad de recursos, es natural que cuando cese el flujo, también terminen los programas y, consecuentemente, la pobreza regrese a sus niveles previos.[21] Más importante aún es cuestionar si el financiamiento de las transferencias directas es el mejor uso de recursos para combatir la pobreza. Después de todo, si existe un mejor uso, los líderes tienen —cuando menos— una obligación moral de aplicarlo.

Hacer esta distinción, como ejemplificamos líneas arriba, clarifica —y no hace más opaca[22]— la tendencia que vemos en la región: ambos tipos de izquierda han ascendido al poder, pero las versiones más moderadas tienen un mayor éxito electoral. ¿Son Hugo Chávez y Evo Morales casos anómalos? Es difícil determinarlo sin contrafactuales mejor definidos y esa tarea supera los objetivos de este texto.[23] Sin embargo, la evidencia presentada a lo largo de este volumen sugiere que el surgimiento de la izquierda es el resultado del aparecimiento de partidos con la capacidad de obtener el respaldo de una base más amplia de votantes. Si la izquierda gana elecciones porque puede apelar a votantes de la izquierda, derecha y el centro, entonces ascender —y retener— al poder requiere políticas más moderadas.

Siguiendo el mismo razonamiento, nos alineamos con una explicación en la que no son las instituciones, sino los votantes, quienes determinan el ganador de una elección.[24] Un país puede tener instituciones democráticas más o menos estables —como México en 2006— pero si el candidato de la izquierda no puede apelar a un número suficientemente amplio de votantes debido a su discurso radical, es poco probable que pueda ganar una elección.[25] ¿Fue la estabilidad institucional o la habilidad de López Obrador para alienar votantes lo que lo mantuvo fuera del poder? Tendemos a creer que fue lo último.

Los analistas pueden cuestionar las bases que sustentan una distinción entre izquierdas o, poniendo en riesgo su propia credibilidad, imponer "motivos ulteriores" ideológicamente motivados en la taxonomía.[26] Lo último no agrega nada a nuestro entendimiento de la izquierda, lo primero abre el camino para una discusión potencialmente enriquecedora. Si asegurásemos que sólo existe una izquierda y que, por lo tanto, sólo hay un surgimiento que debe explicarse, tendríamos necesariamente que asumir que los mismos factores afectan a todos los países de la misma manera. No tiene sentido imponer este supuesto al explicar el surgimiento de Chávez, Morales, Bachelet y Lula. Si la distinción entre casos muestra —más allá de toda duda razonable— que los mismos factores son aplicables al resto por igual, podríamos concluir que el ejercicio que nos llevó a distinguir entre casos con algunas características comunes fue un paso necesario para determinar con confianza que existe una ola única en la izquierda latinoamericana. Por el momento, por tanto, no recomendamos desechar un ejercicio del cual pueden obtenerse valiosas conclusiones.

La estructura del libro

Desafortunadamente, el debate sobre el número de categorías en la izquierda no terminará pronto. Por esta razón, es más satisfactorio —y quizá más interesante para el largo plazo— proveer un análisis más estructurado de la izquierda latinoamericana durante la última década y media. Para lograrlo, debemos ir más allá del recuento histórico de los procesos que llevaron a la izquierda al poder en países específicos. Resulta más interesante buscar patrones coherentes para explicar el surgimiento y funcionamiento de la izquierda en América Latina durante los últimos años.

Una estrategia razonable es comenzar por buscar razones que expliquen el surgimiento de la izquierda en América Latina. ¿Están todas las explicaciones vinculadas a las élites y el descontento popular? ¿O podemos aprender algo más si analizamos a los votantes con mayor detalle? ¿Ha incrementado la proclividad de los votantes a votar por la izquierda durante los últimos años? O más importante aún, ¿se han alineado los votantes a la izquierda en tiempos recientes? Si éste es el caso, ¿podemos explicar el surgimiento de la izquierda como una función del cambio de las preferencias ideológicas de los votantes? Al final, resulta que América Latina sí modificó sus preferencias ideológicas: grandes concentraciones de votantes se identificaban con la derecha durante los noventa, pero han cambiado sus preferencias hacia la izquierda durante los primeros años del siglo XXI. Sin embargo, estos cambios nunca fueron radicales: la mayoría de los individuos se han mantenido identificados con el centro del espectro ideológico. El capítulo de Marco Morales provee la evidencia empírica que muestra estos cambios, pero también identifica un patrón muy claro en los datos: la izquierda ha sido capaz de ensanchar la base ideológica de apoyo en los años previos a su ascenso al poder en aquellos países donde ha ganado la presidencia. Todo parecería indicar que existe una relación entre la elección de gobiernos de izquierda, y su renuencia a implementar medidas extremas: conforme se ensancha el espectro ideológico de sus votantes, se ven obligados a mantener políticas moderadas para evitar alienar votantes y poder ser reelegidos.

El análisis también puede nutrirse de una revisión que determine si la izquierda se ha distanciado de sus preconcepciones pasadas y la posibilidad de detectar este cambio en la práctica. En otras palabras, ¿es la izquierda contemporánea distinta de aquélla del principio de los noventa en términos de políticas públicas? ¿Ha sido capaz de superar su renuencia a participar en un mundo globalizado? ¿Ha podido enfrentar sus tendencias nacionalistas y modificar su discurso? Otro punto importante es que atender la pobreza y la inequidad difícilmente dejará de ser parte de la agenda de la izquierda en el futuro cercano, particularmente porque persisten con niveles alarmantes en el continente. Por lo tanto, resulta útil preguntar si ¿ha sido la izquierda más efectiva para combatir la pobreza e inequidad que otros gobiernos de "sabores" distintos? ¿Existen patrones que un análisis de los países en la región pueda revelar sobre las diferencias entre los gobiernos de izquierda en este tema particular?

La política social es una insignia de la izquierda, y si reducir la pobreza y la inequidad es una preocupación fundamental de la izquierda, deberíamos poder ver resultados claros de estos gobiernos en diversos indicadores. El creativo análisis de José Merino revisa este punto, buscando determinar primero si la izquierda es más exitosa que la derecha para lograrlo, pero también si los gobiernos populistas, en la izquierda y la derecha, obtienen mejores resultados. Sus conclusiones, sustentadas en un amplio rango de indicadores a través del tiempo son interesantes. Para un amplio número de indicadores, el desempeño de la izquierda no es distinto del desempeño de la derecha, excepto en el caso de nutrición infantil, mortandad materna y educación primaria, donde la izquierda tiene una clara ventaja sobre el desempeño de la derecha. Sin embargo, la derecha parece ser más efectiva para mejorar las condiciones de salud de los infantes. Más aún, al indagar dentro de la izquierda, el populismo parece estar consistentemente relacionado con un desempeño inferior con relación al desempeño de las alternativas no populistas.

Una de las características más prominentes de la izquierda latinoamericana ha sido su tendencia a explotar la retórica nacionalista. Jorge Castañeda, Marco Morales y Patricio Navia abordan este tema desde una perspectiva distinta y presentan un hallazgo peculiar: aún cuando los votantes no se alinean con el discurso nacionalista típico que prevalece en la región, los líderes de la izquierda —al menos claramente algunas de sus variantes— aún se adhieren a una retórica nacionalista que se define por ser antiestadounidense y anti-libre comercio cuando se pronuncian públicamente. Parecería que este sinsentido de la izquierda es el resultado de usar el nacionalismo como el pegamento que mantiene cohesiva a la estructura ideológica de la izquierda. Las razones son varias. Tal vez los líderes de la izquierda no han notado el desfase entre el discurso y las actitudes de los votantes o tal vez están demasiado constreñidos por la inercia discursiva. O puede ser el caso que es una justificación útil *ex ante* para nacionalizar recursos en un intento para devolverlos a "la gente". El hecho es que la izquierda en América Latina —cuando menos en sus versiones menos modernas— parece no concebirse como coherente si le falta el toque de nacionalismo.

Pero la izquierda en América Latina ha tomado caminos divergentes para lograr su rostro actual. Lo que interesa para nuestro propósito es que estas diferencias pueden ser, en gran medida, atribuidas a las variaciones en las estructuras organizacionales de los partidos, el contexto particular en el cual la izquierda se desarrolló en una estructura completa de partido y la presencia —o ausencia— de tipos particulares de líderes que quieren ser una figura *primus inter pares* dentro de su propio partido, en lugar de convertirse en figuras que dan vida a la izquierda.

Uno de los casos más emblemáticos de la izquierda contemporánea es Brasil. Lula continúa desafiando las previsiones de sus críticos, luego de casi dos periodos en el poder. No resultó ser el socialista radical que los mercados temían, ni se ha alineado ciegamente con Cuba o con Venezuela. Al contrario, ha seguido un enfoque más responsable en términos económicos y ha instrumentado un célebre programa para reducir la pobreza y así atender una preocupación programática de la izquierda con medios poco tradicionales para la izquierda. Gianpaolo Baiocchi y Sofia Checa proveen un detallado recuento de las dinámicas internas de la izquierda brasileña: la tensión constante entre lo nuevo y lo viejo que da forma al PT. El partido ha utilizado un enfoque participativo en los gobiernos locales, que ha producido gobiernos legítimos capaces de gobernar bien permitiendo la participación de todos. Como resultado de este enfoque más democrático y participativo, el PT ha tendido a depender más de las organizaciones de la sociedad civil, en lugar de los sindicatos y otras organizaciones tradicionalmente vinculadas con la izquierda. Pero el cambio reciente subrayado por Baiocchi y

Checa es el tránsito hacia un PT que depende de Lula a nivel nacional, así como de una amplia base de coaliciones en sustitución de la tradición participativa del PT. Como resultado, el partido se ha alejado de su característica definitoria y se ha acercado a un partido dominado por una personalidad que es claramente el camino opuesto del que debiese seguir un partido innovador en la izquierda. El tema, de nuevo, es el intercambio "aceptable" entre un partido que sea efectivo y uno que sea ideológicamente coherente y fiel a sus orígenes.

Chile no compartió muchos problemas con la región durante los setenta y los ochenta, principalmente debido a la dictadura de Pinochet. Una vez que ésta llegó a su término, Chile eligió a una coalición de partidos de centro-izquierda que ha estado en el poder durante cuatro periodos consecutivos. No sólo eso, ha logrado combinar exitosamente programas de crecimiento económico con programas de reducción de la pobreza. Puede, inclusive, argumentarse que este enfoque basado en libre comercio y políticas económicas sanas es más cercano al perfil neoliberal que aquél instrumentado por cualquier otro gobierno de la izquierda y, sin embargo, ha logrado atender las preocupaciones de la izquierda. ¿Qué es tan peculiar sobre Chile? Patricio Navia apunta que el elemento peculiar es una combinación de factores. Por un lado, un largo periodo de crecimiento económico auspiciado por reformas económicas tempranas ayudó a la Concertación a permanecer en el poder durante cuatro administraciones. Pero también una coalición de partidos que naturalmente produce políticas más moderadas ha sido crucial para atender la pobreza y la inequidad como parte de su plataforma de gobierno. El resultado de esta interacción es un programa que mantiene la estabilidad económica, al tiempo que atiende temas posmodernos como la reducción de la inequidad, igualdad de género y derechos humanos.

David Altman, Rossana Castiglioni y Juan Pablo Luna aportan una detallada descripción del camino recorrido por el Frente Amplio en Uruguay y los veinte años que le tomó al partido convertirse en la principal figura de oposición antes de ascender al poder. El FA no es solamente un caso exitoso para la izquierda, sino un caso interesante también. La administración de Tabaré Vázquez ha estado en el poder por unos cuantos unos años. Sin embargo, una disección de su estilo de gobierno al lado de las dinámicas que han prevalecido en su gabinete, muestra una realidad más compleja de la que se esperaría en un típico partido político, especialmente cuando éste es un modelo a seguir. Su análisis produce una conclusión interesante: existe más de una izquierda inclusive dentro del FA, y el partido ha tenido que vivir con las consecuencias de ello durante sus primeros años en el poder, aun cuando ello no siempre ha implicado el paquete más coherente de políticas para una administración que se inscribe en la izquierda más moderna.

Estos casos apuntan hacia otra diferencia dentro de la izquierda: algunos partidos no dependen de una personalidad particular para sobrevivir, mientras que otros requieren del personaje y de sus seguidores para subsistir. Navia apunta, también, un punto que define esta cuestión: no tiene mucho sentido esperar resultados similares en países donde existe un partido consolidado en la izquierda y compararlos con países con una izquierda débil donde el presidente —o sus candidatos— *deben* construir su propia base de apoyo si han de permanecer en el poder. Esto es lo que hace tan interesantes los casos de Chile y Uruguay: la izquierda en ambos países se ha construido sin depender completamente en un personaje. Mientras que Brasil, que inicialmente tenía una izquierda que no necesitó de un personaje, se ha alejado de ese punto aun cuando Lula no hace las declaraciones populistas irracionales de otros líderes de la izquierda sudamericana y se ha conducido con gran responsabilidad.

La izquierda peruana presentada por Martín Tanaka es una de oportunidades perdidas para consolidarse como una fuerza política nacional o, al menos, una con una influencia determinante en la política nacional. Su revisión invita a una reflexión más amplia sobre los costos y beneficios de tener figuras prominentes en un partido. Parece ser el caso que sólo cuando una figura pública aparecía, la izquierda era capaz de coordinarse, tan sólo para colapsarse en el último minuto, justo cuando era más importante presentar un frente unificado: durante la elección.

La izquierda mexicana que analiza Kathleen Bruhn ha seguido un largo camino que cristalizó con la formación del PRD en los ochenta bajo el liderazgo de Cuauhtémoc Cárdenas durante su primer año de existencia. Sin embargo, la falta de institucionalización del partido pudo haber tenido los efectos contrarios y permitido el surgimiento de una nueva figura en el partido desde 2000: Andrés Manuel López Obrador. Sin embargo, el caso del PRD difícilmente puede caracterizarse como uno donde una figura asume el control total del partido. Durante sus primeros años, el PRD decidió elegir a sus candidatos a través de procesos democráticos, lo que tuvo el efecto de contribuir a la institucionalización de grupos internos, haciendo extremadamente difícil que una sola persona controlase el partido. López Obrador puede ejercer un alto grado de influencia temporalmente en el partido pero, al final, la habilidad de los grupos internos para coordinarse —y no la habilidad del líder *per se*— determinarán el futuro del partido.

El riesgo siempre está presente. La construcción de la izquierda puede no siempre seguir el camino institucional y libre de caudillos. Perú, por ejemplo, ha luchado constantemente para construir una izquierda exitosa, aunque la ausencia de una figura que la cohesione ha impedido que los partidos en la izquierda conformen un frente común. El caso mexicano es el opuesto, pues Cuauhtémoc Cárdenas ha impedido el colapso de la izquierda mexicana en varias ocasiones. Pero estos intentos por mantener la cohesión en la izquierda han tenido también un efecto inesperado: hacer vulnerable a la izquierda frente a la amenaza del surgimiento de nuevas personalidades.

Venezuela es, posiblemente, el extremo opuesto como Raúl Sánchez Urribarri detalla. Hoy, dada la prominencia de Hugo Chávez, parecería natural pensar en él como la *esencia* de la izquierda venezolana. Si bien Chávez está en la izquierda, difícilmente representa a la *única* izquierda en Venezuela. La izquierda —una diferente— ha existido en Venezuela precediendo a Chávez. Siendo un político hábil y pragmático, Chávez ha sido capaz de sobrepasar a la izquierda y crear una organización *ad hoc* —primero, su MBR-2000 y luego su Movimiento Quinta República— para respaldar sus esfuerzos para transformar Venezuela y ponerla en el camino del socialismo del siglo XXI centrado en Chávez. Los recientes desarrollos en el país, al igual que las modificaciones constitucionales propuestas por Chávez, sugieren su deseo de convertirse en el Estado, la izquierda y el "camino". Un punto importante que vale la pena subrayar es que el futuro de la izquierda en Venezuela está inevitablemente ligado al futuro de Chávez, pero no al contrario.

Por un número importante de razones, la izquierda existe y late en América Latina. ¿Cómo sucedió? Jorge Castañeda cierra este volumen con observaciones interesantes al respecto. El fin de la Guerra Fría implicó, al final, buenas noticias para la izquierda en América Latina. En principio, porque al desparecer la amenaza de un socialismo soviético luego de la caída del Muro de Berlín, se desmoronó la razón para impedir que la izquierda se convirtiera en una fuerza política legítima. Era natural que el ejercicio democrático en una región plagada de pobreza e inequidad llevara al poder a partidos con una propensión nata a atender estos problemas. Así ha sucedido, aunque no siempre con el éxito que hubiese sido deseable. El ascenso de la izquierda sucedió en paralelo al proceso que le permitió diversificarse. Durante los últimos años, ha resultado claro que la izquierda en varios países puede tener más de un rostro. La vieja izquierda tradicional ha sufrido, en algunos casos, una transformación que ha producido partidos cercanos a la social democracia europea. En otros casos, esta izquierda renovada coexiste con las versiones más populistas que emergen regularmente en el continente. Y algunos países más han tenido que vivir con viejas izquierdas que se rehúsan a actualizarse para responder a las necesidades contemporáneas, pero se han visto forzadas a reevaluar sus posiciones cuando se enfrentan con las restricciones propias del ejercicio de gobierno.

Estas dimensiones y perspectivas buscan proveer al lector con un análisis más amplio, más detallado y sustentado en más evidencia que permita entender la izquierda latinoamericana. El enfoque multidimensional que utilizamos claramente proveerá evidencia para sustentar argumentos que han sido sugeridos —pero no comprobados— previamente. En ocasiones, estas conclusiones basadas en evidencia no corresponden con los argumentos comúnmente expuestos y, en ocasiones, corresponden con algunas limitaciones. Una cosa es cierta, sin embargo: existe demasiada diversidad en la izquierda para concebirla como una entidad única, aunque posiblemente también demasiada diversidad para que una clasificación dicotómica permita entender todos los patrones de comportamiento de la izquierda. Por ello, planteamos nuestros propios argumentos sobre este tema, aunque también dejamos un espacio suficiente para que los lectores formen sus propios juicios sobre la taxonomía y sobre el estado actual de la izquierda en América Latina.

Capítulo 2
¿Los latinoamericanos han virado hacia la izquierda?
Marco A. Morales

La izquierda en América Latina ha ganado notoriedad desde los noventa, bien porque algunos de los nuevos gobiernos elegidos en la región suscriben esta ideología, bien porque se ha convertido en una fuerza política suficientemente importante para tener un impacto real en las decisiones políticas de varios países de la región.[1] Puede ser que esto sea el resultado de que los partidos que se describen como "de izquierda" han sido capaces de reclutar y competir con mejores candidatos que en el pasado; dado el número limitado de candidatos en cada país, los votantes pueden respaldarlos o simplemente no ir a las urnas. Pero puede también ser que —manteniendo las posiciones ideológicas de los partidos constantes— los votantes que se inclinan por la izquierda se hayan vuelto más numerosos que aquellos que se inclinan por la derecha, explicando el reciente éxito electoral de la izquierda. En cualquier caso, la explicación más acertada es probablemente el resultado de la confluencia de ambos fenómenos.[2]

La mayor parte de la literatura que ha buscado explicar el surgimiento de la izquierda ha evitado considerar a los votantes individualmente y se ha enfocado en el contexto: explicaciones económicas, fallas de política pública y el descontento general han sido las explicaciones "naturales" para el surgimiento de la izquierda. Aun cuando es obvio que los académicos deberían examinar las preferencias individuales de los votantes y su ideología —en tanto que son ellos quienes eligen a los gobiernos— la investigación existente no lo ha hecho. Al ignorar a los votantes para explicar el surgimiento de la izquierda, nos falta una parte importante de la historia. Si consideramos que las explicaciones "naturales" han sido una constante durante las últimas décadas, tenemos pocas razones para conceder que puedan explicar por sí mismas el surgimiento de la izquierda en los últimos años. Debe existir alguna variación en las causas naturales que no estamos considerando. El propósito de este capítulo es proveer una evaluación empírica de la posibilidad de un cambio en preferencias por la izquierda entre los votantes latinoamericanos y analizar las bases de apoyo de los partidos políticos exitosos de la izquierda en el continente. Es posible que, al traer a los votantes de regreso a la ecuación electoral, podamos tener una perspectiva más amplia que nos ayude a tener un entendimiento completo del surgimiento de la izquierda. Para lograrlo, este capítulo analiza datos de opinión pública entre 1990 y 2007.

Datos

La información necesaria para realizar esta tarea no existía hace 20 años. Afortunadamente, la Encuesta Mundial de Valores (emv) y las series de Latinobarómetro nos proveen muestras representativas por país a nivel individual con un fraseo consistente a través de los años. En la medida en que la información esté disponible, las gráficas mostrarán los años más cercanos a la última elección, para hacer el mejor uso posible de la información.[3]

El cambio ideológico en América Latina (1990-2007)

El surgimiento de la izquierda en América Latina es hoy lugar común.[4] Los encabezados sobre la región han dejado de describir la perspectiva de crecimiento económico o los efectos de las crisis económicas más recientes. Al contrario, un creciente número de reportes describen resultados electorales, especialmente cuando compite un líder carismático de la izquierda y gana la elección o cuando queda muy cerca de la victoria. Desde la perspectiva de los candidatos, es innegable que la izquierda ha sido capaz de nominar a candidatos que son suficientemente atractivos para los votantes. Los candidatos no son seleccionados de manera aleatoria entre la población: existe un proceso de autoselección para participar en las competencias internas de los partidos. Sin embargo, sabemos muy poco sobre los votantes y particularmente si ahora les atraen más los candidatos de la izquierda que antes. Con los datos disponibles entre

1990 y 2007, exploro la ubicación ideológica de los votantes en América Latina en la dimensión izquierda-derecha. Como será evidente, este texto no busca tanto explicar por qué sucedieron estos cambios, sino detallar la intensidad y dirección de los mismos y en el contexto en el que sucedieron.

¿Los latinoamericanos están virando hacia la izquierda?

No es sencillo entender la política contemporánea sin una dimensión que ubique a los individuos, partidos y candidatos en una escala ideológica.[5] Estamos acostumbrados a definir y asociar a "la izquierda" y "la derecha" con políticas específicas. Como resultado de esta asociación, los individuos pueden ubicarse a sí mismos y a los partidos políticos en escalas ideológicas que denotan "qué tan a la izquierda (derecha)" un partido o candidato está respecto de otros partidos o candidatos. De la misma forma, los individuos son capaces de ubicarse a sí mismos en la misma escala denotando sus preferencias en la misma dimensión.

La gráfica 2.1a (años noventa) muestra la ubicación ideológica de los latinoamericanos entre 1990 y 2006, agrupando las distribuciones por cada "ola" de la EMV. Es notable que, contrario a lo que esperaríamos dada la elección de gobiernos de izquierda en la región, los latinoamericanos no tuvieron un cambio ideológico hacia la izquierda. Por el contrario, si algún cambio parece ser evidente es un movimiento hacia la derecha que se confirma con las pruebas estadísticas apropiadas.[6] Explorando los detalles, vemos primero que la mayoría de los latinoamericanos son estrictamente moderados ubicándose en el centro y lo han sido durante los noventa. Es también interesante notar un incremento en la proporción de individuos que se ubican en la derecha. Al inicio de este milenio teníamos una proporción similar de individuos en la extrema izquierda que al inicio de los noventa, sin embargo la proporción de individuos que se ubican en la extrema derecha aumentó durante los noventa. Podemos también ver que quienes se ubicaban en la izquierda (aunque no en los extremos) tendieron hacia el centro. En suma, la gráfica (a) sugiere que los latinoamericanos se reorientaron hacia la derecha durante los noventa, que resulta de un decrecimiento relativo de preferencias en el centro-izquierda y de un crecimiento relativo el centro-derecha y la derecha.

La gráfica 2.1b (inicios del siglo XXI) muestra una historia diferente. Mientras que en el agregado, la opinión pública se movió hacia la derecha durante los noventa, entre 2001 y 2007 se reorientó hacia la izquierda. Esto significa que en los años posteriores al 2000 hubo una clara reducción en la proporción de latinoamericanos que se identifican con la derecha, seguida de un breve aumento en la proporción de votantes que se identifican con la izquierda, para luego tender a un incremento en la proporción de individuos que se identifican con el centro. Un punto interesante es que el incremento de individuos identificados con la izquierda alrededor de 2005 coincide con los años en que el mayor número de gobiernos de la izquierda fue elegido. Con esta coincidencia, es tentador concluir que la elección de gobiernos de la izquierda fue el *resultado* del cambio de preferencias de los latinoamericanos. Con la evidencia disponible, es difícil decir si los individuos se identifican con la izquierda y después votaron por los gobiernos de la izquierda o si se identifican con la izquierda porque les parecieron atractivos los candidatos y los gobiernos de la izquierda. La situación se complica porque los candidatos victoriosos de la izquierda durante los primeros años de esta década habían sido también los candidatos no exitosos durante los noventa, aunque lograron incrementar sus proporciones de votos justamente cuando vemos un cambio hacia la derecha en los noventa.

GRÁFICAS 2.1
CAMBIOS EN LA UBICACIÓN IDEOLÓGICA AGREGADA
EN AMÉRICA LATINA (1990-2008)

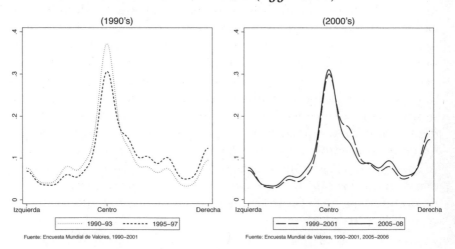

Puede ser que los datos agregados escondan algunas dinámicas peculiares a nivel de país, donde la opinión pública podría haberse movido más drásticamente hacia la izquierda (o hacia la derecha). Es importante notar que la muestra contiene países donde la izquierda ha sido recientemente elegida (Bolivia, Ecuador, El Salvador, Nicaragua, Perú, Uruguay y Paraguay), reelegida (Argentina, Brasil, Chile y Venezuela) o donde la izquierda ha obtenido un gran respaldo recientemente (México y Colombia). Esta variedad de países puede contribuir a descubrir algunas tendencias que podrían ayudar a interpretar estos cambios ideológicos. Veamos los casos con mayor detalle.

Países donde la izquierda ascendió al poder

Al escribir este capítulo, candidatos de la izquierda han ganado elecciones presidenciales en once países de América Latina: Hugo Chávez (1998, 2000 y 2006) en Venezuela, Ricardo Lagos (2000) y Michelle Bachelet (2006) en Chile, Luiz Inácio da Silva (2002 y 2006) en Brasil, Néstor Kirchner (2003) y Cristina Fernández (2007) en Argentina, Tabaré Vázquez (2004) en Uruguay, Evo Morales (2005) en Bolivia, Daniel Ortega (2006) en Nicaragua, Alan García (2006) en Perú, Rafael Correa (2006) en Ecuador, Fernando Lugo (2008) en Paraguay y Mauricio Funes (2008) en El Salvador. Si existieren cambios ideológicos en el electorado, y sospechásemos que estos cambios están causalmente vinculados con el surgimiento de la izquierda, deberíamos observar más cambios pronunciados en estos países.[7]

Argentina

Las gráficas 2.2 muestran un fenómeno interesante: durante los noventa se redujo la proporción de individuos identificados con la izquierda y el centro-izquierda, a favor del crecimiento de la derecha y el centro derecha. Claramente, la mayoría de los argentinos se identificaban con el centro del espectro ideológico. Sin embargo, para la mitad de los dos mil, la tendencia se había revertido para mostrar una distribución ideológica similar a la que existía en 1991.

Gráficas 2.2
Cambios en la ubicación ideológica en Argentina (1991-2006)

Bolivia

Si bien no tenemos información disponible para Bolivia durante los noventa, no deja de ser interesante notar la distribución ideológica de los bolivianos durante los primeros años de esta década. Como queda manifiesto en la gráfica 2.3, tuvieron un ligero pero notorio movimiento hacia la izquierda entre 2001 y 2005. Aun cuando la mayoría de los individuos se concentran en el centro de la distribución, muchos más individuos se identificaban con la izquierda en 2005, que al inicio de la década.

Gráfica 2.3
Cambios en la ubicación ideológica en Bolivia (2001-2005)

Fuente: Latinobarómetro, 2001/2005

Brasil

El cambio en la orientación de los brasileños hacia la derecha mostrado en la gráfica 2.4 entre 1991 y 1997 es notorio, al mismo tiempo que sucedía la reducción en la proporción que se identificaba con el centro y el centro-izquierda. Sin embargo, este incremento en identificación con la derecha parece haberse revertido para la mitad de esta década. Un punto interesante es que los brasileños parecen haberse polarizado al final de los noventa, aunque para la elección de 2006 habían vuelto a ser más centristas y moderados, tal como lo habían sido al inicio de los noventa.

GRÁFICA 2.4
CAMBIOS EN LA UBICACIÓN IDEOLÓGICA EN BRASIL (1991-2006)

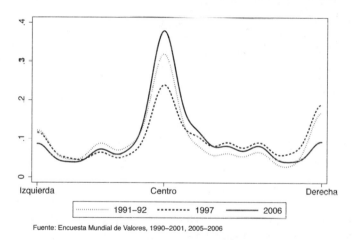

Fuente: Encuesta Mundial de Valores, 1990–2001, 2005–2006

Chile

Las gráficas 2.5 muestran patrones interesantes para Chile. Durante los noventa, los chilenos mostraron una clara tendencia a concentrarse en el centro-derecha. A diferencia de otros países en la región donde los extremos se vieron poblados por nuevos votantes durante la década, en Chile la tendencia fue mucho más moderada con un buen número de chilenos ubicados en el centro del espectro, y un ligero tránsito hacia el centro-derecha y una reducción en el centro-izquierda. Durante los primeros años del siglo XXI, sin embargo, la proporción de chilenos identificándose con el centro-derecha se reduce en favor de una derecha más extrema, al tiempo que aumenta un poco la proporción de chilenos en el centro-izquierda. Todo pareciera indicar que los chilenos han dejado de ser centristas para favorecer posiciones más extremas durante los primeros años del siglo XXI.

GRÁFICAS 2.5
CAMBIOS EN LA UBICACIÓN IDEOLÓGICA EN CHILE (1991-2005)

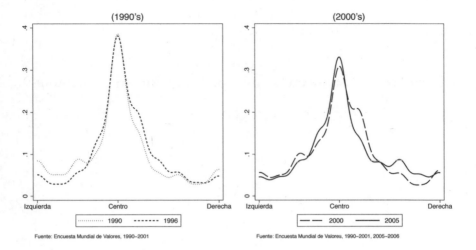

Ecuador

Como en la mayoría de los casos anteriores, la gráfica 2.6 muestra que los ecuatorianos incrementaron su identificación con la izquierda durante los primeros años de esta década. Un cambio notorio es la reducción en la proporción de ecuatorianos que se identificaban con la extrema derecha al inicio de la década que pareciera haber sido sustituida por un mayor número de ellos que se identifican con el centro-izquierda. Un fenómeno similar parece haber sucedido con la izquierda donde observamos proporciones mayores de ecuatorianos identificados con la izquierda moderada. Es interesante, también, notar la poca polarización ideológica que dejó la elección de 2006 en Ecuador.

Gráfica 2.6
Cambios en la ubicación ideológica en Ecuador
(2001-2007)

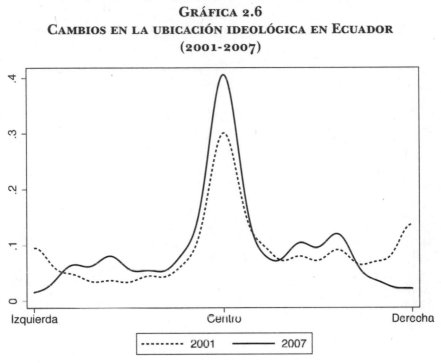

Fuente: Latinobarómetro, 2001/2007

El Salvador

Al inicio del siglo XXI, los salvadoreños estaban claramente polarizados, como muestra la gráfica 2.7. Por un lado, una alta proporción de ellos se identificaba con la extrema derecha, una proporción similar con el centro y una proporción significativa lo hacía con la extrema izquierda. Para 2007, sin embargo, los salvadoreños habían moderado significativamente su orientación ideológica, con una gran concentración de ellos en el centro del espectro ideológico, y una proporción de ellos que se identificaba con el centro-derecha que es mucho mayor que aquellos que se identifican con el centro-izquierda.

Gráfica 2.7
Cambios en la ubicación ideológica en El Salvador
(2001-2007)

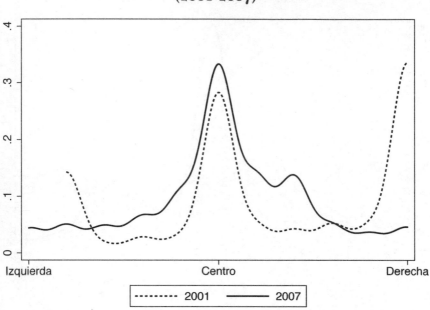

Fuente: Latinobarómetro, 2001/2007

Nicaragua

La gráfica 2.8 muestra que los nicaragüenses mantuvieron identificaciones ideológicas relativamente polarizadas durante la primera década del siglo XXI. Posiblemente el cambio más sustancial es que para 2006, la proporción de nicaragüenses identificados con el centro se había reducido con un mayor número de ellos identificándose con la extrema izquierda. En el agregado, destaca que un buen número de nicaragüenses se identifiquen con las posiciones moderadas y extremas de la izquierda.

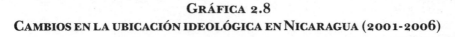

GRÁFICA 2.8
CAMBIOS EN LA UBICACIÓN IDEOLÓGICA EN NICARAGUA (2001-2006)

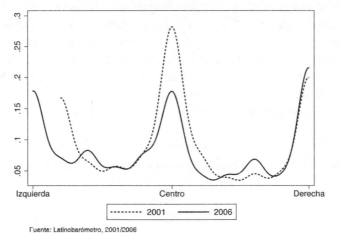

Fuente: Latinobarómetro, 2001/2006

Perú

La gráfica 2.9 muestra que la distribución ideológica entre los peruanos ha cambiado poco durante la última década. Posiblemente el cambio más notorio ha sido una transitoria reducción en la identificación con la derecha moderada al inicio de esta década, volviendo a un punto similar al imperante en 1996.

GRÁFICA 2.9
CAMBIOS EN LA UBICACIÓN IDEOLÓGICA EN PERÚ (1996-2006)

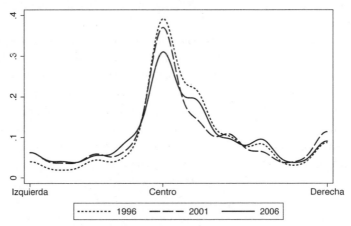

Fuente: Encuesta Mundial de Valores, 1990–2001, 2005–2006

Uruguay

Como muestra la gráfica 2.10, los uruguayos observaron un cambio hacia la izquierda entre 2001 y 2005. El cambio es el resultado de un decremento en la proporción de individuos que se identifican con el centro-derecha, acompañado de un incremento en la identificación con el centro-izquierda. Es interesante observar, como resultado de este cambio, que la mayoría de los uruguayos se concentran en el espacio delimitado entre el centro y la izquierda.

GRÁFICA 2.10
CAMBIOS EN LA UBICACIÓN IDEOLÓGICA EN URUGUAY (2001-2004)

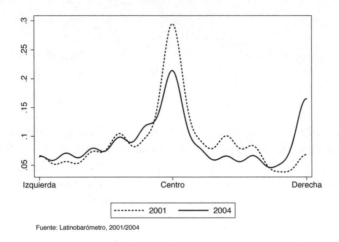

Fuente: Latinobarómetro, 2001/2004

Paraguay

La gráfica 2.11 muestra los cambios en la orientación ideológica de los paraguayos. Al inicio de la primera década del siglo XXI, la mayoría de ellos se identificaba con el centro del espectro ideológico, aunque una pequeña proporción se identificaba con alguna variante de la derecha. Para 2007, se habían vuelto aún más centristas, aunque destacan las concentraciones en el centro-izquierda y centro-derecha. Si algo sucedió en Paraguay, fue una reducción de la polarización ideológica.

GRÁFICA 2.11
CAMBIOS EN LA UBICACIÓN IDEOLÓGICA EN PARAGUAY (2001-2007)

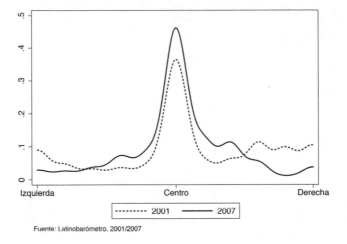

Fuente: Latinobarómetro, 2001/2007

Venezuela

Éste es claramente un caso único en términos de orientación ideológica entre los países que han elegido a un gobierno de izquierda en América Latina. La gráfica 2.12 muestra que los venezolanos dejaron de identificarse con la derecha extrema y comenzaron a identificarse en gran medida con el centro del espectro ideológico durante los noventa. Para los primeros años del nuevo milenio, este alejamiento de la derecha continuó, generando un claro aumento en la proporción de venezolanos que se identifican con la izquierda —tanto extrema como moderada— y una reducción en la identificación con la derecha moderada. Curiosamente, aquellos que se identifican con la extrema izquierda se han mantenido en proporciones similares durante la última década. Es importante notar que este movimiento en la distribución de la ideología no es el resultado de un amplio incremento en la identificación con la izquierda, sino de la concentración de venezolanos que se identifican con el centro y centro-izquierda, con una reducción mínima en los extremos.

GRÁFICA 2.12
CAMBIOS EN LA UBICACIÓN IDEOLÓGICA EN VENEZUELA (1996-2006)

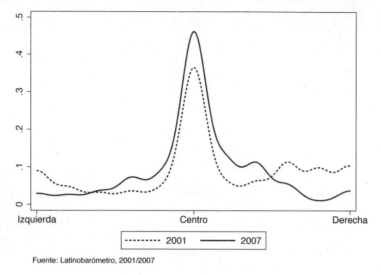

Fuente: Latinobarómetro, 2001/2007

PAÍSES DONDE HA AUMENTADO EL APOYO ELECTORAL DE LA IZQUIERDA

El crecimiento electoral de la izquierda no sólo ha sucedido donde sus candidatos han ganado la presidencia. También ha sucedido un incremento en la proporción de votos de la izquierda en países donde no han ganado elecciones presidenciales. Posiblemente los casos más notorios son México y Colombia, ambos gobernados por partidos que se identifican con la derecha, pero donde la izquierda ha sido capaz de crecer electoralmente de manera notoria.

México

Es interesante observar la evolución ideológica de los mexicanos durante este periodo, descrito en las gráficas 2.13. Notemos primero que no hubo un cambio sustancial en la ubicación ideológica de los mexicanos durante los noventa. La mayoría se identificaba con el centro o con el centro-derecha. Sin embargo, hubo un cambio notorio hacia la derecha durante los primeros años del siglo XXI, subrayado por el incremento en la proporción de mexicanos que se identificaban con la extrema derecha y la reducción de la proporción de aquellos que se identifican con el centro. Para el año 2000, la mayoría de los mexicanos se identificaba con la extrema derecha o con el centro. La tendencia se mantuvo muy similar hasta 2005, un año antes de la elección presidencial.

GRÁFICAS 2.13
CAMBIOS EN LA UBICACIÓN IDEOLÓGICA EN MÉXICO (1990-2005)

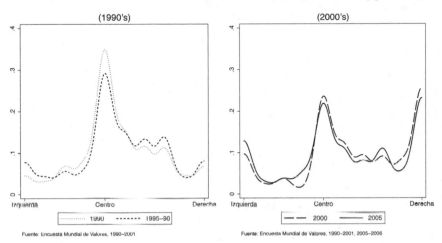

Fuente: Encuesta Mundial de Valores, 1990-2001

Fuente: Encuesta Mundial de Valores, 1990-2001, 2005-2006

Colombia

La gráfica 2.14 subraya un ligero cambio en la orientación ideológica de los colombianos hacia la izquierda entre 2001 y 2005. Pero este cambio es acompañado por un ligero incremento en la identificación con el centro-izquierda y un incremento mucho mayor en la identificación con el centro-derecha. Es interesante notar que aun cuando la mayoría de los colombianos se identificaba con la izquierda para 2005, la distribución ideológica se mantiene sesgada hacia la derecha del espectro ideológico.

GRÁFICA 2.14
CAMBIOS EN LA UBICACIÓN IDEOLÓGICA EN COLOMBIA (2001-2005)

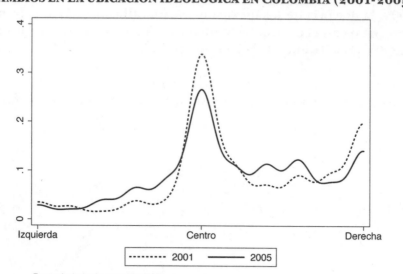

Fuente: Latinobarómetro, 2001/2005

UNA EVALUACIÓN PRELIMINAR

Los noventa en América Latina no fueron tiempos de estabilidad. La mayoría de los países de la región aún sufren los efectos de largo plazo de las crisis económicas de los ochenta, que requirieron medidas drásticas que afectaron a grandes proporciones de la población. Los noventa también fueron tiempos de crisis económica por derecho propio, iniciando con la crisis del peso en México (1994-95), seguidos por la crisis asiática (1997), la rusa (1998) y sus efectos subsecuentes en la región. Muchos países también sufrieron de inestabilidad política causada por escándalos de corrupción, intentos de golpe de estado, guerrillas y otros problemas similares. Por ello, no deja de ser extraño que los latinoamericanos tuviesen una reorientación ideológica hacia la derecha bajo estas condiciones.

Investigaciones recientes en el campo de la psicología social han encontrado un fuerte respaldo a la noción de que los individuos tienden a volverse más conservadores y a identificarse con la derecha cuando enfrentan amenazas extremas o se encuentran en situaciones de crisis.[8] Éste es el resultado de la necesidad psicológica de los individuos para enfrentar la incertidumbre y la amenaza.[9] Con esta evidencia como antecedente, las tendencias conservadoras en América Latina durante los noventa serían el resultado de las condiciones críticas que la región enfrentaba en términos económicos, políticos y sociales. Si éste es el caso, los latinoamericanos debieran ser menos conservadores una vez que estas condiciones fueran aminorando. Coincidentemente, eso es justamente lo que observamos durante la primera mitad de esta década. Las condiciones económicas, políticas y sociales mejoraron en la mayoría de los países de la región desde 2000 al punto que podría haberse percibido que la amenaza había terminado (hasta antes de la crisis económica de 2008),[10] desactivando la motivación que llevó a los individuos hacia el conservadurismo.

¿Tenemos una explicación plausible para los cambios ideológicos en la región, aunque la pregunta se mantiene: ¿se relaciona el cambio ideológico en la región con la elección de gobiernos de izquierda en América Latina? La respuesta parece ser negativa. Sabemos que todos los países de América Latina —con excepción de Venezuela— mostraron una reorientación ideológica hacia la derecha durante los noventa. Al contrario, un buen número de países mostraron una reorientación ideológica hacia la izquierda durante los primeros años de este milenio, aunque ninguno mostró un cambio hacia la derecha. Sabemos también que los países que no tuvieron reorientaciones hacia la izquierda durante los primeros cinco años del siglo XXI —Argentina y Nicaragua— eligieron gobiernos de izquierda a pesar de no existir condiciones ideológicamente "naturales" para ello. Más aún, varios países que eligieron gobiernos de izquierda durante la reorientación a la izquierda de los primeros años de esta década —Bolivia, Brasil, Chile, Perú y Uruguay— lo hicieron con candidatos que habían incrementado sus proporciones de voto en tiempos donde la ideología en sus países tendía hacia la derecha. De hecho, Venezuela y, en alguna medida, Ecuador son los únicos dos países que eligieron gobiernos de izquierda *mientras* una reorientación hacia la izquierda sucedía en estos países: Venezuela en los noventa y Ecuador a inicios del siglo XXI. Con esta evidencia, es difícil argumentar convincentemente que el surgimiento de la izquierda está ligado causalmente con la orientación y reorientación ideológica de los votantes en cada país.

En suma, existen razones para creer que la reorientación a la izquierda que observamos durante la primera década del siglo XXI —al menos durante el primer lustro— es el resultado de una regresión al punto de equilibrio ideológico en cada país. En otras palabras, puede ser que la descripción correcta no es que los latinoamericanos se hayan reorientado hacia la izquierda, sino que se han vuelto menos conservadores. Pero si la reorientación hacia la izquierda es una regresión a un punto ideológico natural, y la ideología se traduce en gran medida en votos, debimos haber observado gobiernos de izquierda aun antes de que iniciara la crisis y no lo hicimos. Ello podría deberse a que la izquierda presentó malos candidatos durante los noventa, o a un mecanismo —diferente de la motivación ideológica— que funcionó para elegir candidatos de la izquierda en América Latina.

Orígenes del apoyo a los partidos de la izquierda (1990-2007)

Si tenemos razones para dudar que un cambio ideológico está detrás de la elección de gobiernos de izquierda en América Latina, ¿qué otras explicaciones podemos emplear? Podemos escrutar los orígenes del apoyo a la izquierda en los países de la región. Si la izquierda está obteniendo más votos, sólo puede deberse a que hay más votantes de izquierda votando por esta alternativa, y esto puede ser el resultado de un aumento en el atractivo de la izquierda para un rango ideológico más amplio de votantes. Dada la evidencia presentada arriba, parece plausible que los candidatos de izquierda han sido capaces de atraer la simpatía de votantes que se identifican también con el centro e, inclusive, con la derecha. Pero una respuesta a esta cuestión sólo puede estar sustentada en evidencia empírica.

Revisemos la ubicación ideológica de quienes reportan ser adeptos de un partido y enfoquémonos en los partidos de izquierda que han sido elegidos para tener una base sólida para generar conclusiones. Dada la disponibilidad de datos al momento de escribir este texto, nos limitaremos a las elecciones sucedidas hasta 2007. Para mostrar con mayor claridad la distancia entre las bases de apoyo de un partido/coalición respecto del público en general, se muestran los datos de la elección más reciente para mostrar los traslapes entre la base de apoyo del partido y la distribución general de votantes.

Argentina

El Frente para la Victoria (FV), un desprendimiento del Partido Justicialista, llevó por segunda ocasión a su candidata —Cristina Fernández de Kirchner en esta ocasión— a la presidencia en 2007. La gráfica 2.15 muestra la base de apoyo de esta alianza. A pesar de ser una alianza de izquierda, no deja de ser notorio que tenga un importante grado de apoyo justamente en la derecha. En gran medida, la gráfica muestra que el FV ha sido capaz de cooptar electoralmente a una buena parte de este polo ideológico, además del centro y la izquierda, considerando que la mayor parte del electorado se considera de centro.

GRÁFICA 2.15
BASES IDEOLÓGICAS DE LA IZQUIERDA EN ARGENTINA

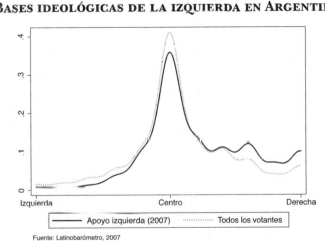

Fuente: Latinobarómetro, 2007

Bolivia

Dado el comportamiento de Evo Morales, no sería descabellado asumir que su base de apoyo —y de su Movimiento al Socialismo (MAS)— se ubicó principalmente en la izquierda del espectro ideológico. Pero como muestra la gráfica 2.16, la base ideológica del MAS en la elección de 2005 no es solamente la izquierda, pues logra obtener también el respaldo de votantes de centro y de derecha. En contraste, la población se distribuye con una amplia concentración en el centro del espectro ideológico. Esto muestra claramente la amplitud de la base que debe atender Morales en el poder.

GRÁFICA 2.16
BASES IDEOLÓGICAS DEL MAS EN BOLIVIA

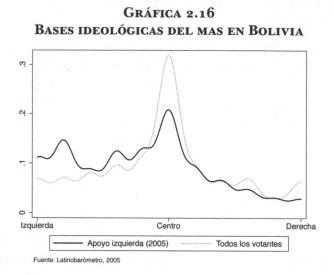

Fuente: Latinobarómetro, 2005

Brasil

La más reciente elección de Lula en Brasil en 2006 muestra claramente a un partido de izquierda que ha sido capaz de volverse atractivo virtualmente para todos los tonos ideológicos en el espectro brasileño. Esta característica es notoria en la gráfica 2.17 que denota que la distribución ideológica de los votantes en general fue muy similar a la distribución ideológica del PT en ese año.

GRÁFICA 2.17
BASES IDEOLÓGICAS DEL PT EN BRASIL

Fuente: Latinobarómetro, 2006

Chile

En la cuarta ocasión que la Concertación chilena se enfrentó a las urnas exitosamente con Michelle Bachelet como candidata en 2006, pudo generar una coalición amplia de votantes que la llevarían a la victoria. La gráfica 2.18 muestra que la Concertación fue capaz de generar una coalición principalmente de centro-izquierda, aunque con un muy bajo respaldo de votantes de derecha.

GRÁFICA 2.18
BASES IDEOLÓGICAS DE LA CONCERTACIÓN EN CHILE

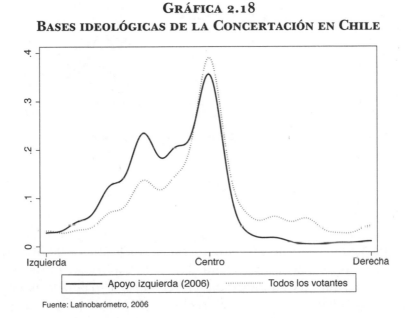

Fuente: Latinobarómetro, 2006

Ecuador

La Alianza PAIS fue creada *ad hoc* para llevar a Rafael Correa a la presidencia en 2006. La gráfica 2.19 muestra, también, el fenómeno recurrente que hemos visto en los partidos de izquierda que ganaron la presidencia en estos últimos años: una amplia coalición ideológica —incluyendo a votantes de derecha— que respaldaron a Correa.

GRÁFICA 2.19
BASES IDEOLÓGICAS DE LA ALIANZA PAÍS EN ECUADOR

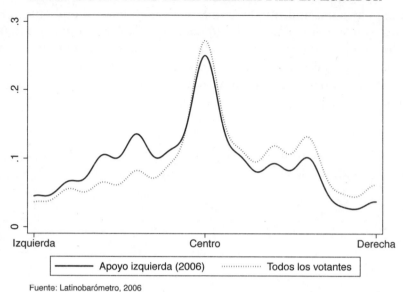

Fuente: Latinobarómetro, 2006

Nicaragua

Rastrear a la izquierda en Nicaragua equivale a seguir al Frente
Sandinista de Liberación Nacional (FSLN). La gráfica 2.20 muestra
que la base principal de apoyo para el FSLN en 2006 se encontraba en
la extrema izquierda, aunque también recibió el respaldo de algunos
votantes del centro y la extrema derecha. Todo indica que Ortega y el
FSLN no lograron construir una base tan amplia de apoyo como otros
partidos de izquierda en la región, que resultaría particularmente
importante en un país donde el centro y la derecha agrupan a la
mayoría de los votantes. Ortega, es claro, logró llegar al poder respaldado principalmente por la izquierda.

GRÁFICA 2.20
BASES IDEOLÓGICAS DEL FSLN EN NICARAGUA

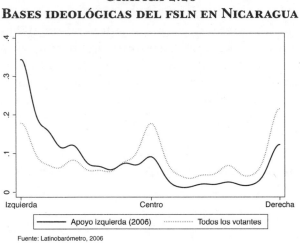

Fuente: Latinobarómetro, 2006

Perú

La gráfica 2.21 muestra que el APRA con Alan García como candidato, logró aglutinar una coalición principalmente de centro izquierda de cara a la elección presidencial de 2006 aunque, curiosamente, tiene también un notable respaldo de votantes de derecha. Ello contrasta con la distribución simétrica de la ideología de los peruanos en este año que se definían a sí mismos principalmente como de centro.

GRÁFICA 2.21
BASES IDEOLÓGICAS DE APRA EN PERÚ

Fuente: Latinobarómetro, 2006

Uruguay

El Frente Amplio en la elección presidencial de 2004 es un caso digno de atención entre los partidos de izquierda que ganaron la presidencia recientemente: una coalición dominante de votantes de centro izquierda en respaldo a Tabaré Vásquez, cuando el electorado tiene un amplio componente de votantes de derecha que virtualmente de abstuvieron de apoyarlo en esa elección.

GRÁFICA 2.22
BASES IDEOLÓGICAS DEL FRENTE AMPLIO EN URUGUAY

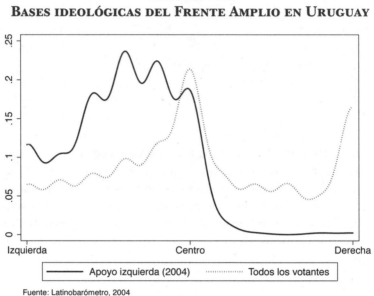

Fuente: Latinobarómetro, 2004

Venezuela

El respaldo para Hugo Chávez y su Movimiento Quinta República (MVR), con el cual ganó la elección de 2006 muestra la habilidad de Chávez para lograr una amplia coalición de votantes de todos los rincones del espectro ideológico. Si bien la distribución ideológica de los votantes en Venezuela está claramente polarizada, la distribución ideológica de los votantes que respaldan al MVR corresponde claramente con la distribución de los votantes en Venezuela. Es decir, para 2006, Chávez logró el respaldo de todas las regiones del espectro ideológico.

GRÁFICA 2.23
BASES IDEOLÓGICAS DE LA IZQUIERDA EN VENEZUELA

Fuente: Latinobarómetro, 2006

UNA SEGUNDA EVALUACIÓN

Parece ser que el surgimiento de la izquierda no fue causado por una tendencia "izquierdista" entre los votantes latinoamericanos. La explicación más plausible es que los partidos de izquierda que ganaron elecciones fueron aquellos que pudieron ampliar su atractivo más allá de los votantes de izquierda. Es interesante notar que para 2007, todos los partidos gobernantes de izquierda, excepto por Nicaragua, llegaron al poder teniendo a los votantes de centro como parte primordial de sus electores. El FV en Argentina, el PT en Brasil, el MAS en Bolivia, el APRA en Perú, la Alianza PAIS en Ecuador y el MVR en Venezuela han sido particularmente exitosos para crear amplias bases de apoyo. Por su parte, el FSLN en Nicaragua es apoyado por la extrema izquierda, aunque no aliena a los votantes de centro o de derecha. Entre estos casos extremos, tenemos a la Concertación en Chile, al Frente Amplio en Uruguay, con votantes más ideológicamente sesgados. Siguiendo este mismo patrón, inclusive los candidatos que ganaron con menos de una mayoría absoluta de los votos —Argentina y Nicaragua— lograron conformar coaliciones ideológicamente amplias que no sólo se limitan a los votantes que se identifican con la izquierda.

Es difícil establecer una línea de causalidad. ¿Acaso los partidos de izquierda, al volverse más moderados —o incluir más temas posmaterialistas[11] en su discurso— fueron capaces de atraer una base más amplia de votantes? No podemos descartar que los partidos de izquierda hayan sido obligados a moderar su discurso o ampliar su plataforma conforme más individuos dieron su apoyo a estos partidos. Posiblemente la causalidad vaya en ambas vías. Pero dejando la causalidad de lado, el hecho de que los partidos de izquierda que están en el poder tengan votantes de todos los rincones del espectro ideológico tiene consecuencias políticas, especialmente si estos funcionarios y sus partidos quieren mantenerse en el poder.

Discusión y conclusiones

Muchas explicaciones han sido presentadas dado el reciente surgimiento de los gobiernos de izquierda en América Latina. La mayoría de ellas se relacionan con la existencia de pobreza e inequidad que se traduce en movilizaciones masivas[12] o el descontento causado por un mal desempeño de la economía.[13] Un claro problema con este tipo de explicaciones es que la pobreza y la inequidad han sido características añejas de la realidad Latinoamericana y no han empeorado particularmente en los últimos años. Pero, también, si los latinoamericanos intentan mitigar los efectos de las reformas económicas al elegir gobiernos de izquierda, no tiene ningún sentido que elijan —y reelijan— a gobiernos de izquierda que impulsan estos mismos principios de mercado.

Este capítulo presenta una explicación alternativa y más pragmática: los candidatos de la izquierda han sido elegidos cuando han podido forjar amplias coaliciones ideológicas que no sólo se limitan a la izquierda y que incluyen posiciones moderadas de centro e, inclusive, de la derecha. ¿Por qué? Es difícil señalar sólo una razón. Pero es claro que los partidos de izquierda han sido capaces de presentar candidatos más atractivos, y aquellos que no eran tan atractivos han sido capaces de afinar sus candidaturas para atraer más votantes, principalmente al moderar sus discursos.

La evidencia presentada aquí muestra que los latinoamericanos han sufrido un cambio ideológico: a la derecha durante los noventa, y a la izquierda durante los primeros años del siglo XXI. Aun cuando gobiernos de izquierda han sido elegidos durante esta reorientación ideológica, no es sencillo argumentar que la elección de estos gobiernos está causalmente vinculada al cambio ideológico. Un argumento de este tipo sería altamente dudoso, particularmente porque la mayoría de los candidatos que ganaron elecciones durante los primeros años del nuevo milenio habían sido candidatos recurrentes de sus partidos durante los noventa, cuando convencieron al grueso de sus votantes y ampliaron sus bases ideológicas. Todo parece indicar que no es que los latinoamericanos hayamos virado a la izquierda, sino que la izquierda finalmente viró hacia los latinoamericanos. En otras palabras, la izquierda comenzó a ganar elecciones cuando dejó de dirigirse exclusivamente a los votantes de izquierda y comenzó a hablar a la totalidad de los votantes.

¿Por qué debería importarnos este tema? Una razón de peso es que la distribución ideológica de los votantes de un partido puede tener un impacto claro en las políticas que el partido está dispuesto a instrumentar para mantener este apoyo y permanecer en el poder. Pensando en términos de los modelos de votante mediano tan populares hoy en economía política:[14] tanto más restringido a la izquierda es el apoyo electoral de un partido de izquierda, cuanto más probable es que implemente sin restricciones las políticas preferidas de la izquierda, pero a menos que una masa suficientemente grande de votantes se encuentre en esta área, todas sus participaciones electorales serán infructíferas. Para ganar, un partido de izquierda debe crear una coalición amplia. Pero tanto más amplia sea la coalición, cuanto más restricciones tendrá un partido para implementar sus políticas preferidas si le interesa ser reelegido. Todo parecería indicar que los partidos políticos de izquierda han reconocido la necesidad de atraer una amplia base de votantes, pero esto también los ha constreñido a implementar políticas menos extremas.

Lo que es claro es que el recuento del surgimiento de la izquierda en América Latina estaría incompleto si sólo tomásemos en cuenta el contexto y las élites. Es cierto que las élites determinan las reglas y generan los incentivos para que los candidatos se autoseleccionen para competir en una elección presidencial. Pero también es cierto que los electores deciden cuál de los candidatos en la contienda va a asumir el poder. La evidencia empírica en este capítulo busca ofrecer un elemento adicional para tener una comprensión más amplia de la izquierda en América Latina que resulta de la interacción de reglas, candidatos y votantes bajo el lente de las orientaciones ideológicas.

Apéndice

Encuesta Mundial de Valores

Grupo de Estudios de Valores Europeos y Asociación de la Encuesta Mundial de Valores. ARCHIVO DE DATOS INTEGRADO DE CUATRO LEVANTAMIENTOS DE LAS ENCUESTAS EUROPEA Y MUNDIAL DE VALORES, 1981-2004, v.20060423, 2006. Productores del archivo de datos agregado: Análisis Sociológicos Económicos y Políticos (ASEP) y JD Systems (JDS), Madrid, España/Universidad de Tilburg, Tilburg, Países Bajos. Proveedores del archivo de datos: Análisis Sociológicos, Económicos y Políticos (ASEP) y JD Systems (JDS), Madrid, España/Universidad de Tillburg, Tillburg, Países Bajos/ Zentralarchiv fur Empirische Sozialforschung (ZA), Colonia, Alemania. Distribuidores de Archivo de Datos Agregados: Análisis Sociológicos Económicos y Políticos (ASEP) y JD Systems (JDS), Madrid, España/Universidad de Tillburg, Tilburg, Países Bajos/ Zentralarchiv fur Empirische Sozialforschung (ZA) Colonia, Alemania.

Las preguntas literales sobre ubicación ideológica y preferencia partidista son:

[E033] En asuntos políticos, la gente habla de "izquierda" y "derecha". ¿Dónde ubicaría su visión en esta escala? (escala 1 para izquierda y 10 para derecha) [V114 en W5]

[V231] Si mañana hubiera una elección, ¿por cuál de los partidos en esta lista votaría? Sólo dígame el número en esta tarjeta. Si no está seguro, ¿cuál partido le atrae más? (2005-2006)

[E179] Si mañana hubiera una elección, ¿por cuál de los partidos en esta lista votaría? Sólo dígame el número en esta tarjeta. SI NS/NC: ¿cuál partido le atrae más? (2001)

[E179] Si mañana hubiera una elección general, ¿por cuál partido votaría? LISTA ESPECÍFICA DE PARTIDOS PARA CADA PAÍS (1999)

[E179] Si hubiera una elección [GENTILICIO] mañana, ¿por cuál de los partidos en esta lista votaría? Sólo dígame el número en esta tarjeta. (1995)

Los tamaños muestrales y fechas del levantamiento en cada país y levantamiento se detallan en la tabla 1.

Tabla 1
EMV tamaño muestral por país

País	W2 (1990-1992)	W3 (1995-1997)	W4 (1999-2001)	W5 (2005-2006)
Argentina	Feb-Abr 1991	Ago 1995	Ene-Feb 1999	Jul 2007
	n=1002	n=1079	n=1280	n=1002
Brasil	Nov 1991-Ene 1992	Aug-97	–	Nov-Dic 2006
	n=1782	n=1149		n=1500
Chile	Mayo 1990	Spring 1996	Nov-00	Jun-Jul 2006
	n=1500	n=1000	n=1200	n=2000
México	Jun-Jul 1990	Sep 1995-Mar 1996	Jan-Feb 2000	Nov-Dic 2005
	n=1531	n=1510	n=1535	n=1560
Perú	–	Mayo 1996	Jul 2001	Dic 2006
		n=1211	n=1501	n=1500
Venezuela	–	Mar-Abr 1996	Dic 2000	–
		n=1200	n=1200	

Latinobarómetro

Las bases de datos de Latinobarómetro fueron adquiridas directamente del sitio de la organización (www.latinobarometro.org). Las preguntas literales sobre ubicación ideológica y preferencia partidista son:

> *[P34ST] En política se habla normalmente de "izquierda" y "derecha". En una escala dónde "0" es la izquierda y "10" la derecha, ¿dónde se ubicaría usted?* (P47ST en 2006, P67ST en 2007)
>
> *[P48ST] Si este domingo hubiera elecciones, ¿Por qué partido votaría usted?* (P38ST en 2006, P64ST en 2007)

Los tamaños muestrales en cada país se detallan en la tabla 2.

TABLA 2
LATINOBARÓMETRO. TAMAÑO MUESTRAL POR PAÍS

País	Tamaño muestral (2001)	Tamaño muestral (2005)	Tamaño muestral (2006)	Tamaño muestral (2007)
Argentina	1200	1200	1200	1200
Bolivia	1080	1200	1200	1200
Brasil	1000	1204	1204	1204
Chile	1200	1200	1200	1200
Colombia	1200	1200	1200	1200
Costa Rica	1000	1000	1000	1000
Ecuador	1200	1200	1200	1200
El Salvador	1000	1010	1020	1000
Guatemala	1000	1000	1000	1000
Honduras	1000	1000	1000	1000
México	1253	1200	1200	1200
Nicaragua	1000	1200	1000	1000
Panamá	1000	1008	1008	1008
Paraguay	600	1200	1200	1200
Perú	1023	1200	1200	1200
Uruguay	1200	1200	1200	1200
Venezuela	1200	1200	1200	1200

SEGUNDA PARTE

¿Desaciertos? ¿errores?

Capítulo 3
La izquierda, ¿sin ventaja en política social?
José Merino

El desarrollo político en América Latina recientemente ha generado un amplio debate y conclusiones prematuras. En particular, no es poco común leer que la región ha girado a la izquierda. Partidos (o candidatos) de izquierda han ganado elecciones en Chile, Nicaragua, Bolivia, Ecuador, Venezuela, Argentina, Uruguay, Perú y Brasil.

Estas discusiones han abierto preguntas sobre las características de las administraciones recientes de izquierda; en términos de su desempeño gubernamental, y en algunos casos, en términos de sus credenciales democráticas. Para los propósitos de este capítulo hay una pregunta central y una sospecha inevitable. La pregunta es obvia: ¿han tenido mejor desempeño los gobiernos de izquierda que los de derecha en la que puede ser vista como el centro de su agenda pública, la política social? La sospecha es también obvia, incluso en términos de política social hay dos izquierdas en América Latina. Una que se basa en plataformas partidarias sólidas; no teme al mercado; y se comporta aceptablemente en términos de política social. La otra se basa en líderes populistas; pregona en contra del mercado y el libre comercio; y deriva en políticas públicas controversiales e ineficientes.

La evidencia empírica ofrecida en este capítulo nos lleva a concluir que no hay una superioridad clara de los gobiernos de izquierda sobre los gobiernos de derecha con relación a los indicadores sociales. Sin embargo, esa misma evidencia nos hace concluir que los gobiernos de izquierda no populistas superan sistemáticamente el desempeño de los gobiernos de izquierda populistas. Aún más, sorpresivamente, los casos populistas de derecha lograron mejores resultados en política social que sus contrapartes de izquierda.

El capítulo se organiza como sigue. La primera sección provee una síntesis de los argumentos que vinculan ideología con desempeño en política pública. La segunda revisa las posiciones que distinguen entre "buenos" y "malos" gobiernos de izquierda en Latinoamérica. La tercera evalúa el desempeño relativo de los gobiernos de izquierda/derecha y populistas/no populistas en términos de política social, analizando los cambios en gasto social, indicadores de bienestar y la conexión entre ambos. Finalmente, la cuarta ofrece algunas conclusiones.

EN CAMINO: IDEOLOGÍA Y POLÍTICA PÚBLICA

Izquierda y derecha son categorías que los politólogos usamos para señalar una ubicación concreta en una sola dimensión de política pública. Por supuesto, la posición de un determinado partido o individuo cambiaría conforme nos movemos entre diversos temas de política y, además, izquierda o derecha son relativas al punto del *statu quo*. Norberto Bobbio ha dicho que cuando se trata de igualdad, la principal diferencia entre izquierda y derecha es que la derecha prioriza la libertad individual a expensas de la igualdad social, mientras que la izquierda promueve la igualdad social; es decir, algún tipo de redistribución de habilidades, oportunidades o incluso riqueza.[1]

Cierto, pero la pregunta permanece, ¿estas diferencias en actitud respecto a la igualdad se traducen en diferencias visibles en política pública o desempeño gubernamental?

Analizando la política económica, Carles Boix notó que "muchos economistas políticos han concluido que, debido a restricciones económicas e institucionales, los partidos no afectan políticas y agregados económicos permanentemente".[2] Boix debate esta conclusión al argumentar (y probar empíricamente para los países de la OCDE) que, aunque todos los partidos prefieren políticas que maximicen el crecimiento económico, las políticas difieren de acuerdo a sus efectos redistributivos. Entonces, la ideología determina qué políticas son preferidas por cada gobierno. Los gobiernos de izquierda procuran elevar la productividad (de ambos, capital y trabajo) mediante intervenciones del sector público (*v.g.* gasto en infraestructura), mientras los gobiernos de derecha conciben su rol como provisores de incentivos económicos privados, de modo que la competencia en el mercado maximice las tasas de retorno individuales y sociales.[3]

Así, ambos tipos de gobiernos tienen preferencias diferentes sobre las rutas que llevan al crecimiento económico. Por supuesto, Boix es cuidadoso al delimitar el espacio de acción de los gobiernos a los incentivos productivos de capital y trabajo. Ello implica, para un gobierno de izquierda, que los límites a impuestos y la redistribución están definidos por los incentivos de inversión de los actores privados. En suma, como Adam Przeworski y Michael Wallerstein lo dijeron en 1988: "los políticos buscadores de votos son dependientes de los dueños de capital, porque los votantes lo son".[4]

Curiosamente, hay muchos menos estudios dedicados al análisis empírico de si existen o no diferencias en términos de política social entre gobiernos de izquierda y derecha.[5] Aún más intrigante es descubrir que, en algunos casos, el sesgo ideológico de los gobiernos no afecta el nivel de gasto social, al menos en entre los países de la OCDE.[6]

Acercándonos: las izquierdas de América Latina

Déjenme reducir aún más mi pregunta: ¿qué significa ser un gobierno de izquierda en América Latina después del fin de la Guerra Fría? Específicamente, ¿la ideología afecta la política pública en la región? Estas son preguntas latentes en el hemisferio y el momento parece obligarnos a responderlas. La última década ha estado caracterizada por la democratización de todos los países de la región (con la clara excepción cubana), pero también, por la emergencia de gobiernos etiquetados como populistas y usualmente sesgados hacia la izquierda.

El debate se ha centrado en la identificación de los elementos de estos gobiernos populistas y su distinción respecto a casos no populistas. Sin embargo, no ha habido ningún esfuerzo empírico para analizar las diferencias entre gobiernos de derecha e izquierda en términos de política pública y desempeño; mucho menos incorporando la distinción populista/no populista. Ese es el hueco que este capítulo quiere llenar.

Para algunos analistas, la única distinción relevante es entre los gobiernos de izquierda viejos y nuevos en América Latina, donde los viejos formaron gobiernos populistas nacionales dedicados a inmensas reformas y proyectos de desarrollo; mientras los gobiernos de izquierda contemporáneos están orientados a encontrar dentro de la democracia las herramientas para mejorar el bienestar de la población (*v.g.* reducir pobreza e igualdad). [7]

Por otro lado, la mayoría de analistas han identificado la coexistencia de dos izquierdas latinoamericanas, como Jorge Castañeda describe,

> [...] no hay una izquierda latinoamericana hoy; hay dos. Una es moderna, abierta de mente, reformista e internacionalista y crece, paradójicamente, de la izquierda dura del pasado. La otra, nacida de la gran tradición populista de Latinoamérica, es nacionalista, estridente y cerrada de mente.[8]

La descripción de Castañeda contiene ya los elementos centrales que definen a un gobierno populista: el origen partidario y el discurso. Ambas partes se relacionan cercanamente, pero llevan a caminos distintos cuando se trata de clasificar efectivamente a los gobiernos como populistas o no.

El primer elemento identifica gobiernos populistas como aquellos basados en la supremacía de un líder nacional que se relaciona directamente con la masa, la gente, que conciben como la única fuente de legitimación moral y política. En algún sentido, esta aproximación ve en el populismo más un tipo de discurso que un tipo de funcionamiento gubernamental.

El segundo elemento toma este atributo un paso más adelante e identifica un patrón común en todos los gobiernos populistas: rechazo a la representación institucionalizada.[9] Al reivindicar la "verdadera democracia", los gobiernos populistas se ubican como la salvación de los vicios del sistema de partidos y, como tales, acceden al poder como candidatos independientes o como candidatos de partidos creados sólo en torno a su candidatura. Esto es lo que Bovero[10] ha llamado "la antipolítica".

No obstante, la relación entre política partidaria y populismo es compleja. Muchos gobiernos originados desde partidos tradicionales han sido frecuentemente clasificados como populistas, como los de Carlos Saúl Menem y Néstor Kirchner en Argentina. Mientras otros gobiernos originados fuera de, y en algunos casos en oposición a los sistemas de partidos, nunca han sido rotulados como populistas, tales como el de Álvaro Uribe en Colombia o Alberto Fujimori en Perú.

No es casual que el análisis de Castañeda[11] identifique como parte de la izquierda moderna a los gobiernos de Chile, Uruguay y

Brasil, originados desde partidos de izquierda tradicionales, aunque tempranamente radicales. Incluso ubica a los gobiernos de izquierda en Venezuela y Bolivia como parte de la izquierda populista, dado que Hugo Chávez y Evo Morales trazan sus orígenes, no a partidos, sino a movimientos en su contra.

Clasificación de gobiernos en América Latina (1990-2006)

Como un primer paso para clasificar a los gobiernos de la región por ideología y con fines de comparación, uso la clasificación propuesta por Philip Keefer.[12] La clasificación de Keefer tiene cinco categorías (*v.g.* izquierda, derecha, centro, sin información y sin ejecutivo) y contiene a todos los países de América Latina entre 1992 y 2005. A partir de este primer paso, revisé todas las categorías para ubicarlas en una clasificación binaria izquierda/derecha, con base en la orientación auto manifestada del partido o en la orientación de políticas públicas del ejecutivo en el caso de casos ambiguos (*v.g.* partidos de centro y casos reportados como sin información o sin ejecutivo). Esta revisión de la clasificación de Keefer produjo 107 cambios en un total de 306 gobiernos-año (GA).[13]

Como se puede ver en el Apéndice 1, en 55 GA llené los espacios en blanco dejados en los datos de Keefer, en 40 GA reclasifiqué casos de centro como de derecha o izquierda. Esto, por supuesto, puede ser materia de debate, en ambos casos seguí primero la autoorientación de los partidos políticos (Argentina 2000-01; Bolivia 1994-97; República Dominicana 1997-00 y 2005-06; y Colombia 1990-98) y, en los casos dudosos, la orientación ideológica del jefe del ejecutivo (México 1990-00; Perú 2002-06; y Bolivia 2003-05). Ello deja 12 casos donde cambié el perfil ideológico propuesto por Keefer, en este caso de derecha a izquierda: los gobiernos de Ricardo Lagos y Michelle Bachelet en Chile, que aunque provienen de una alianza de izquierda-derecha, son miembros del partido socialista; Néstor Kirchner en Argentina, quien pertenece a una fracción de izquierda dentro del Partido Justicialista, tradicionalmente categorizado como de derecha; y Nicanor Duarte en Paraguay, quien pertenece al derechista Partido Colorado, pero se proclamó como un presidente de izquierda.

Esta clasificación produjo un total de 229 GA de derecha y 77 de izquierda, distribuidos como se muestra en las gráficas 3.1 y 3.2.

GRÁFICA 3.1

Años/Gobierno por ideología, 1990-2006

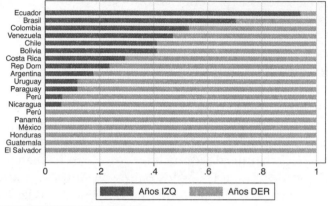

Fuente: Keefer DPI2004 (expandida y corregida)

GRÁFICA 3.2

Ideología de Gobierno por Año
Proporción de países

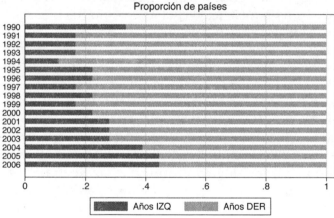

Fuente: Keefer DPI2004 (expandida y corregida)

Curiosamente, no hay un solo país en la región con gobiernos de izquierda en la totalidad del periodo, mientras cinco naciones sólo han tenido gobiernos de derecha (México, Panamá, Honduras, Guatemala y El Salvador). Los países más hacia la izquierda fueron Ecuador (16 GA), Brasil (12 GA), Colombia (9 GA), Venezuela (8 GA), Chile y Bolivia (7 GA).[14] En promedio, 4.5 países han sido de izquierda cada año entre 1990 y 2006 (de un total de 18 países); sin embargo, este promedio fue de sólo 3.5 entre 1990 y 1999, y de 6 entre 2000 y 2006. De hecho, para el 2005, ocho de 18 países en la región se encontraban a la izquierda en el espectro ideológico (Argentina, Ecuador, Venezuela, Brasil, Chile, Uruguay, Paraguay y Bolivia). Dos cosas son claras, los gobiernos de América Latina han tenido un sesgo hacia la derecha en el periodo y esta tendencia se ha reducido a partir de 2000. Aunque no podemos afirmar que la región se ha movido como tal hacia la derecha, la proporción de gobiernos de izquierda es más alta en los últimos años del periodo.

Clasificar a los gobiernos con base en si son o no populistas es mucho más resbaloso y controversial. Como se mencionó en la sección anterior, consideré que los gobiernos populistas tienen un atributo principal: se originan fuera del sistema formal de partidos políticos. En ese sentido, presto atención al discurso "antipolítico" sólo indirectamente, y en tanto que implique además la construcción de una candidatura fuera del sistema de partidos o mediante la construcción de un partido *ad hoc*. Por supuesto, no todos los gobiernos "independientes" son necesariamente populistas. No obstante, prefiero usar el origen partidario de los gobiernos como proxy de populismo, que subjetivamente clasificarlos con base en percepciones discursivas.[15]

Por tanto, en este capítulo la etiqueta "populista" refleja gobiernos formados fuera del sistema de partidos o en abierta confrontación con éste. Lo que esto implica con relación a otros análisis es que todos los casos tradicionalmente identificados como populistas lo son aquí (con la clara excepción de Kirchner en Argentina); mientras que algunos casos usualmente no considerados como populistas son clasificados así aquí, debido a su origen no partidario. Este criterio produjo un total de 40 GA populistas en la región entre 1990 y 2006, de un total de 306 GA (13 por ciento); 20 de izquierda y 20 de derecha.[16]

Gráfica 3.3

Años/Gobierno por origen populista e ideología
1990–2006

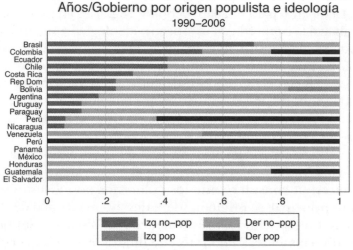

Fuente: Keefer DPI2004 (expandida y corregida)

Gráfica 3.4

Origen populista e ideológico de gobiernos, por año
1990–2006

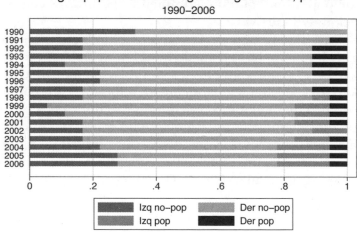

Fuente: Keefer DPI2004 (expandida y corregida)

Como se muestra en la Gráfica 3.3, sólo Ecuador ha tenido gobiernos populistas de ambas orientaciones ideológicas (9 de izquierda y 1 de derecha); Bolivia y Venezuela han tenidos gobiernos populistas de izquierda (3 y 9 respectivamente); y Colombia, Perú y Guatemala de derecha (4,11 y 4). Aún más, como se muestra en la

Gráfica 3.4, con la excepción de Colombia (donde clasificar el gobierno de Álvaro Uribe puede ser visto como un exceso), los gobiernos populistas de derecha son un fenómeno de los noventas, mientras los gobiernos populistas de izquierda ocurrieron sólo después de 1998.

Ideología, populismo y política social en América Latina (1990-2006)

Hasta ahora sabemos algunas cosas: primero, América Latina ha tenido un sesgo hacia la derecha entre 1990 y 2006; segundo, sólo trece por ciento de los GA en el periodo pueden ser clasificados como populistas. Ahí el sesgo ideológico desaparece, aunque los gobiernos populistas de derecha ocurrieron mayormente en los noventas, mientras que los de izquierda son de experiencias recientes. La pregunta obvia ahora es si estas variables políticas tienen algún efecto en política social: ¿los gobiernos de izquierda tienen mejor desempeño que los de derecha en términos de variables sociales? ¿Y qué hay con los casos populistas?

Antes de llegar a las descripciones empíricas, debo aclarar que este capítulo no pretende proveer evidencia causal sólida; no existe un análisis estadístico aquí que me permita emitir juicios conclusivos incuestionables sobre la causalidad entre ideología o populismo y desempeño social de los gobiernos. Lo que este capítulo sí provee es una descripción cuantitativa y gráfica de variables sociales contra atributos ideológicos y populistas de los gobiernos; ello nos permite identificar algunos patrones básicos, nada más. Por esta razón es importante considerar el periodo completo y no sólo años recientes cuando los gobiernos populistas de izquierda alcanzaron el poder. Si queremos conocer el desempeño relativo de éstos, debemos compararlos necesariamente con sus contrapartes de derecha, de otro modo, decreceríamos varianza y comparabilidad, y eliminaríamos observaciones en el tiempo que proveen una base sólida de comparación intertemporal.

Asimismo, esta sección muestra datos agregados para todo el periodo; esto se debe a la ausencia de datos anuales para todos los países en casi todas las variables sociales, de modo que podemos hacer al menos una comparación para todos los países entre el año de inicio (1990) y el año de corte (2006). La definición de los periodos está sujeta a la disponibilidad de datos; en los mejores casos existe información para contrastar entre 1990 y 2005; sin embargo, hay casos en los que el periodo es más estrecho que eso, lo que implica necesariamente una pérdida en la comparación ideológica y populista. Aún más, algunos países no tienen información sobre algunas de las variables; en cada caso los países excluidos son mencionados. Dicho esto, y hasta donde sabemos, éste es el primer esfuerzo para proveer algún tipo de evidencia empírica sobre las diferencias en desempeño social de los gobiernos en América Latina por ideología y populismo.

Finalmente, este capítulo no trata sobre la existencia y atributos específicos de programas sociales en la región, aunque se mencionan algunos cuando se considera necesario. Mi meta es dar una imagen general de los efectos sociales por atributos políticos de los gobiernos. En ese sentido, considero que hay tres formas posibles para evaluar el desempeño gubernamental en política pública: cuánto gastan en áreas sociales; cómo ha mejorado el bienestar de su población en términos de indicadores sociales; y, por supuesto, el cruce de ambos.[17]

Gasto social

Hay tres posibles medidas de gasto social que consideran tamaños relativos de la economía, gobiernos y poblaciones: como porcentaje del PIB, como porcentaje del gasto gubernamental total y como ingreso per cápita.[18] La Gráfica 3.5 muestra los cambios en gasto social como porcentaje del PIB entre 1990 y 2003 con los países clasificados por su perfil ideológico y populista. En términos del gasto social, todos los países en la región —salvo Ecuador— lo han incrementado como proporción del PIB, no obstante, es visible que los gobiernos de izquierda no han superado en este rubro a sus contrapartes de derecha. De hecho, con la excepción de Bolivia y Costa Rica que tuvieron ambos tipos de gobiernos, han sido los gobiernos de derecha los que han incrementado el gasto social por encima del promedio.

Gráfica 3.5

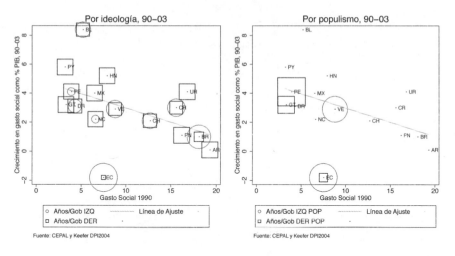

Fuente: CEPAL y Keefer DPI2004

Fuente: CEPAL y Keefer DPI2004

Dado que la gráfica considera lo que los gobiernos gastaban en 1990 como punto de referencia, podemos esperar que aquellos que ya gastaban mucho tengan incrementos menores, como de hecho ocurre. Esto explica la pendiente negativa en la línea de ajuste; en ese sentido, podemos pensar en los países por encima de la línea como los que han tenido incrementos por encima de lo esperado, "superiores", y en aquellos debajo de la línea como casos en los que el gasto social creció por debajo de lo esperado, "inferiores"; ello, por supuesto, en un modo simplemente descriptivo que carece de un análisis causal que controle simultáneamente otras variables relevantes. Así, aun cuando las diferencias entre países sean pequeñas, es notorio que en los años de izquierda el promedio para los "superiores" sea de sólo 1.5 (en un periodo de 14 años), mientras el promedio en los "inferiores" es de 3.6 (2.6 si excluimos a Ecuador, que ha tenido 13 años de gobiernos de izquierda y un decremento de 1.8 en gasto social).

Entonces, con la excepción de Ecuador, los países dominados por la izquierda tuvieron incrementos cercanos al promedio en gasto social; mientras que al menos cuatro países dominados por la derecha tuvieron incrementos por encima del promedio (Paraguay, México, Honduras y Uruguay). Lo que es claro, como se muestra en el lado derecho de la Gráfica 3.5, es que todos los países con años populistas son casos "inferiores".

Gráfica 3.6

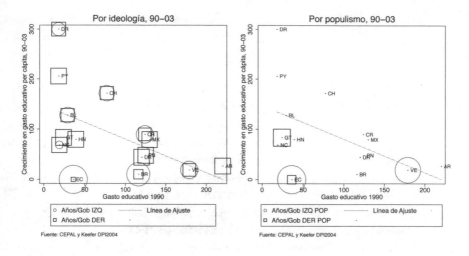

Fuente: CEPAL y Keefer DPI2004

Para entender mejor las diferencias entre gobiernos de izquierda y derecha sobre gasto social, podemos revisar el gasto en áreas específicas. La Gráfica 3.6 muestra el porcentaje de cambio en el gasto educativo per cápita entre 1990 y 2003. De nueva cuenta, los gobiernos de izquierda no tienen mejores resultados que los gobiernos de derecha; de hecho, los casos de izquierda son más disímiles entre sí que los de derecha.

Mientras algunos países sesgados a la izquierda están muy por debajo de la línea de ajuste y cerca de incrementos nulos en gasto educativo per cápita en el periodo (Ecuador, Venezuela y Brasil), algunos países con distribuciones de años similares entre izquierda y derecha, están claramente por encima del desempeño promedio de la región, como República Dominicana, Bolivia, Chile y Costa Rica. En todo caso, vale señalar que los gobiernos de derecha tampoco lo hacen mejor que los de izquierda (únicamente Paraguay, Argentina y México pueden ser vistos como "superiores"), pero son casos más similares entre sí. De nueva cuenta, todos los casos populistas son "inferiores", con incrementos muy pequeños incluso cuando tienen gastos pequeños desde el inicio, como Guatemala y Ecuador.

Gráfica 3.7

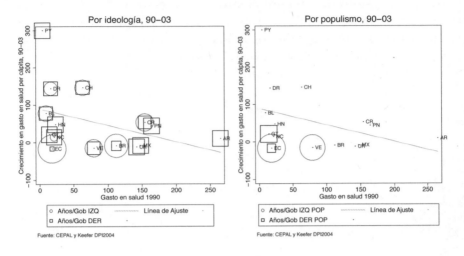

La Gráfica 3. 7 muestra el cambio porcentual en gasto en salud para el mismo periodo. Los patrones se asemejan a aquéllos vistos en el gasto educativo en términos del perfil ideológico de los casos "superiores", compuesto por países con años de gobierno de izquierda y derecha (República Dominicana, Bolivia, Chile y Costa Rica), y países sólo con gobiernos de derecha (Paraguay, Panamá y Argentina). De nueva cuenta, Venezuela, Ecuador y Brasil, los países con el número más alto de años de izquierda, muestran los cambios más bajos junto a dos países que se mantuvieron en la derecha en todo el periodo (Uruguay y México). En contraste con el gasto en educación, donde sólo Ecuador mostraba un decremento en dólares per cápita, aquí vemos cambios negativos en cinco países.

Entonces, en términos de cambios en gasto en salud, no hay un patrón claro entre países, aunque parecería que los casos "mixtos" lo hicieron mejor (con las claras excepciones de Brasil y Venezuela). Como ocurrió antes, los tres países con gobiernos populistas para los que se encontró información están por debajo de la línea de ajuste en la región, lo que resulta particularmente problemático dado que se encontraban en 1990 ya entre los países con gasto per cápita más bajo. Por ejemplo, Guatemala tenía un gasto per cápita de 14 dólares en 1990, que creció sólo 21 por ciento en un periodo de 14 años; en Ecuador el valor en 1990 era de 18 dólares y decreció 16 por ciento; mientras países en situación similar en 1990, como

Paraguay ($4), Bolivia ($9) y la República Dominicana ($16), tuvieron incrementos del 300 por ciento, 78 por ciento y 144 por ciento respectivamente. Lo mismo aplica a Venezuela, que en 1990 tenía un gasto per cápita en salud de $79, por encima de los $63 de Chile y para 2003 Chile incrementó este rubro en 146 por ciento y Venezuela lo redujo en 15 por ciento.

GRÁFICA 3.8

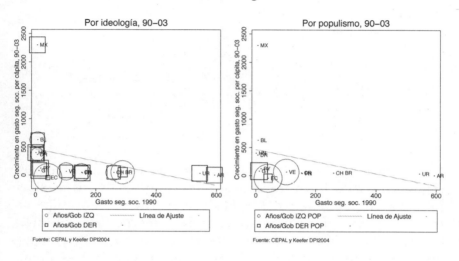

Fuente: CEPAL y Keefer DPI2004

Cuando hablamos de gasto en seguridad social, como se muestra en la Gráfica 3.8, los gobiernos de derecha parecen tener ventaja.[19] Los cuatro países por encima de la línea de ajuste ("superiores") tienen un claro perfil de derecha, México, Argentina y Uruguay tuvieron sólo gobiernos de derecha en el periodo, mientras Bolivia tuvo diez años de derecha. Del mismo modo, aunque debajo de la línea (en parte por el incremento masivo en México), otros países dominados por gobiernos de derecha tuvieron incrementos importantes como Honduras (400 por ciento) y la República Dominicana (367 por ciento). Aun si sólo Ecuador tuvo decrementos en gasto en seguridad social en el periodo (-44 por ciento), de nueva cuenta otros dos países con gobiernos populistas están también al fondo de la lista en crecimiento en gasto social (Venezuela 67 por ciento y Guatemala 82 por ciento).[20]

GRÁFICA 3.9

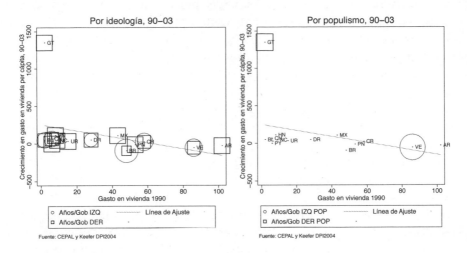

Finalmente, respecto al gasto social en vivienda (mostrado en la Gráfica 3.9), éste es el único rubro en que algún país con años populistas tuvo un desempeño por encima del promedio esperado.[21] Guatemala tuvo el crecimiento más alto entre todos los países con 1,350 por ciento (desde $2 en 1990). También, nótese que los dos países por encima de la línea de ajuste son casos de derecha: México (107 por ciento desde $43 en 1990) y Argentina (-29 por ciento desde $102 en 1990).

Entonces, si hay un patrón en gasto en vivienda, no está definido por el perfil ideológico de los países. Los tres incrementos más grandes provienen de países que sólo han tenido años de derecha (Guatemala, Honduras y México), mientras otros tres países con el mismo perfil ideológico tuvieron decrementos (Paraguay, Panamá y Argentina). Igualmente, mientras algunos países con años de izquierda tuvieron incrementos notables (Chile 67 por ciento, República Dominicana 50 por ciento y Bolivia 50 por ciento), dos países con un número mayor de años de izquierda tuvieron los decrementos más altos (Brasil -94 por ciento y Venezuela -55 por ciento). Claramente, el problema puede ser que para el periodo 1990-2003 no se incluye a gobiernos de izquierda recientes. En todo caso, el crecimiento promedio para los países que sólo tuvieron años de derecha fue 38 por ciento (excluyendo a Guatemala para fines comparativos), mientras el promedio para países con algún año de izquierda fue de -7.93 por ciento.

En suma, en términos del gasto en áreas sociales, tenemos que concluir que los países con años de gobierno de izquierda no han superado a los países que no han tenido años de izquierda; de hecho, en algunos casos lo han hecho peor (*v.g.* seguridad social y vivienda). No obstante, parece haber una distinción entre países con algunos años de izquierda, particularmente cuando desagregamos el gasto social en las áreas de salud y educación. Mientras Costa Rica, Chile, República Dominicana y Bolivia han tenido desempeños por arriba —o cerca de— el promedio, Brasil, Venezuela y Ecuador han tenido cambios por debajo del promedio regional o incluso decrementos (*v.g.* gasto en salud). Asimismo, con la excepción del gasto en vivienda, los países con alguna experiencia populista son siempre casos "inferiores".

Estos hallazgos son meramente descriptivos, pero proveen algunas pistas para identificar diferencias relacionadas con el perfil ideológico de los gobiernos. Por supuesto, no podemos concluir que los gobiernos de izquierda lo hacen peor pero podemos afirmar que tampoco lo hacen mejor. De hecho, contrario a nuestras expectativas, los gobiernos dominados por la derecha han mostrado resultados positivos en términos de gasto social, como se vio con los ejemplos de México, Honduras, Paraguay, Panamá, Argentina y Uruguay.

Bienestar social

Otra forma de evaluar el desempeño de los países de la región con relación a la política social es observar los cambios en el bienestar de sus poblaciones en términos de pobreza, desigualdad, educación, salud y condiciones de vivienda. Estos datos reflejan mejoras relativas en indicadores sociales, independientemente de cuánto han gastado los gobiernos. En la sección anterior, concluimos que no había una evidente ventaja de la izquierda en términos de gasto social y, de hecho, ambos tipos ideológicos tuvieron ventajas similares desde 1990, cuando no tuvieron experiencias populistas. También concluimos que los casos populistas de la izquierda sistemáticamente tuvieron mejor desempeño que sus contrapartes populistas quienes, de hecho, también tuvieron peor desempeño que los casos populistas de derecha (al menos cuando hubo información suficiente para hacer dicha comparación). En términos de bienestar social, poco cambia.

Los países con un número significativo de años de izquierda populista no tienen un desempeño claramente superior a los casos
equivalentes a la derecha, tienen un desempeño similar (*v.g.* pobreza y desigualdad) o tienen una ventaja pequeña sobre los casos de
derecha, usualmente llevada por un puñado de casos (*v.g.* educación y condiciones de vivienda). El único caso en el que existe una
clara ventaja de izquierda es en mortalidad materna. Del mismo
modo, los casos de izquierda populista tienen sistemáticamente un
mejor desempeño que los casos con experiencias de izquierda populistas en casi todas las medidas de bienestar, claramente en términos de reducción de pobreza y desigualdad, así como mejora
educativa. Finalmente, y de modo más sorpresivo —aunque repetido—, dentro de los países con algunos años populistas, los casos de
derecha tienen mejor desempeño que los de izquierda.[22]

POBREZA Y DESIGUALDAD

Probablemente no hay otro indicador más cercano a las metas de
política social como un instrumento redistributivo que la pobreza.
La lucha contra la pobreza ha sido el elemento constante en las
agendas gubernamentales de la región, particularmente entre los
gobiernos de izquierda y, por buenas razones. Para 1990, 48.3 por
ciento de los latinoamericanos vivían por debajo de las líneas
nacionales de pobreza, casi 1 de cada 2. Ello, en la región en vías de
desarrollo del mundo con los niveles más altos de desarrollo e ingreso per cápita.

En términos de pobreza y desigualdad, los países con años de
gobierno de izquierda no tienen una ventaja notoria sobre aquellos
con una mayoría de años de derecha. La pobreza ha sido reducida
idénticamente entre casos sin años populistas independientemente
de su perfil ideológico. El único indicador donde los años de izquierda tienen un efecto positivo claro es en desnutrición; donde
los casos de izquierda populista redujeron el indicador a una tasa
visiblemente mayor que sus contrapartes de derecha. Más sorpresivamente, los países con años de izquierda populista no son superiores
en desempeño a sus contrapartes de derecha.

Entonces, en general, la izquierda no parece llevar la delantera
en términos de reducción de pobreza y desigualdad. Ello se debe al
hecho de que algunos países de derecha han sido indudablemente

exitosos en reducir ambos indicadores; pero también a que las experiencias de izquierda son sido contrastantes: mientras Chile y Brasil mostraron resultados positivos para todos los indicadores, otros casos de izquierda sistemáticamente son "inferiores", en particular Venezuela y Bolivia.

GRÁFICA 3.10

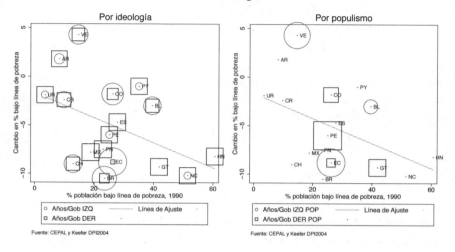

Fuente: CEPAL y Keefer DPI2004

Como se muestra en la Gráfica 3.10, entre 1990 y 2005 la mayoría de países en la región redujeron la proporción de su población viviendo por debajo de la línea nacional de pobreza.[23] Los únicos dos casos en los que la pobreza incrementó fueron Argentina (1.8 por ciento) y Venezuela (4.3 por ciento). Dado que tomamos en consideración la proporción en situación de pobreza en 1990, esperaríamos decrementos más amplios para países con tasas de pobreza más altas en 1990 (como se muestra por la pendiente negativa de la línea de ajuste). Por tanto, en este caso, los países por encima de la línea son casos "inferiores" (con peor desempeño al esperado dado su valor en 1990), mientras que quienes se encuentran por debajo son "superiores" (países con mejor desempeño al esperado dado su valor en 1990).

Sorprendentemente, no hay un patrón ideológico claro en términos de la reducción promedio de la pobreza; aunque, de nueva cuenta, los países con un número significativo de años de izquierda están más dispersos que los de derecha. Las historias más exitosas vienen de países con ambos perfiles ideológicos; desde la izquierda

Ecuador y Brasil, desde la derecha Nicaragua, Guatemala, México, Uruguay y Panamá; y los casos mixtos de Costa Rica y Chile. Por el contrario, desempeños pobres parecen distribuirse entre ambas ideologías. En promedio, los gobiernos con al menos 14 años de derecha redujeron su nivel de pobreza en 5.7 por ciento (6.5 si excluimos Argentina) mientras los países con al menos 5 años de gobiernos de izquierda promediaron una caída de 4.9 por ciento (6.7 si excluimos a Venezuela).

De hecho, cuando sólo consideramos casos sin experiencias populistas, la reducción promedio en el nivel de pobreza es idéntica entre ideologías (-5.9 por ciento). Aunque las experiencias populistas se ubican tanto arriba como debajo de la línea de ajuste. En promedio, los países con alguna experiencia populista redujeron su nivel de pobreza en sólo 4.1 por ciento mientras que quienes carecen de esta experiencia lo hicieron en 5.6 por ciento.

En promedio, los gobiernos populistas lo hicieron peor que los populistas y ello es particularmente cierto para los casos de izquierda. Países con gobiernos populistas de izquierda redujeron la pobreza en 2.3 por ciento en promedio (en contraste con la caída de 5.9 por ciento entre los casos de izquierda sin años populistas); mientras que los países con algún año populista de derecha redujeron la pobreza en 5.7 por ciento (debido a los casos de Perú -6 por ciento y Guatemala -9.3 por ciento). Entonces, si existe alguna brecha ideológica en desempeño existe en los casos populistas y a favor de la derecha y, aquí, Venezuela se lleva todo el crédito.

GRÁFICA 3.11

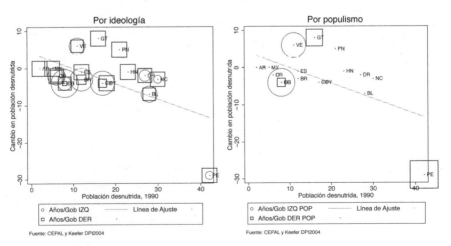

Fuente: CEPAL y Keefer DPI2004

Fuente: CEPAL y Keefer DPI2004

Una medida de pobreza más tangible (y dolorosa) se refiere a la proporción de la población que no consume el mínimo de calorías al día: hambre. Como se muestra en la Gráfica 3.11 para el periodo 1990-2002, cuando hablamos de reducción en desnutrición, los países con más años de izquierda tienen mejor desempeño que los de derecha, con la clara excepción de Perú. De hecho, si promediamos la reducción por ideología, los países con años de izquierda redujeron el indicador en 2.6 por ciento contra 2.4 por ciento de los casos de derecha. Si sólo consideramos los casos sin experiencias populistas, los casos de izquierda promedian una reducción de 4 por ciento contra 1.2 por ciento de los casos de derecha.

Curiosamente, los casos populistas están más dispersos, ahí están los casos más exitosos y más trágicos. A la izquierda, mientras Venezuela incrementó la proporción de población desnutrida en 6 por ciento, Ecuador la redujo en 4 por ciento. A la derecha, mientras Guatemala la incrementó en 8 por ciento Perú la redujo en 29 por ciento.

GRÁFICA 3.12

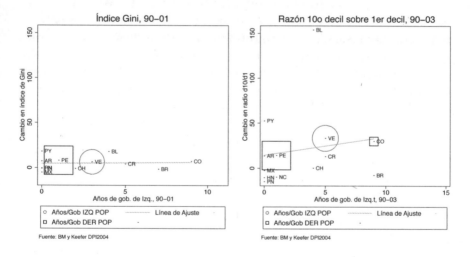

Si hay un tema en el que esperaríamos que la ideología jugara un papel claro, ése es la desigualdad. América Latina ha sido la región más desigual del mundo por largo tiempo y está situación ha estado en el centro de la agenda gubernamental de la izquierda en la región. La Gráfica 3.12 presenta dos medidas de desigualdad, el índice de Gini y la razón entre los ingresos del décimo decil y los del primer decil. Dada la disponibilidad de datos, carecemos de la medida correspondiente al año de inicio (1990) para considerar cambios relativos; por esa razón, las gráficas miden el cambio en las medidas de desigualdad *vis-à-vis* el número de años con gobiernos de izquierda. En ese sentido, es sorprendente que la pendiente sea positiva; esto es, que a más años de izquierda más desigual se haya vuelto el país.

Este resultado no esperado es generado por Bolivia, que tuvo incrementos drásticos en ambas medidas.[24] En cualquier caso, incluso si excluimos a Bolivia, la línea de ajuste sería plana; esto es, más años de izquierda no implicaron una reducción en desigualdad.[25] De hecho, es sorprendente lo poco que la desigualdad ha sido reducida en la región, independientemente del perfil ideológico de los gobiernos.

Únicamente 5 países de 12 con información sobre si el índice de Gini ha mostrado reducciones en el periodo; tres de ellos sin un solo año de izquierda (Honduras -.7; Panamá -.3 y México -5) y dos con algunos años de izquierda (Chile -.8 y Brasil -1.4). En contraste, tres países con una mayoría de años de derecha incrementaron sus niveles de desigualdad (Argentina 7.4, Perú 8.2, y Paraguay 18.2), así como cuatro países con años de izquierda (Bolivia 18, Colombia 7.3, Venezuela 6.5 y Costa Rica 4.3). De hecho, el crecimiento promedio en el índice de Gini es menor para países con una mayoría de años de derecha (4.6) que para casos similares de izquierda (5.6); este resultado es visiblemente generado por el caso mexicano. Nótese también que los dos casos populistas son "inferiores".[26]

Educación

La política social, como un instrumento que redistribuye oportunidades —no ingreso o consumo— tiene dos áreas clave de inversión: educación y salud. En ese sentido, la política social encuentra en la generación relativa de capital humano un instrumento fundamental para mejorar el bienestar de los segmentos poblacionales en desventaja en el largo plazo. Así, si la política educativa es un instrumento distributivo, es importante ver cambios relativos en segmentos poblacionales que son más propensos a ser excluidos de la oferta educativa; por esa razón, reportamos cambios en atención escolar para el 20 por ciento más pobre entre 1990 y 2002 para 3 grupos de edad (7 a 12, 13 a 19 y 20 a 24).[27]

GRÁFICA 3.13

Edad 7 a 12

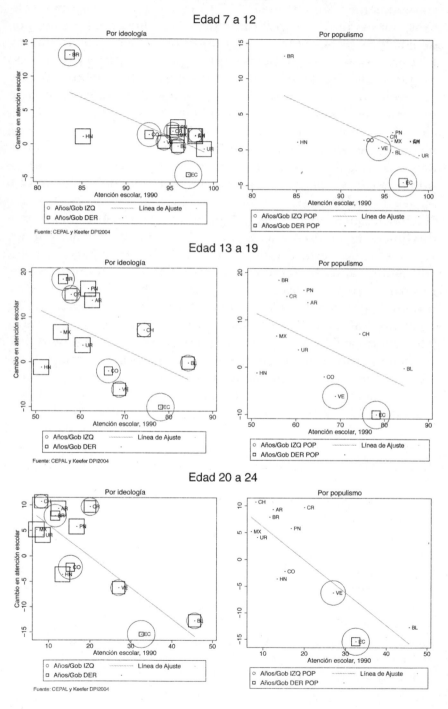

Edad 13 a 19

Edad 20 a 24

Para identificar cambios en educación para los segmentos más pobres de la población en América Latina, la Gráfica 3.13 muestra los cambios relativos en atención escolar para el 20 por ciento más pobre en 12 de los 18 países de latinoamericanos.[28]

Para las edades entre 7 y 12 años, a quienes se espera atiendan escuelas primarias, es notorio lo cercanos que los países se encuentran en términos de sus niveles en 1990 y los cambios en el periodo. Por supuesto, el número reducido de casos impide llegar a grandes conclusiones. De nueva cuenta, Brasil muestra una mejora comparativa enorme. De hecho, el incremento promedio para los casos de izquierda populista es de 3.5 mientras el equivalente en la derecha es de sólo uno. Si excluimos a Brasil, el promedio para la izquierda no populista se reduce también a uno, un desempeño no obstante superior a la reducción de 2.1 para los casos populistas de izquierda (Venezuela y Ecuador).

Ahora bien, aunque no se muestra en la gráfica, los gobiernos de izquierda tuvieron incrementos más que proporcionales para la población más pobre vis-à-vis los promedios poblacionales totales (aun sin incluir a Brasil). Mientras países con una mayoría de años de derecha tuvieron incrementos idénticos para la población en general y para el 20 por ciento más pobre (1.08); los gobiernos de izquierda populista tuvieron incrementos de 1.8 para la población total y de 3.5 para el 20 por ciento más pobre. En contraste, los dos casos de izquierda populista decrecieron el promedio para la población total en .3 y en 2.1 para el 20 por ciento más pobre. Así, la izquierda populista en la región tuvo mejores resultados en términos de dirigir sus esfuerzos hacia los segmentos más pobres de la población mientras la izquierda populista de hecho lastimó a este segmento más que a la población total.

Si analizamos el siguiente grupo de edad (13 a 19) el contraste entre los casos de izquierda se vuelve aún más claro mientras que la ventaja respecto a la derecha se diluye. Los gobiernos populistas de izquierda incrementaron la atención escolar en 7.7 para el 20 por ciento más pobre (4.3 para la población total), mientras los casos de derecha lo hicieron en 7.8 (8.1. para la población total) mientras los casos de izquierda populista redujeron la atención en 8 puntos (-2.7 para la población total). Así, dos conclusiones vienen a nuestra cabeza. Primero, los países con una mayoría de años de derecha tuvieron mejores resultados para la población general que los de izquierda, pero éstos dedicaron más atención a los segmentos más pobres. Segundo, los gobiernos populistas de izquierda no sólo tuvieron mucho peor desempeño que los casos populistas de izquierda, sino que de hecho afectaron más que proporcionalmente a sus segmentos más pobres.

Finalmente, el grupo de edad de 20 a 24 años, refleja educación posterior a la preparatoria. Como se muestra en la parte inferior de la Gráfica 3.13, no hay un patrón ideológico claro. El incremento promedio en atención para el 20 por ciento más pobre en países con un sesgo de derecha fue de 4.2 (7.7 para el total poblacional) y de 2.7 para los casos con años de izquierda (6.9 para el total poblacional). Como podríamos ya esperar, los dos casos con gobiernos populistas de izquierda muestra resultados desastrosos, con un decremento promedio de 10.8 (.55 para la población en general). Lo que resulta más interesante en este grupo de edad es que el sesgo a favor de la izquierda respecto a los segmentos más pobres desaparece; los casos de derecha tuvieron mejor desempeño en la población general y en el 20 por ciento más pobre; mientras los gobiernos de izquierda de hecho tuvieron mejoras superiores para la población en general que para el 20 por ciento más pobre. La falla dramática de los gobiernos de izquierda populista para reducir la brecha educativa es más evidente aquí, tan sólo en el caso venezolano la población total incrementó la atención en 6.3 mientras el 20 por ciento más pobre la redujo en 6.2.

Así, en términos de la política educativa, la izquierda populista en la región tuvo un desempeño superior que los casos de derecha, al menos en lo que se refiere a educación básica y secundaria en los segmentos más pobres. Esto se debió a los casos extremadamente exitosos de Brasil, Chile y Costa Rica, mientras que los países con experiencias populistas de izquierda tuvieron el desempeño más pobre. Curiosamente, para niveles educativos superiores, la ventaja de los países con años populistas de izquierda sobre casos sesgados a la derecha se desvanece (o incluso se revierte).

SALUD

Junto con la educación, las políticas de salud son otra área central para mejorar el bienestar de la población en el largo plazo, así como para reducir desigualdades sociales, dado que ambos implican la generación de capital humano y la mejora potencial futura en los niveles de ingreso y consumo de los grupos en desventaja. Dentro de la atención en salud, dos áreas son excepcionalmente críticas: la salud materna e infantil.

GRÁFICA 3.14

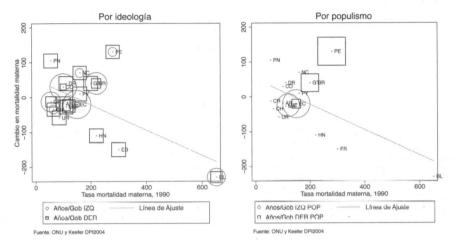

En ese sentido, la Gráfica 3.14 muestra cambios relativos en la región relacionados con la mortalidad materna.[29] Es notorio que 8 de 18 países en la región han tenido incrementos en sus tasas de mortalidad materna, mientras que los decrementos más altos pertenecen a países que tenían tasas de mortalidad inmensas en 1990. Asimismo, mientras que países con años de izquierda están ubicados en todos los casos cerca de la línea de ajuste, los casos de derecha muestran en este caso una dispersión más alta, y contienen los casos más y menos exitosos. Esto explica que en promedio la izquierda populista tenga un mejor desempeño que su contraparte de derecha.

Si observamos la reducción promedio en países con al menos 4 años de gobiernos de izquierda en el periodo —ello excluye de inmediato a Chile y Venezuela, dado el periodo contenido—, éstos redujeron la mortalidad en 43 puntos. En contraste, la reducción para los países con un sesgo de derecha fue en promedio de 17.8. Del mismo modo, si vemos los casos populistas de ambas ideologías, su desempeño es inferior a los casos populistas; no obstante, contrario a lo que vimos en el caso de los indicadores educativos, los casos populistas de izquierda claramente tuvieron más éxito que los equivalentes de derecha (un decremento de 20 puntos contra un incremento de 85).[30]

Gráfica 3.15

Mortalidad infantil (bajo 1 año por 1000 nacimientos, 90–03)

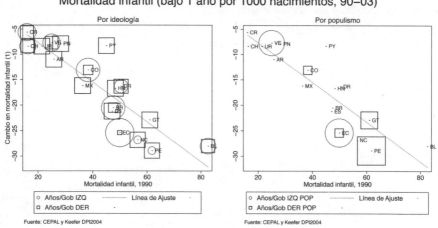

Prevalencia bajo peso niños, 93–02

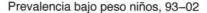

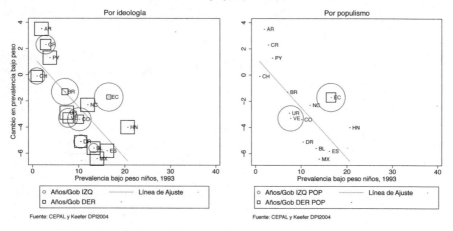

¿Estos hallazgos en mortalidad materna se trasladan a los indicadores de salud infantil? La respuesta es no. La Gráfica 3.15 muestra cambios en la región para dos variables asociadas con salud infantil: tasa de mortalidad infantil (por debajo del año de edad por cada mil nacidos vivos) entre 1990 y 2003; y prevalencia de bajo peso entre 1992 y 2002.[31]

Lo primero a notar respecto a mortalidad infantil en la región, es que este indicador muestra reducciones en todas las naciones latinoamericanas, en claro contraste con la mortalidad materna.

De nueva cuenta no hay un patrón ideológico claro. Mientras Paraguay, Honduras, Panamá y Guatemala son claros casos "inferiores" y han sido casos sesgados a la derecha en el periodo; Costa Rica, Venezuela y Colombia son también casos "inferiores" (dados sus niveles en 1990) y han tenido un número significativo de años de izquierda. En contraste, Brasil y Ecuador son claros casos "superiores" de izquierda, como lo son Nicaragua, Perú y México hacia la derecha.

De hecho, si vemos sólo a los casos populistas, el promedio de la derecha es apenas superior al de la izquierda (-16.8 vs -15.1).[32] Lo que resulta verdaderamente intrigante para este indicador, es ver que países con experiencias populistas superan a sus contrapartes populistas (-21.2 vs -14.9). No sólo los casos populistas superaron a los populistas, sino que dentro de ellos, los de sesgo de derecha lo hicieron mucho mejor que los de izquierda (-25 vs -16.5).[33]

Así, el contraste entre tasas de mortalidad materna e infantil es fuerte. La izquierda populista no sólo perdió su ventaja, sino que terminó siendo el grupo con los decrementos promedio más bajos en mortalidad infantil, debajo incluso de la izquierda populista, la derecha no populista y la derecha populista. Mientras los países con un sesgo de derecha populista tuvieron una reducción de tres, sus contrapartes de izquierda lo hicieron en sólo .6, aunque la dispersión de los primeros es más amplia, como se muestra en los casos mexicano y salvadoreño, de un lado, y los casos hondureño, nicaragüense, paraguayo y argentino del otro lado.[34]

En suma, los patrones en los indicadores de salud recuerdan algunas conclusiones de los indicadores educativos en tanto que la izquierda no populista tuvo una pequeña ventaja sobre la derecha no populista y los casos populistas de izquierda, al menos con relación a la mortalidad materna y la expectativa de vida. Sin embargo, cuando analizamos indicadores de salud infantil, encontramos exactamente lo opuesto. Los casos de izquierda no populista tuvieron peor desempeño que sus contrapartes de derecha e, incluso, que sus contrapartes populistas. Del mismo modo, los casos populistas de derecha tuvieron mejor desempeño que los de izquierda, con la excepción clara de las tasas de mortalidad materna.

Vivienda

El tema final para evaluar el bienestar social de los latinoamericanos después de 1990 son sus condiciones de vivienda. No es un secreto que América Latina se ha vuelto una región predominantemente urbana y que el crecimiento de las áreas urbanas en la región ha implicado crecimientos dramáticos en la proporción de habitantes viviendo en áreas marginales, sin acceso a servicios básicos como agua corriente y drenaje.

Gráfica 3.16

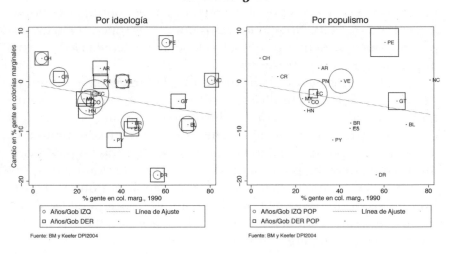

La Gráfica 3.16 muestra los cambios en la proporción de personas viviendo en zonas marginales urbanas entre 1990 y 2001.[35] Para 5 de los 17 países hubo un incremento en esta medida (Perú 7.7, Chile 4.6, Argentina 2.6, Costa Rica .9 y Nicaragua .2) y en dos casos no hubo cambio alguno en el indicador (Venezuela y Nicaragua).[36] Ahora, en términos de ideología, los dos tipos tuvieron un desempeño similar, aunque los países dominados por la derecha son perceptivamente más dispersos. De hecho, el decremento promedio para los casos populistas de izquierda fue de 5.1 contra 4.6 para sus contrapartes de derecha. Sin embargo, la diferencia más prominente ocurrió entre casos populistas y populistas (.3 vs -4.8); como se ve en la gráfica, todos los casos con alguna experiencia populista fueron "inferiores". Esto es particularmente cierto para los casos populistas de derecha que tuvieron un incremento de 1.85 en la proporción de gente viviendo en zonas urbanas marginales, principalmente debido al caso peruano; mientras los casos populistas de izquierda redujeron este mismo indicador (para el periodo fijado) en 1.25.

Conclusiones

Empezamos este trabajo con una pregunta y una sospecha. Nos cuestionábamos si la izquierda en la región tenía un mejor desempeño que la derecha en sus indicadores de política social y sospechábamos que había necesariamente una distinción entre los "buenos" gobiernos de izquierda y los "malos" gobiernos populistas de izquierda. La respuesta a la pregunta es un sorpresivo no, mientras la respuesta a la sospecha es un esperado sí.

En las dos áreas analizadas en este capítulo relacionadas con política social —gasto y bienestar— el desempeño de los países con años de izquierda y los países con un sesgo de derecha fue inesperadamente similar. Las únicas excepciones fueron la desnutrición poblacional, la mortalidad materna y la desigualdad educativa (entre 7 y 19 años), donde la izquierda mostró un claro desempeño superior a la derecha, así como los indicadores relacionados con salud infantil donde ocurrió exactamente lo opuesto, con los casos de derecha superando a los de izquierda.[37]

Un hallazgo constante en este capítulo fue el desempeño superior de los casos populistas de izquierda *vis-à-vis* casos de izquierda populista. Esto es particularmente cierto en el caso venezolano, que sistemáticamente tuvo un desempeño pobre en todas las mediciones.[38] Así, confirmamos lo que sospechábamos: en América Latina hay una izquierda populista bien portada y una izquierda populista lamentablemente descarriada.[39]

Lo que no sospechábamos es que dentro de los casos populistas, aquellos con un perfil de derecha tenían mejor desempeño en política social que sus contrapartes de izquierda. De hecho, con la sola excepción de las tasas de mortalidad infantil, los casos populistas de derecha lo hicieron mejor en todos los indicadores. Ahora bien, los países sin experiencia populista de cualquier sesgo ideológico superaron sistemáticamente a sus contrapartes populistas. Así, el populismo de cualquier ideología implica malas noticias en términos de política social (y claro, democracia). No obstante, aunque sólo en términos de la evidencia de política social, Alberto Fujimori ⟍ ganó a Hugo Chávez.

Es importante resaltar una similitud aparente entre algunas historias exitosas de ambos lados del espectro ideológico. Brasil, Chile, México, Honduras y, en menor medida Nicaragua, todos tienen algo en común: programas sociales basados en familias. Estos programas se caracterizan por transferencias condicionadas a familias empobrecidas, sujetas a que miembros de la familia acudan a servicios educativos y de salud y, al parecer con buenos resultados: *Beca Família* en Brasil (desde 1995), Chile Solidario (desde 2002), Programa de Asignación Familiar en Honduras (desde 1990) y, por supuesto Progresa, ahora Oportunidades en México (desde 1997).

En una nota final, y dejando de lado distinciones ideológicas, tenemos que reconocer patrones regionales positivos en términos de gasto y algunos indicadores sociales, particularmente en reducción de la pobreza, atención en educación básica y mortalidad infantil. Sin embargo, no podemos evitar cerrar el capítulo con señales de alarma en algunos indicadores donde los gobiernos latinoamericanos desde 1990 han tenido un desempeño que sólo puede ser calificado como pobre; entre ellos: desigualdad, acceso educativo para los segmentos más pobres y la proporción de gente viviendo en zonas urbanas marginadas.

Apéndice 1. Clasificación de país-año por ideología

Tabla 1. Reclasificación de casos en los datos de Keefer

Keefer	Reclasificado como	Total GA	Casos
Izquierda	Derecha	0	
Derecha	Izquierda	12	Argentina (2004-06), Chile (2000-06), Paraguay (2005-06)
Centro	Derecha	29	Argentina (2000-01), Bolivia (1994-97, 2003), República Dominicana (1997-00, 2005-06), México (1990-00), Perú (2002-06)
	Izquierda	11	Bolivia (2004-05), Colombia (1990-98)
Sin información	Derecha	43	Colombia (2003-06), Ecuador (1997), Guatemala (1992-95), Nicaragua (1991-96, 2002-06), Panamá (1995-99, 2005-06), Perú (1991-01), Venezuela (1994-98)
	Izquierda	10	Ecuador (2003-04), Venezuela (1999-06)
Sin ejecutivo	Derecha	0	
	Izquierda	2	Ecuador (2005-06)

Tabla 2. Años de gobierno finales

País	Izquierda	Derecha
Costa Rica	1990, 1995-1998	1991-1994, 1999-2006
República Dominicana	2001-2004	1990-2000, 2005-2006
El Salvador	–	1990-2006
Guatemala	–	1990-2006
Honduras	–	1990-2006
México	–	1990-2006
Nicaragua	1990	1991-2006
Panamá	–	1990-2006
Argentina	1990-2003	2004-2006
Bolivia	1990-1993, 2004-2006	1994-2003
Brasil	1990-1994	1995-2006
Chile	1990-1999	2000-2006
Colombia	1990-1998	1999-2006
Ecuador	1990-1996, 1998-2006	1997
Paraguay	2005-2006	1990-2004
Perú	1990, 2005-2006	1991-2004
Uruguay	2005-2006	1990-2004
Venezuela	1999-2006	1990-1998

Apéndice 2. Variables, descripción y fuentes

Variable	Fuente	Descripción
Gasto educativo	CEPAL	Gasto gubernamental en educación per cápita (Dólares corrientes).
PIB	FMI	Producto interno bruto basado en poder de compra (PPP).
PIB per cápita	FMI	PIB dividido por población.
Gini	BM	Índice de Gini.
Gasto en salud	CEPAL	Gasto gubernamental en salud per capita (dólares corrientes).
Atención en preparatoria	BM	Enrolamiento en educación terciaria (por ciento).
Gasto en vivienda	CEPAL	Gasto gubernamental en vivienda per cápita (dólares corrientes).
Ideología	KEEFER	Modificado y corregido. Ideología del gobierno en el año indicado, izquierda o derecha.
Oposición ideológica	KEEFER	Ideología del principal partido opositor: Derecha, Izquierda, Centro o ningún partido.
Ratio de ingreso	BM	Proporción de ingreso controlado por el 10 por ciento más rico sobre la proporción controlada por el 10 por ciento más pobre.
Mortalidad infantil	CEPAL	Tasa de mortalidad para infantes menores de un año de edad por cada mil nacidos vivos.
Control legislativo	KEEFER	Si el partido del ejecutivo tenía una mayoría en las cámaras legislativas.
Expectativa de vida	BM	Esperanza de vida al nacer (años totales promedio).
Mortalidad materna	ONU	Razón de mortalidad maternal por cada 100 mil nacimientos.
Partido	KEEFER	Nombre del partido en el poder.

Variable	Fuente	Descripción
Populista	KEEFER	Origen partidista del presidente.
Pobreza	CEPAL	Población en pobreza extrema, medida por líneas de pobreza nacionales.
Atención primaria	BM	Enrolamiento en educación primaria (por ciento).
Atención escolar	CEPAL	Enrolamiento escolar para la población total, para grupos de edad 7-12, 13-19 y 20-24.
Atención escolar (pobres)	CEPAL	Enrolamiento escolar para el 20 por ciento más pobre para grupos de edad 7-12, 13-19 y 20-24.
Atención secundaria	BM	Enrolamiento escolar en secundaria (por ciento).
Zonas urbanas marginadas	ONU	Población en colonia proletaria como porcentaje de la población urbana.
Gasto social	CEPAL	Gasto social como porcentaje del PIB, o porcentaje del gasto gubernamental total, o per cápita.
Gasto seguridad social	CEPAL	Gasto gubernamental en seguridad social per cápita (dólares corrientes).
Impuestos	BM	Ingresos fiscales (por ciento del PIB).
Desnutrición	CEPAL	Proporción de la población sin poder consumir el requisito mínimo diario de calorías.
Bajo peso	ONU	Prevalencia de bajo peso en niños por debajo de los 5 años de edad.

Capítulo 4
El persistente nacionalismo
en la izquierda latinoamericana
Jorge G. Castañeda, Marco A. Morales y Patricio Navia

Para el final de los noventa era claro que la izquierda necesitaba sincronizarse con los tiempos y pasar por un proceso de *aggiornamento* para redefinir su discurso y sus posiciones en un buen número de temas. Sin este proceso, parecía destinada a enfrentar a los electores sin un discurso coherente o, al menos, uno que pudiese responder a las necesidades más urgentes de los tiempos.[1] Uno de estos temas del pasado era el nacionalismo. La izquierda se había vuelto altamente nacionalista en respuesta a la necesidad de construir una nación en la mayoría de los países de América Latina, así como la percepción de la pérdida de soberanía resultado de las intervenciones de Estados Unidos en asuntos domésticos en la región. Esto creó una inevitable tensión con la necesidad de la izquierda de mantener su *raison d'être*: atender la pobreza de manera sostenible. Paradójicamente, la manera más directa de reducir la pobreza y la inequidad se vincula directamente con el crecimiento de la economía, y la manera más rápida de lograrlo es a través del comercio internacional y la integración económica. Para América Latina, este camino pasa necesariamente por Estados Unidos, a la sazón el mercado más grande en el mundo.

La prognosis en esos primeros años de la década de los noventa era clara:[2] la izquierda debe adherirse a un "nuevo nacionalismo" que evite rechazar a Estados Unidos como entidad y, en su lugar, enfocar el rechazo a políticas específicas que este país impulsa. Esto, a su vez, establecería límites a la intervención estadounidense en asuntos domésticos que no estén directamente vinculados con la economía. De igual forma, fomentaría la creación de una integración económica regional *ad hoc* y permitiría que estructuras supranacionales tuvieran un mejor monitoreo de elecciones, protección de derechos humanos o el medio ambiente, por señalar algunos temas. Una izquierda que adoptase este "paquete" sería capaz de fomentar la consolidación de la nacionalidad, atender de mejor manera la pobreza y la inequidad, convertirse en jugador importante en la escena internacional y establecer una alternativa coherente a una política y economía basada en el *laissez-faire*.

Han pasado más de quince años y más de la mitad de los gobiernos de América Latina se identifican actualmente con la izquierda. ¿Qué pasó con el nacionalismo en la izquierda latinoamericana durante este tiempo? Existen, cuando menos, dos formas de buscar respuestas a esta pregunta. La primera de ellas —de naturaleza deductiva—, implica analizar a la opinión pública para encontrar traslapes entre las preferencias de los individuos que se asocian con la izquierda y el discurso nacionalista de los partidos de izquierda. En otras palabras, esta alternativa preguntaría, ¿realmente alguien escuchaba a la izquierda durante estos años, cuando presentaba su visión arcaica del nacionalismo? La segunda posibilidad —de naturaleza descriptiva—, revisaría el discurso público de los políticos asociados con la izquierda buscando identificar si la retórica ha cambiado a través de los años, o si el nacionalismo ha tomado una forma distinta cuando la izquierda asume el poder. Tomamos ambas alternativas en este ensayo, buscando entender la dinámica del nacionalismo para la izquierda en América Latina.

Nacionalismo como herramienta electoral

Ya sean demócratas o autoritarios, los líderes políticos comúnmente emplean el nacionalismo como bandera para generar respaldo a sus agendas de gobierno. Los políticos tienden a asociar sus plataformas y agendas con el bien común, en ocasiones equiparándolos con mapas que inevitablemente llevan al bienestar de la nación y sus objetivos ideológicos con aquéllos de la madre patria. Como resultado, los políticos de todas las áreas del espectro ideológico utilizan el nacionalismo.

Sin embargo, el nacionalismo sólo puede existir en presencia de un "otro". Durante los periodos independentistas en el siglo XIX, el "otro" era la potencia colonizadora: España o Portugal. Desde su emergencia como la única potencia política y económica en el hemisferio luego de la guerra hispano estadounidense en 1898, Estados

Unidos se ha convertido en el "otro" favorito. También es cierto que el nacionalismo en América Latina se ha definido en función de los vecinos inmediatos. Varias de las guerras territoriales de los siglos XIX y XX fueron utilizadas para acumular respaldo político enarbolando la bandera nacionalista. Sin embargo, utilizar a los países vecinos como el "otro" ha sido lugar común entre los líderes de la derecha. La izquierda ha encontrado mayores dificultades para articular un discurso nacionalista usando a sus vecinos como el "otro", precisamente por su enfoque internacionalista. En la vieja izquierda marxista, el llamado a los "obreros del mundo, uníos" hizo natural que se articulara un discurso nacionalista usando a Estados Unidos como "el otro", en lugar de los países vecinos.

Tal vez, el ejemplo clásico del uso de Estados Unidos como el "otro" es la famosa frase del General Juan Domingo Perón: "Braden o Perón", en la elección de 1946 en Argentina. En lugar de hacer campaña en contra de sus opositores, el líder populista argentino hizo una exitosa campaña en contra del embajador estadounidense. Perón ganó la elección y su estrategia ha sido ampliamente utilizada en América Latina. Más recientemente, Hugo Chávez centró su campaña en Venezuela en contra del presidente George W. Bush. Chávez no tuvo empacho en definir el nacionalismo como oposición al imperialismo de Estados Unidos y a sus contrincantes como títeres estadounidenses. Sesenta años después de que Perón inaugurara el uso electoral del nacionalismo, Chávez mostró que hacer campaña en contra del "imperio" continúa atrayendo votos.

Los líderes de la derecha también han utilizado ocasionalmente a Estados Unidos como el "otro" en sus discursos nacionalistas. El general Pinochet en Chile denunció la intervención de la administración Carter (1977-1981) en contra de su gobierno. Más recientemente, el presidente Alberto Fujimori se quejó amargamente de lo que definió como una intervención de Estados Unidos en asuntos domésticos, luego de que la Administración Bush presionara a Perú para anular la elección fraudulenta de 2000 que le otorgaba a Fujimori un tercer periodo en la presidencia. El uso del discurso nacionalista enfocado en Estados Unidos como el "otro", fue insuficiente para que Fujimori pudiese generar respaldo suficiente y, eventualmente, renunció y huyó a Japón. Sin embargo, mientras la derecha puede elegir asociar el "otro" con un país vecino o con Estados Unidos, la izquierda en América Latina no tiene más opción que definir el nacionalismo como oposición a Estados Unidos.

Naturalmente, el legado de la Guerra Fría —cuando Estados Unidos buscó activamente minar el surgimiento de la izquierda revolucionaria en la región— complicó las relaciones entre los gobiernos de Washington y América Latina. Pero, como discutimos adelante, en la medida en que Estados Unidos tiene un lugar tan importante en los sucesos políticos y económicos en América Latina, la definición y evolución mismas del nacionalismo están estrechamente ligadas a las percepciones y realidades de las relaciones entre Estados Unidos y América Latina.

Nacionalismo: ¿serán las actitudes políticas?

Otra cuestión que debemos atender es la siguiente: ¿existe un origen claro del nacionalismo en el espectro ideológico? Es decir, ¿se identifican con la izquierda quienes favorecen el nacionalismo? La respuesta a esta pregunta requiere de verificación empírica. Después de todo, es posible que la izquierda hubiese pasado décadas presentando un discurso que no se encuentra entre las preocupaciones principales de sus propios votantes potenciales.

Una forma de analizar esta cuestión implica revisar las dimensiones de la competencia partidista en América Latina. En otras palabras, ¿cómo interactúan las actitudes de los votantes con las posiciones de los partidos políticos para definir las áreas donde compiten los partidos en América Latina? Usando datos a nivel individual es posible medir estas actitudes e identificar las afinidades partidistas de manera tal que puedan identificarse las dimensiones relevantes de conflicto que son generadas por la interacción entre votantes y partidos políticos. Desafortunadamente, este tipo de análisis sólo ha sido generado para los noventa. A pesar de ello, algunas lecciones importantes pueden derivarse de ello para mejorar nuestro entendimiento de las dinámicas definidas por votantes y partidos durante esa década.

De acuerdo con Moreno,[3] al inicio de los noventa era posible identificar dos dimensiones dominantes que definían el significado de izquierda y derecha en Latinoamérica: una dimensión democrático-autoritaria y otra económica. La primera dimensión está definida por una serie de actitudes hacia la democracia y nacionalismo, mientras que la segunda se define en función de actitudes hacia el cambio social y la inequidad en el ingreso. Un primer hallazgo interesante es que el nacionalismo en América Latina *no* se vincula con la izquierda, sino con la derecha.

Para la segunda mitad de los noventa, surge una tercera dimensión liberal-fundamentalista definida principalmente por actitudes hacia la religión y el aborto. De nuevo, el análisis revela que el nacionalismo se relaciona con actitudes conservadoras. Más aún, en promedio los "trabajadores no calificados y poco educados" eran representativos de la derecha en América Latina durante los noventa.[4] A la luz de lo anterior, tendría sentido que la izquierda —al hablar a las masas y los oprimidos— utilizara una retórica nacionalista que resonara con estos votantes. Pero ésta es una estrategia destinada al fracaso porque estos votantes se identifican también con la derecha en el espectro ideológico. Todo indica que la izquierda utilizó el discurso equivocado durante los noventa al utilizar las versiones anticuadas de nacionalismo en su retórica. La izquierda latinoamericana ha desperdiciado años dando sermones en la iglesia equivocada.

El discurso nacionalista tiene varias dimensiones, aunque las más comunes son aquéllas que lo definen como una reacción ante Estados Unidos y en relación con la integración en América Latina.[5] Afortunadamente, existen mediciones de estas actitudes a nivel individual durante los últimos quince años en encuestas regionales, como la Encuesta Mundial de Valores (EMV) y las series de Latinobarómetro. Si bien algunas de las preguntas no miden directamente las actitudes que nos interesa revisar, las mediciones disponibles se vinculan con las actitudes que buscamos medir y nos proveen con una base empírica sustentada en datos a nivel individual.

Las olas iniciales de la EMV en los noventa preguntaron sobre la confianza de los individuos en los estadounidenses. Inferimos que esa confianza en los estadounidenses se vincula con evaluaciones de Estados Unidos como país. No es de sorprender que 48 por ciento de los latinoamericanos *no* confiaran en los estadounidenses, con sólo 23 por ciento confiando en ellos, y el 29 por ciento restante indiferente a ellos. Parece ser que los estadounidenses —y Estados Unidos por extensión— no eran los favoritos de, al menos, la mitad de los latinoamericanos. ¿Significa esto que la izquierda estaba en lo correcto al promover un discurso antiestadounidense? Podría serlo, si los individuos que se identifican con la izquierda fueran desproporcionadamente antiestadounidenses. De ser éste el caso, la izquierda se diferenciaría de la derecha y apelaría a sus votantes naturales. La gráfica 4.1, sin embargo, nos presenta la historia opuesta: desconfiar de los estadounidenses no es una característica exclusiva de quienes se identifican con la izquierda. De hecho, la ideología no parece ser un buen filtro para diferenciar la confianza en los estadounidenses. La distribución de los individuos en el espectro ideológico no varía demasiado entre quienes confían, no confían o son indiferentes a los estadounidenses. Desafortunadamente, esta pregunta no volvió a ser incluida en las olas posteriores de la EMV, lo que nos hubiese dado un punto de comparación para medir estas actitudes a través del tiempo.

Gráfica 4.1
Orientación ideológica por confianza en los estadounidenses

Fuente: Encuesta Mundial de Valores, 1990–1993

Como la mayoría de los gobiernos de la izquierda han sido elegidos durante los últimos cinco años, es interesante preguntar si las actitudes de los latinoamericanos sobre Estados Unidos han cambiado últimamente. La versión 2005 de las encuestas de Latinobarómetro mide la opinión acerca de Estados Unidos. Empleamos este año por corresponder con mediciones sobre actitudes de élites del mismo año que emplearemos posteriormente.

En términos generales, 67 por ciento de los latinoamericanos reportan tener una buena opinión de Estados Unidos. ¿Se distribuyen estas opiniones de manera similar entre los países gobernados por la izquierda y el resto de los países? La respuesta es no. Entre los países gobernados en ese momento por la izquierda, sólo el 59 por ciento dijeron tener una buena opinión de Estados Unidos con Argentina reportando la proporción más baja (35 por ciento) y Nicaragua la más alta (78 por ciento). Esto contrasta con el 75 por ciento de los habitantes en países *no gobernados* por la izquierda que tienen una buena opinión de Estados Unidos, donde México manifiesta la proporción más baja (54 por ciento) y Honduras la más alta (90 por ciento). Al menos en este rubro, parece haber congruencia entre el discurso de la izquierda y las opiniones que prevalecen en los países gobernados por la izquierda, aunque no deja de sorprender que más del 70 por ciento de ecuatorianos, nicaragüenses y peruanos tengan una buena opinión de Estados Unidos.

Si tomamos una aproximación distinta, podemos verificar si las orientaciones ideológicas de los latinoamericanos muestran los patrones que esperaríamos de quienes se identifican con la izquierda en términos de su opinión sobre Estados Unidos. Después de todo, si los líderes de la izquierda han empleado una fuerte posición antiestadounidense, esperaríamos que quienes se identifican con la izquierda compartieran este sentimiento. Si bien observamos que los latinoamericanos que se identifican con la izquierda tienden a tener una peor opinión de Estados Unidos, esta opinión no es radicalmente distinta a la de quienes tienen una buena opinión del país en la izquierda. De la misma manera, quienes se identifican con la derecha tienden a tener una mejor opinión sobre Estados Unidos, aunque las diferencias son marginales entre este grupo y aquél que tiene una mala opinión de este país. La gráfica 4.2 nos muestra que, una vez que consideramos la ideología, las diferencias entre las opiniones sobre Estados Unidos entre quienes se identifican con la izquierda y quienes se identifican con la derecha no son tan grandes como sería natural esperar que fuesen.

Gráfica 4.2
Orientación ideológica por opinión de Estados Unidos

Fuente: Latinobarómetro, 2005

Nacionalismo y (la falta de) activismo estadounidense en América Latina

Cuando inició su administración, George W. Bush mostró una sensibilidad particular hacia América Latina y proclamó que esta nueva vinculación se debía a que la relación con el continente constituía la relación "más importante" para la Casa Blanca. Eso cambió rápidamente luego del 11 de septiembre de 2001. Aun hoy, es lugar común afirmar que Estados Unidos relegó la relación con América Latina[6] al grado de permitir —o al menos no obstruir— el surgimiento de gobiernos de izquierda en el continente. Es ingenuo pensar que este cambio en las prioridades de la administración Bush es responsable por el surgimiento de Chávez, Morales o Kirchner, especialmente cuando existe evidencia que sugiere que otros procesos estaban sucediendo en América Latina desde el principio de los noventa.[7] Pero como un ejercicio contrafactual, si el perfil de América Latina en la Casa Blanca hubiese subido como parecería que era el caso antes del 11 de septiembre, es muy probable que se hubiesen generado dos efectos diferentes: el discurso nacionalista y antimperialista de la izquierda hubiese sido incendiario dado el previsible papel más activo de Estados Unidos en la región o los sentimientos hacia

Estados Unidos podrían haber cambiado cuando los latinoamericanos observásemos que este interés renovado se transformaba en resultados palpables. El hecho es que nunca lo sabremos.

En el mundo posterior al 11 de septiembre, y dado el bajo perfil de América Latina en la política exterior estadounidense, es importante preguntar si el sentimiento antiestadounidense que hemos observado en el hemisferio hasta los noventa se ha modificado en los últimos años. Zogby International publicó información sobre las actitudes de las élites latinoamericanas hacia Estados Unidos, dándonos una perspectiva más amplia de la forma en que América Latina percibe a este país.

La Encuesta de Élites Latinoamericanas de 2005 y 2006 revela que el 81 por ciento de los líderes de opinión entrevistados en México, Colombia, Chile, Venezuela, Brasil y Argentina califican como negativa la conducción de las relaciones con América Latina por parte de la administración Bush. Pero, en general, Estados Unidos continúa siendo considerado como el país más importante para América Latina. Si vemos los números más cerca, los líderes de opinión que se identifican con la izquierda consideran que China es el país más importante para América Latina, mientras que aquellos que se identifican con la derecha consideran que la relación con Estados Unidos es la más importante. Esto puede deberse a que dos tercios de los países incluidos en la encuesta son gobernados actualmente por la izquierda o al hecho de que muchos países en América Latina han establecido ya vínculos directos con China. O puede ser simplemente que Estados Unidos está perdiendo atractivo a los ojos de las élites de izquierda en América Latina.

La siguiente pregunta natural es si las actitudes expresadas por las élites son compatibles con las actitudes expresadas por la opinión pública general. Ésta es una pregunta claramente relevante dado que el discurso nacionalista está dirigido a todos los potenciales votantes en cada país. Más aún, la respuesta a esta interrogante podría contribuir a explicar por qué algunos gobiernos identificados con la izquierda no asumen completamente el discurso nacionalista, mientras que otros lo hacen con fervor. En términos generales, tanto las élites como la opinión pública latinoamericana comparten actitudes positivas hacia Estados Unidos, aunque la proporción promedio de quienes tienen estas actitudes es claramente menor en los países gobernados por la izquierda. Una vez que introducimos la dimensión ideológica, la mayoría de las diferencias que se esperarían naturalmente entre quienes se identifican con la izquierda y quienes se identifican con la derecha se desvanecen. Es decir, quienes se identifican con la izquierda no son notoriamente más proclives a tener una opinión negativa de Estados Unidos y tampoco se oponen a la integración económica.

La práctica nacionalista de la izquierda

Sorprendentemente —y a pesar de lo que revelan las mediciones de la opinión pública—, los gobiernos de la izquierda continúan adhiriéndose de manera implícita o explícita a un discurso nacionalista que tiene como objeto a Estados Unidos. ¿Quién es la audiencia que escucha a los nacionalistas de izquierda? Curiosamente, parece ser que los líderes nacionalistas son escuchados por individuos en todo el espectro ideológico y no sólo por aquéllos en la izquierda. En otras palabras, el uso de un discurso nacionalista y antiestadounidense no discrimina ideológicamente de la forma en que esperaríamos.

Al principio de los noventa, no era difícil argumentar sobre las dificultades que implicaría redefinir el nacionalismo. Sin la evidencia que proveemos, no sería difícil señalar que un cambio en el discurso antiestadounidense hubiese alienado a los votantes en la izquierda. Más aún, no hubiese sido difícil agregar cuán difícil hubiera sido convencer a las élites de que la izquierda adoptaría las políticas que antes rechazaba. Hoy, parece que la situación es distinta. Los obstáculos que la izquierda hubiese enfrentado para redefinir su versión del nacionalismo se han reducido al mínimo. Las élites latinoamericanas colocan a Estados Unidos como el país más importante para sus países y una proporción importante del público tiene una opinión relativamente buena de Estados Unidos. Difícilmente habría un mejor escenario para sustituir la oposición a Estados Unidos y redirigirla hacia ciertas políticas específicas.[8]

Por supuesto, esta oportunidad impone menos restricciones a la izquierda para cambiar su retórica nacionalista, pero también reduce la urgencia para cambiar el discurso. Ésta podría ser una de las razones que explique que los presidentes de izquierda en la región utilicen ambos discursos: algunos explícitamente antiestadounidenses y otros claramente proestadounidenses, algunos explícitamente en contra de la integración y otros a favor de ella. Esto podría explicar por qué Chile, Brasil, Perú —y Uruguay hasta cierto punto—

buscan vínculos con Estados Unidos e intercambian visitas con la Casa Blanca, mientras que Venezuela, Argentina, Nicaragua, Ecuador y Bolivia atacan a Estados Unidos e inclusive han organizado protestas contra su presidente cuando visitó la región.

No deja de ser sorprendente ver expresiones de nacionalismo en países donde no esperaríamos verlas. No hace mucho tiempo —el 7 de octubre de 2007— sucedió un referéndum en Costa Rica para determinar si el país debía ratificar el TLC-CA-EU-RD que había sido aprobado por la Asamblea Legislativa. El TLC-CA-EU-RD entró en vigor con una ventaja mínima de votos, dado que sólo 51.3 por ciento de los votos lo favoreció. Este caso es inesperado porque surgió en una de las democracias más estables y consolidadas en América Latina donde —sería natural pensar— este tipo de nacionalismo no tiene cabida. Pero a pesar de lo que parecerían expectativas razonables, casi la mitad de los costarricenses se opuso a tener libre comercio con Estados Unidos.

Regresando a la pregunta que nos interesa, si los latinoamericanos no son completamente antiestadounidenses y el nacionalismo no es una característica distintiva de los votantes de izquierda, ¿por qué los partidos de izquierda insisten en utilizar esta retórica? Tal vez es porque el nacionalismo está en el ADN de la izquierda. En otras palabras, puede ser que la izquierda no pueda imaginarse sin un discurso nacionalista: no importa cómo sea la izquierda en América Latina, *debe* defender a la nación de las potencias extranjeras, explícitamente de Estados Unidos. Como resultado, toda izquierda que merezca un ápice de respeto debe seguir un credo nacionalista y antiestadounidense. Quitando esta característica, la izquierda latinoamericana carece de definición.

Pero esto puede apuntar hacia un problema mucho más profundo. Puede ser que los líderes de los partidos de izquierda no sepan que el nacionalismo es un elemento que no sólo resuena con votantes en la izquierda, sino con votantes en la derecha que es claramente un uso poco eficiente de recursos. Pero una explicación mucho más sencilla puede ser utilizada: los líderes en la izquierda están demasiado constreñidos por la inercia como para modificar el discurso. Después de años de utilizar el nacionalismo como elemento clave del discurso de la izquierda, los líderes serían renuentes a eliminarlo porque no saben qué pasaría con sus bases si desaparece este elemento. En otras palabras, el costo de eliminar el nacionalismo del discurso se vuelve demasiado alto por la incertidumbre asociada con las consecuencias de esta acción. Puede ser también una decisión pragmática. En la medida en que la izquierda mantiene un discurso nacionalista *antes* de acceder al poder, puede tener una justificación legítima para nacionalizar una vez que asume el poder —como ha sido el caso en Venezuela y Bolivia— como forma de "devolver a la gente" lo que le correspondía por derecho.

En cualquier caso, lo anterior sucede en paralelo con la inhabilidad de la izquierda para generar un elemento alternativo en su discurso que reemplace al nacionalismo. De ser esto cierto, no debe extrañar que la izquierda, en algunos países, comience a alejarse del nacionalismo de la vieja escuela, algunas veces con entusiasmo, algunas otras con reticencia. Tomemos, por ejemplo, el caso de Chile y su deseo expreso de mantener relaciones de libre comercio con Estados Unidos, o el caso de Brasil, donde Lula ha sufrido los embates de su propio partido por "tomarse la foto" con Bush para promover la tecnología de etanol en Estados Unidos, o el caso de Tabaré Vázquez que había señalado que buscaría distanciarse del libre comercio con Estados Unidos pero decidió recibir la visita del presidente Bush durante su gira a América Latina en 2008.

A pesar de todos estos retos, la situación es muy similar a la prevaleciente al inicio de los noventa. Si la extrapolamos de su retórica y su praxis, sólo podemos concluir que América Latina continúa "sabiendo con mayor claridad a lo que se opone, que aquello que le favorece".[9] Este punto subraya el problema que la izquierda debe enfrentar hoy: no ha sido capaz de definir su agenda con claridad, ni generar una serie de preferencias en términos de políticas públicas que puedan ser coordinadas transversalmente entre los distintos gobiernos de izquierda en el continente. El contraste con la izquierda europea ha sido hecho un sinnúmero de veces y, aun así, tenemos una izquierda que presenta rostros distintos dependiendo de la longitud y latitud en la que habita y dependiendo del liderazgo en el poder. La izquierda no sólo ha sido incapaz de generar una unificación coherente de objetivos políticos, pues tampoco parece tener urgencia por alejarse del nacionalismo.

Esto nos lleva de regreso al tema que ha sido discutido al intentar explicar el surgimiento de la izquierda en América Latina e intentar definir sus formas. Si hubiese sólo una izquierda homogénea, no sería difícil determinar sus banderas, sus oposiciones o sus posiciones frente a los nuevos temas que se han presentado durante la última década —discriminación, derechos de minorías, aborto, medio ambiente, entre otros. Desafortunadamente, parece existir demasiada variedad en estos temas para considerar que se trata de una sola especie. Si hay más de una izquierda, no será tan sencillo encontrar una agenda compartida o, inclusive, un discurso que sea compartido en distintos países. Y, si nos centrásemos exclusivamente en el discurso nacionalista, las variantes en cada país —como hemos expuesto líneas atrás— parecen ser demasiado divergentes para aseverar que existe una visión única, con desviaciones menores sobre este tema, en la izquierda latinoamericana.

TERCERA PARTE

Estudio de casos

Capítulo 5
Lo nuevo y lo viejo en el PT de Brasil
Gianpaolo Baiocchi y Sofia Checa

En junio de 2005, las primeras acusaciones de un político bribón de un partido de derecha aliado con el partido oficial —el partido de los trabajadores (Partido dos Trabalhadores, PT)— parecían suficientemente falaces. El mismo político, Roberto Jefferson, tenía una larga historia de denuncias de corrupción y apenas escapó de una acusación en la última crisis de corrupción de Brasil en 1993. Según las revistas de celebridades, había cambiado su apariencia, sometiéndose incluso a cirugía plástica, antes de realizar sus acusaciones de una conspiración de "pago por votos" en la cual el PT —partido en el poder— repartió una cuota mensual a los políticos que le apoyaban en el congreso. Las acusaciones parecían tan absurdas y contrarias a la imagen del Partido de los Trabajadores como uno integrado por políticos éticos fuera del círculo político tradicional, que la primera reacción de muchos, dentro y fuera del PT, fue denunciar a Jefferson y a los medios como organizadores de una conspiración que tendría como objetivo dar un golpe de estado contra Lula, el presidente del pueblo.

Lo que ocurrió durante los siguientes seis meses puso a prueba toda credulidad. Hecho tras hecho, algunas de las acusaciones parecían ser corroboradas y la crisis creció hasta envolver a varios integrantes importantes del PT. Las acusaciones se extendieron hasta incluir malos manejos en la compañía nacional de petróleo, las telecomunicaciones nacionales y la oficina de correos, así como afirmaciones sobre la existencia de mecanismos secretos de contabilidad que el Partido de los Trabajadores había utilizado para sortear leyes electorales. El teatro político que siguió incluyó horas de debate de la Comisión Investigadora del Congreso transmitidas en vivo por televisión. Las calles se vaciaban como cuando juega el equipo nacional de futbol y las frases memorables eran discutidas al día siguiente como se haría con las mejores telenovelas.

Fue la peor crisis de la administración de Lula y el punto más bajo en la historia del PT. La evaluación del gobierno en las encuestas de opinión pública cayó en picada y los medios comenzaron a vender el principio del fin del partido, anunciando el final de los años "aventureros" de Lula en la presidencia y de su carrera meteórica de líder obrero disidente, a finales de los setentas, a presidente de la novena economía más grande del mundo. La crisis agravó la humillante derrota del partido en las elecciones municipales de 2004, en las cuales el PT perdió varios puestos importantes. Y esto había seguido a la crisis que había llevado a la expulsión de tres miembros del parlamento en 2003, como resultado de una lucha interna sobre la dirección de la economía nacional.

Brasil sigue en un debate sobre si "el sueño había terminado"; sobre si el PT, que por tantos años parecía haber hecho lo imposible, equilibrando la justicia social, el buen gobierno y los resultados electorales, había finalmente sucumbido ante las seducciones del poder. O, posiblemente, que el partido que en algún momento recibió alabanzas de los activistas "antiglobalización" de ambos hemisferios, ahora se mostraba como poco más que cualquier otro partido político convencional y corrupto en Brasil, impulsado por cálculos electorales y guiado por gurús mercadotécnicos. O, incluso más triste, si el partido que originalmente se había declarado como uno en el que los movimientos podían hablar, había resultado ser autoritario y opaco desde el inicio, con los mismos viejos malos hábitos de la vieja izquierda. Los libros y artículos de revistas inundaron las librerías de Brasil, supuestamente mostrando un michelsiano e irrevocablemente creciente autoritarismo en el partido, evidente desde sus inicios. El resentimiento acumulado de los sectores conservadores de la *intelligentsia* nacional se ha hecho presente, no sin un importante elemento de prejuicio social sobre el presidente con educación de cuarto grado. Estos sentimientos, que no pudieron encontrar expresión durante los años en que el PT pudo haber parecido ingenuo pero también puro e inexpugnable, se tornaron omnipresentes y fueron el centro de la línea editorial de periódicos y revistas.

La verdad es que a pesar de los eventos recientes, al PT puede atribuírsele la invención, o tal vez el descubrimiento, de algo nuevo para la izquierda en América Latina durante los ochenta y los noventa. Si, como Jorge Castañeda lo previó en sus escritos de 1993, la izquierda a lo largo y ancho del continente se orientaba cada vez más hacia lo local y lo social, las innovaciones del pt en dicho contexto no fueron sólo sus relaciones orgánicas con movimientos sociales. Descubrió además, a niveles locales, una manera de gobernar con todos esos movimientos y con ciudadanos que no pertenecían a ninguna organización. Encontró una manera de mediar varios movimientos y plataformas a través del gobierno, arreglándoselas simultáneamente para permanecer en el gobierno. Este nuevo tipo de práctica socialista, una vez perfeccionada, transformó tanto al partido como al horizonte político brasileño. Siendo un partido de justicia social que podía proveer un buen gobierno. El pt, a nivel local, construyó una sólida base electoral. Los partidos de todos los extremos del espectro ahora emulan e invocan los planes participatorios originalmente impulsados por el pt.

Hoy en día, sin embargo, gran parte de la discusión en Brasil acerca del pt, gira en torno al radical cambio de actitud en Lula y a las seducciones del poder, así como de la imposibilidad de hacer mucho en el momento global actual. Es cierto que en los últimos años las plataformas del pt se han alejado progresivamente de las menciones de socialismo, como es cierto también que la amenaza de la fuga de capital es real. Pero si en lugar de comparar la administración del país con la retórica militante de Lula o de los fundadores del pt en 1979, consideramos las prácticas del pt en el poder ejecutivo a nivel nacional y local en los años recientes, emerge un contraste distinto. Lo que distingue a la administración del país no es tanto el pragmatismo económico, sino el abandono de uno de los sellos distintivos del pt en el poder: sus formas creativas de participación popular que acompañaban un franco y creciente pragmatismo económico. Una mirada cuidadosa notará que en los últimos años el pt ha dado un giro, no tanto hacia el centro ideológico, sino hacia un nuevo modelo de relaciones entre el Estado, el partido y la sociedad civil —un modelo que combinó el buen gobierno con una redistribución y amplia participación: un "camino participativo" hacia el cambio social.[1] En el centro de esta estrategia participativa está la experimentación creativa con formas progresistas de gobierno ancladas en la participación amplia. Éstas, a su vez, han ofrecido a los gobernantes tanto legitimidad electoral como una mayor efectividad gubernamental, al mismo tiempo que otorgan poder a los desfavorecidos, que ahora tienen una voz en la toma de decisiones del Estado.

Discutimos estas facetas del PT en términos de lo nuevo y lo viejo en un partido político que prácticamente se reinventó por completo, reteniendo sin embargo algunos elementos de la política tradicional en Brasil. Trazaremos aquí la trayectoria del partido desde su fundación, abordando tanto las relaciones del partido con movimientos y sus novedosas administraciones locales (dos ejemplos de la nueva izquierda en el partido), así como sus erráticas políticas de coalición y el personalismo que caracterizaron la administración a nivel nacional (ejemplos de lo viejo que permaneció dentro del partido); posteriormente, concluiremos con algunas reflexiones sobre qué es lo que permanece de lo nuevo después de los escándalos. Anticipando nuestra conclusión, diremos que nos mantenemos cautelosamente optimistas sobre el PT conforme éste continúa siendo un partido construido a través del movimiento social y los activistas de la sociedad civil que, a lo largo de dos décadas y media, ha ido mucho más allá de los movimientos obreros organizados, efectuando experimentos gubernamentales novedosos en aquellos tiempos. Lo viejo, que tuvo poca expresión durante los ochentas y noventas, volvió a ser evidente en la década que siguió. Cuando el PT ganó las elecciones nacionales de Brasil en 2002, el estilo de la administración se basaba en una mezcla de alianzas parlamentarias con partidos de derecha (y en el reparto de puestos de gobierno a dichos partidos); estaba además anclada en el atractivo popular del mismo Lula, en lugar de en la participación gubernamental que había caracterizado las anteriores administraciones del partido.

El partido en el que los movimientos podían hablar: los años ochenta

Los años inmediatamente anteriores a la transición de Brasil a la democracia estuvieron marcados por el aumento en los movimientos masivos en el país, y es de entre estos movimientos que nace el PT. Central a la historia es el "nuevo sindicalismo" de finales de los años setentas, el cual, demandando completa libertad sindical, desafió tanto al control estatal sobre los sindicatos como al uso instrumental de los sindicatos por partidos de izquierda tradicionales.[2] El éxito de las huelgas laborales de 1978 y 1979, las cuales fueron lideradas por Lula, fue particularmente importante para impulsar la discusión sobre la formación de un Partido de los Trabajadores. Los desacuerdos originales entre los fundadores giraban en torno a si el nuevo partido debería estar orientado a clases o tener una plataforma más amplia y en torno a quién debía ser el líder. Lula y otros líderes sindicales querían un partido en el que los trabajadores pudieran representarse a sí mismos, en lugar de ser representados por otros. Muchos intelectuales, incluidos los de la izquierda y centro-izquierda, no creyeron que los trabajadores tuvieran "el conocimiento necesario para manejar un partido y mucho menos para gobernar el país".[3]

El PT fue fundado oficialmente en 1980 y, desde sus inicios, sostuvo una ideología que en ocasiones adoptaba elementos contradictorios, como operaísmo y consciencia de clase, un *ethos* democrático participativo, un compromiso con la autonomía de los movimientos sociales, y una "vocación para gobernar" —el movimiento social exige un mejor acceso a los servicios del gobierno. Los líderes del nuevo sindicalismo

> desconfiaban de los radicales de la clase media, cuyos partidos comunistas vanguardistas de tipos tan variados consideraban a la clase obrera brasileña como poco preparada para la acción política; en muchos niveles, los líderes del nuevo sindicato sentían que la izquierda tradicional de Brasil era tan sofocante, manipuladora y propensa a cooptar como los políticos populistas y clientelares.[4]

El Primer Manifiesto Partidista del PT establece lo siguiente:

> Nosotros no queremos ser dueños del PT, sobre todo porque creemos sinceramente que entre los trabajadores hay activistas que están más preparados y son más dedicados que nosotros; construir y dirigir nuestro partido será su tarea.[5]

La transición a la democracia en Brasil permitió algunas elecciones municipales en 1982 y, para 1985, éstas se sostuvieron en todo el país. El PT no obtuvo muy buenos resultados en las elecciones de 1982, pero pronto se recuperó de su derrota electoral y comenzó una campaña nacional en 1983, exigiendo, en lugar de las elecciones a través de los colegios electorales que eran permitidas por el régimen militar, elecciones directas para la presidencia en 1985. Para finales de 1984, la campaña se había convertido en una campaña nacional que llamaba al fin del gobierno militar. A pesar de que otros partidos de oposición se unieron a la campaña, la alianza quedó a pocos votos de alcanzar la mayoría de dos tercios en el congreso, necesaria para reinstaurar elecciones presidenciales directas. Aun así, los partidos de oposición vencieron al gobierno "en su propio juego", convenciendo a la mayoría en el Colegio Electoral, a través de negociaciones tras bastidores, a votar por el candidato de oposición Tancredo Neves. El PT decidió mantenerse al margen de este voto del Colegio Electoral, criticando a la élite política por regresar a "su vieja práctica de resolver todo a puerta cerrada". Aunque el PT fue tremendamente criticado por esta decisión, emergió gradualmente como el único partido que no renunciaría a sus principios conforme el pueblo se cansara del gobierno civil.

Desde sus inicios, las estructuras internas del PT han sido altamente descentralizadas y fueron conscientemente diseñadas para maximizar la democracia y participación internas. Uno de los mecanismos establecidos para lograr esta meta fue la institucionalización de un proceso de asambleas en dos pasos. El PT sostiene preasambleas locales (municipales y estatales) que involucran a gran parte de los miembros del partido, seguidas de un Encuentro Nacional Anual que sirve esencialmente para ratificar las decisiones tomadas previamente a nivel local. Otra característica es que la estructura básica de la organización del partido es el núcleo. Estos núcleos están organizados mayormente con base en barrios, pero pueden estar organizados también alrededor de lugares de trabajo, categorías ocupacionales o movimientos sociales. Los núcleos, que pretendían ser "el sitio primordial de acción política para los miembros del partido, reforzando los lazos del partido con los movimientos sociales", tenían la intención de garantizar la democracia interna y la participación informada en la toma de decisiones dentro del partido.[6]

Otra característica del partido es su estructura de tendencias internas, que son básicamente grupos ideológicos más pequeños que compiten por el poder en las elecciones internas del partido, pero que actúan como parte del Partido de los Trabajadores en tiempo de elecciones. Algunas de las tendencias que originalmente se unieron al PT en su fundación eran remanentes de organizaciones clandestinas que habían resistido a la dictadura y que en los primeros años operaban como "partidos dentro de partidos". Desde mediados de los años ochentas, el asunto de las tendencias ha sido regularizado, requiriendo que las tendencias se adhieran al programa del partido para poder formar parte del PT.

Mientras el compromiso del partido con la democracia interna permitía que una amplia gama de opiniones y facciones coexistieran en su interior, también hizo del PT un partido diferente al resto, pues no tenía una "identidad política" establecida, excepto por algunos acuerdos amplios sobre las metas de justicia social, cambio social, democracia interna y un compromiso con los movimientos sociales. Por lo tanto, el PT tenía una composición y una estructura ideológica variados a lo largo y ancho del país, dependiendo de qué tan fuertes eran ciertos movimientos en diversas localidades. Desde el inicio, ha tenido relaciones cercanas con movimientos populares, sindicatos, grupos a favor de los derechos humanos, organizaciones agrícolas, la facción progresista de la iglesia católica y otros grupos similares. No sorprende que al PT se le haya llamado una "conglomeración de movimientos —agrupaciones de mujeres, organizaciones de pueblos indígenas, grupos afrobrasileños, ambientalistas, comunidades católicas suscritas a la teología de la liberación— que retuvieron su identidad como grupo mientras trabajaban dentro un partido que se enorgullecía de su carácter difuso, descentralizado y asociacionalista".[7] El Movimiento de los sin Tierra (Movimento dos Sem Terra) o MST fue integral a la formación del PT. Unos años después de su creación, el PT también ayudó a formar la CUT (Central Unica dos Trabalhadores) o Central Única de los Trabajadores, una de las más grandes federaciones obreras en Brasil.[8] Ambos movimientos "se convirtieron en los medios principales a través de los cuales el PT extendía su influencia a lo largo del país y, especialmente entre los trabajadores urbanos, los trabajadores rurales sin tierras, y los estratos aliados", mientras mantenían su autonomía frente al partido.[9]

Aunque el PT tiene sus raíces en los sindicatos obreros, jamás ha mantenido relaciones institucionales formales con sindicatos ni es controlada o financiada por dichas organizaciones.[10] Según Desai (2002), el hecho de que Lula "careciera de lazos con sindicatos tradicionales y partidos de izquierda" le ofreció "una fresca (aunque involuntaria) ventaja táctica que galvanizó y movilizó a trabajadores que antes no habían sido movilizados". Ella argumenta que el "carácter movimentista" del partido ha sido instrumental "para ganar credibilidad y crear una base masiva". El Partido de los Trabajadores "conjunta los intereses tanto de los movimientos obreros organizados como de las bases sociales más amplias, en las cuales tanto el partido como los movimientos obreros encuentran apoyo" (Guidry 2003, 83-84). En los primeros años, el PT tenía como su base los movimientos sociales en contextos particulares en donde los movimientos urbanos o el nuevo sindicalismo eran fuertes. El cinturón industrial de São Paulo (también llamada la región ABC) y Sao Paulo mismo, por ejemplo, eran sitios de actividad para el PT en sus inicios.

A pesar de los problemas que el PT enfrentó en su primer periodo en el gobierno local a finales de los años ochentas (véase la siguiente sección), aquella década fue, en general, una de creciente popularidad para el PT. Atrajo mucha atención y apoyo como el único partido político en Brasil que se rehusaba a renunciar a sus principios, valoraba altamente la democracia interna y no buscaba dominar a los movimientos sociales.

LA CONSOLIDACIÓN DE LOS MECANISMOS PARTICIPATIVOS Y EL "MODO PT": LOS AÑOS NOVENTA

Si lo que atrajo la atención hacia el PT en los años ochentas fue su carácter de novedad en la escena política brasileña, lo que llamó la atención en los noventas fue su modelo de gobierno local.[11] Este modelo, bautizado como la "Tesis Democrática" en la asamblea del partido de 1999, permitió que las administraciones locales del PT tuvieran éxito y que en su estancia en el poder no tuvieran que sucumbir ante alianzas legislativas demasiado amplias o ante el exceso de conflictos internos entre sus bases de apoyo. La administración del PT creó en los noventas un modelo de gobierno participativo que logró dar cauce a la creatividad de la sociedad civil al mismo tiempo que expandía tanto las bases de apoyo del partido como sus campos de interés.

En las elecciones de 1988, el PT obtuvo resultados particularmente significativos a nivel municipal. En 1985 y 1988, varios alcaldes destacados, pertenecientes a los partidos de centro-izquierda ligados a la sociedad civil, fueron electos en capitales brasileñas, incluida Porto Alegre. Sin embargo, para la mayor parte de las administraciones del PT, el primer periodo de gobierno fue difícil; el principal problema fue la incapacidad de varias administraciones para negociar con efectividad distintas demandas de la sociedad. Por ejemplo, el gobierno del PT en São Paulo, de 1989 a 1992, fue atacado varias veces por otorgar "privilegios especiales" a movimientos sociales que simpatizaban con el partido, sin tomar en consideración "los intereses de toda la ciudad"; esto resultó en acusaciones de un "padrinazgo de izquierda".[12] Cuando la administración atendió algunos de esos intereses, sin embargo, algunos sectores la acusaron de "traición de clases".

Otras administraciones, particularmente en áreas en donde el PT era fuerte entre los movimientos locales y los sindicatos del sector público, enfrentaron problemas similares: eran incapaces de distanciarse de las demandas de los movimientos sociales. Dos experiencias —con *Diadema* (1982-1985) y con *Fortaleza* (1986-1988)— mostraron que además de estar obligadas a ofrecer eficazmente servicios a toda la ciudad, las nuevas administraciones del PT, una vez obtenido el triunfo electoral, muy probablemente serían también inundadas con exigencias provenientes de sus bases de apoyo.[13] Ambas experiencias también mostraron que los buenos programas sociales no garantizarían victorias electorales para el partido.

En 1988, para evitar problemas similares, el partido creo el Departamento Nacional para la Discusión de la Acción Institucional, con el fin de coordinar planes de acción para las victorias a nivel local.[14] La visión del PT para los gobiernos municipales estaba constituida por cuatro principios: participación popular, transparencia gubernamental, democratización estatal y la creación de una nueva cultura política. Aun así, la mayor parte de las administraciones del PT tuvieron dificultades en el periodo entre 1989 y 1992. De las 36 administraciones en el poder durante dicho periodo, doce alcaldes renunciaron al PT por disputas entre facciones antes del fin de sus gestiones y sólo doce de los 24 restantes fueron reelectos. Distintas facciones dentro del PT sostenían enfrentamientos sobre cómo gobernar y, particularmente, sobre si el PT era "una administración para trabajadores, [o una] administración de izquierda que gobierna para toda la ciudad, con base en un compromiso con los sectores populares".[15] Otro reto enfrentado por el PT emergió de la incertidumbre de las metas de una administración progresista. Había desacuerdos sobre si las administraciones locales deberían ser consideradas meramente como puestos estratégicos en la lucha más amplia a favor de una transformación socialista o sí deberían ser usadas, antes que nada, para implementar activamente programas socioeconómicos efectivos.[16] La incapacidad de varias administraciones para negociar efectivamente distintas demandas no sólo creó problemas internos, también desembocó en presiones externas, especialmente en áreas donde el PT era fuerte entre los movimientos locales

y los sindicatos del sector público. A pesar de sus buenas intenciones, la mayor parte de las administraciones del PT en su "estado
natal" —Sao Paulo— perdieron el gobierno después de sólo un
mandato en 1992. Otras administraciones cercanas a centros industriales, como las del estado de Minas Gerais, tuvieron dificultades
similares. En casi todas estas administraciones, los fracasos fueron
atribuidos a los rompimientos en las relaciones entre el gobierno,
el partido y la sociedad civil.[17]

La debacle de la administración de Luiza Erundina en Sao Paulo
fue emblemática de los retos que enfrentaba el partido. Habiendo
obtenido el poder con el apoyo de las tendencias de "izquierda" del
partido, la alcalde se topó rápidamente en dificultades con los segmentos del partido que la acusaban de ser demasiado moderada y
orientada hacia lo administrativo. A pesar de los impresionantes logros que había alcanzado para finales del primer año de su mandato
(como la racionalización de los pagos de la deuda, la cancelación de
proyectos dudosos a gran escala iniciados por la administración previa y varios programas sociales), el gobierno de Erundina fue asedia-
do por quienes antes lo habían apoyado; permanentemente tenía
que defender su puesto frente a los sindicatos municipales controla-
dos por el PT. Atrapada entre sus intentos para apaciguar a sus partidarios, cuyas demandas eran mucho más altas que su capacidad
para cumplirlas, la administración estaba cada vez más aislada de su
base partidaria y de la población en general, mientras estaba intentando implementar una plataforma que, en principio, era benéfica
para la mayoría menos privilegiada de la ciudad.[18]

En contraste con los políticamente costosos fracasos en Sao Paulo, algunas administraciones del PT —como las de las ciudades de
Santos o Porto Alegre— fueron capaces de llevar a cabo varias y
ambiciosas reformas, como la implementación de impuestos sobre
uso de suelo para los ciudadanos más adinerados en Porto Alegre,
lo cual ayudó a financiar muchos proyectos de mejoras urbanas
en los sectores más pobres de la ciudad. También destacó la implementación de programas participativos como una estrategia para
negociar demandas y legitimar las plataformas frente a la población
en general, ayudando así a prevenir algunos de los conflictos. Programas exitosos, como el de presupuesto participativo (PP) en Porto
Alegre, atrajeron muchos participantes para formar parte de la toma
de decisiones en materias de gobierno, en este caso específico, sobre
nuevas formas de inversión local.

Desde sus inicios en 1989, el PP ha evolucionado hasta ser una compleja estructura de foros ciudadanos en los que delegados elegidos de entre grupos cívicos sostienen encuentros periódicos para discutir, establecer prioridades y monitorear las inversiones requeridas en cada distrito: pavimentaciones, drenaje, servicios sociales, vivienda, educación y cualquier otro proyecto dentro del alcance del gobierno municipal. De los cientos de proyectos aprobados a lo largo de los años, la inversión en las zonas residenciales más pobres ha sido mucho mayor a la inversión en zonas más ricas; como resultado de estas políticas publicas la ciudad tiene una cobertura mucho más amplia en términos de servicios como agua corriente, drenaje y educación. Esto creó situaciones en las que quienes hacían las demandas podían tomar parte en la negociación de dichas demandas; en términos de gobierno, esto dio legitimidad a las estrategias gubernamentales, cuando no las mejoró directamente. Al traer el proceso de solución de conflictos a un ambiente participativo, los gobiernos encontraron formas de generar consenso alrededor de plataformas de redistribución y ayudaron a prevenir conflictos contra la administración. El presupuesto participativo, con el tiempo, se convirtió en una forma muy aplicada del "modo de gobernar del PT". El contraste con Sao Paulo es sorprendente porque en Porto Alegre, a diferencia de Sao Paulo, el PT tenía originalmente una base partidaria mucho más débil entre los sindicatos y las asociaciones de colonos.

En los años noventa, el partido siguió creciendo. Durante su estancia en el poder entre 1993 y 1996 y, especialmente, en el periodo entre 1997 y 2000, el PP se convirtió en el sello del partido, ayudando a impulsar cientos de victorias electorales municipales en dicho periodo. En 1998, el partido registró victorias gubernamentales en el estado de Rio Grande do Sul, el estado amazónico de Acre y el estado central de Mato Grosso du Sul, mientras la victoria de la coalición de izquierda en Rio de Janeiro colocó a la activista del PT Benedita da Silva en el asiento de vicegobernadora. Ese año, el partido ganó siete asientos en el senado y 59 en el congreso. En el año 2000, el PT ganó 187 alcaldías, recuperando el poder en Sao Paulo y reeligiéndose en Porto Alegre por cuarta ocasión. Para finales de los noventas, el tipo de problemas enfrentados por las primeras administraciones eran prácticamente inexistentes. Las innovaciones y la experiencia acumulada eran compartidas entre distintas municipalidades y los nuevos oficiales podían contar con el conocimiento acumulado a lo largo de casi dos décadas. Aunque no hay dos municipalidades en las que el presupuesto participativo funcione de forma idéntica, las lecciones y mejores prácticas fueron diseminadas en la década de los noventas.

"El modo PT" parecía ser una receta exitosa para el partido conforme se iba haciendo conocido por sus innovadoras instituciones municipales que eran redistributivas, transparentes y eficientes. Un elemento de la receta, era que el partido sí proveía un buen gobierno. Para muchos votantes, la recolección de basura o un sistema de transporte efectivo eran factores decisivos en tiempos de elecciones y los gobernantes del partido aprendieron con el tiempo a respetar la importancia de estas preocupaciones aparentemente prosaicas. Otro elemento de la receta es que la participación a gran escala bajo reglas de sistema claras tiene el potencial de generar legitimidad para los proyectos gubernamentales de redistribución. Haciendo que cientos de ciudadanos decidieran públicamente sobre la redistribución de los recursos del gobierno (ya fuera en escuelas o infraestructura en zonas de pobreza) se prevenía que dichos proyectos fueran descarrilados por la oposición en los medios o en el congreso. No menos importante es el hecho de que las instituciones participantes exitosas atrajeran una gran participación de los pobres, que usualmente están más allá de los sectores organizados. Esto fue crucial para la legitimidad de la participación, evitando que fuera vista como un proyecto partidista o de interés especial (ayudar a evitar los ataques del "clientelismo de la izquierda" que habían sufrido administraciones anteriores).[19] Ir más allá de los sectores organizados también ayudó a moderar las demandas de dichos sectores, que en ocasiones ponían a los gobernantes entre la espada y la pared, incapaces de satisfacer las demandas de los movimientos individuales, ya no digamos fungir como árbitro entre ellas. La estructura misma de las instituciones participativas fue diseñada para no privilegiar a los movimientos organizados. La mayor parte de las instituciones de presupuesto participativo, por ejemplo, permiten a los ciudadanos participar individualmente o como representantes de sus calles o municipios, pero no como representantes de movimientos sociales.[20]

Incuso ciudades conocidas por sus altos niveles de organización cívica, como Porto Alegre, han atraído a un gran número de participantes independientes quienes, con el tiempo, se convirtieron en una base confiable de apoyo para el partido. En los primeros años de gobierno del pt, la mayoría de los involucrados en el presupuesto participativo pudo haber tenido lazos con asociaciones vecinales, pero conforme el proceso maduró fue atrayendo más y más participantes que no sostenían ningún tipo de afiliación cívica. Muchos de esos participantes se mantienen en el proceso y "ascienden de grado", involucrándose cada vez más. Muchos de ellos proceden a crear asociaciones en sus colonias. Estos residentes de zonas urbanas pobres sin afiliación —o que no tenían afiliación— constituyeron una base de apoyo y solidaridad para el partido como gobierno sin necesariamente unirse a éste. En el caso de Porto Alegre, hay distritos de votantes leales al pt que no tienen un núcleo del pt, una combinación que antes hubiera sido inconcebible. En esas zonas, la mayor parte de la infraestructura cívica existente fue propiciada por el presupuesto participativo y la participación en el programa es tan ferviente como tangibles son sus resultados. Las descripciones del presupuesto participativo en otros lugares con baja actividad preexistente en lo que respecta a movimientos sociales son similares.[21]

Uno de los resultados de esta forma de gobernar fue el cambio tectónico —ocurrido a lo largo de la década— en la relación que el partido sostenía con las organizaciones y los ciudadanos independientes. Las preocupaciones y debates intelectuales sobre la relación del partido con movimientos sociales ("¿Debemos sostener una relación leninista? ¿Un abordaje gramsciano?") se hicieron menos importantes que la discusión sobre la relación del partido con un gobierno dirigido por el partido y, eventualmente, sobre la relación entre el gobierno dirigido por el partido y los gobernados ("¿Un gobierno para todos? ¿Un gobierno para los trabajadores?"). En muchas ciudades gobernadas efectivamente por el pt, el gobierno municipal se convirtió en la cara del partido y el partido como gobierno municipal se relacionó con organizaciones e individuos independientes por igual, provocando que la relación del partido con movimientos sociales fuera de asuntos de gobierno se volviera más cautelosa.

El pt también continuó transformándose a través de la creación de nuevas alianzas y la ampliación del rango de problemas que atendía en las elecciones locales, así como de la continua evolución ideológica y el refinamiento de sus doctrinas a lo largo de los noventas. Durante aquel periodo, su base de apoyo creció en los distintos estados, extendiéndose más allá de su bastión tradicional en Sao Paulo para incluir los estados del centro, norte, y noreste; comenzó también a ganar votos en ciudades medianas y pequeñas, avanzando con respecto a sus orígenes como un partido de grandes ciudades.[22] La naturaleza de los líderes del partido también cambió al haber menos líderes sindicales y más activistas de otros movimientos sociales, principalmente gracias a los gobernantes que ocupaban un puesto cada vez más central en la fachada pública del partido.[23]

Se podría argumentar que la centralidad del gobierno en el PT y la relación directa que el partido sostiene con ciudadanos independientes por la vía de sus administraciones tiene un componente del viejo populismo latinoamericano, tal como los visibles proyectos de redistribución urbana que llevó a cabo una vez estando en el poder. Esto no escapó a los críticos de derecha, quienes en ocasiones acusaban al PT de convertirse en un partido de obras públicas para los pobres. Para un partido fundado como una alternativa a los modelos populistas, esto era sin duda una preocupación para los activistas que formaban parte del partido. Pero había dos diferencias cruciales con respecto a la postura populista: primero, había una decidida falta de énfasis en políticos y alcaldes a nivel individual, y un verdadero énfasis en plataformas y programas de gobierno; y segundo, había una preocupación real por escuchar la voz de los participantes, y una democracia interna en los programas participativos. Como ha sido documentado por muchas investigaciones académicas, dichos programas participativos eran motivados por un interés genuino en la participación, la inclusión y la transparencia.[24] Cuando los programas del PT eran exitosos, resultaban en una transformación de la política local, propiciando la inclusión de voces que antes permanecían fuera de las decisiones del gobierno. En algunas instancias, también resultaron en una "ecuación frágil", en la que la política local se convirtió en un diálogo entre un gobierno estatal del PT y legiones de ciudadanos independientes que tomaban parte en sus arreglos participativos.[25]

La década de los noventa fue también el escenario para una evolución en la orientación programática del partido. En 1993, el partido aprobó el plan para una "revolución social" que se movería hacia el socialismo en dos fases. Pocos años después, en 1999, en una asamblea nacional del partido, el PT definió su plataforma como "socialismo democrático" —un modelo de economía mixta que se apoyaba en una amplia participación popular, la redistribución de los ingresos, el principio de legalidad y una gran inversión en el mercado interno del país.[26] Cada día más, el partido hizo de "el buen gobierno a través de la participación" una parte integral de sus plataformas y administraciones. El programa presentado en 1999 era una estrategia ambiciosa que apuntaba hacia un eventual gobierno nacional que tomaría las mejores lecciones de los gobiernos locales del PT. Además de conectar con distintas luchas sociales a través de estrategias tan amplias como ocupaciones de tierras, huelgas y otras movilizaciones, así como la extensión de las afiliaciones del partido, el programa buscaba la extensión de la experiencia de las administraciones locales al gobierno nacional. El programa de la Revolución Democrática, una tesis programática aceptada en 1999, establece que:

> El PT ha sido un pionero en este experimentalismo político que permite combinar la democracia representativa con la democracia directa. Los presupuestos participativos, difundidos a nivel local, están siendo implementados ahora a nivel estatal y deben formar parte del futuro proyecto nacional. La participación de los trabajadores, usuarios y representantes de la sociedad permitirá la democratización de las políticas públicas, las empresas públicas y las actividades esenciales a la población… Un estado democrático —controlado por la sociedad— será llamado a asumir un papel decisivo en la nueva economía política.[27]

El PT de finales de los noventas tenía mucho de nuevo. El "experimentalismo político" de la década había rendido frutos; el partido en el que "los movimientos sociales podían hablar" encontró una forma de ser también el "partido que gobernaba creativamente a nivel local". Había creado una forma de hacerlo al conectar con la población a través de modelos de participación directa y había encontrado modos de diálogo con su base tradicional en los movimientos, pero también, cada vez más, con ciudadanos independientes. Observando a Brasil a finales de los años noventas, era posible encontrar un arcoíris de temas y causas que eran directamente apoyados a través de administraciones locales del PT. El partido también se las arregló para conseguir legitimidad entre la clase media y apoyo en muchos otros contextos. Para la izquierda latinoamericana, ésta era una historia repleta de lecciones positivas y ejemplos del potencial para algo realmente nuevo en la izquierda.

¿La "media vuelta" de la tercera década?
Poca participación, muchas coaliciones,
y mucho conflicto

No es de sorprender que la victoria de Lula en octubre de 2002 fuera recibida con mucha expectativa. La elección de un líder obrero y prisionero político de origen humilde no tenía precedente en el país y para los petistas marcaba el fin de una larga búsqueda por el poder nacional que se les había escapado en 1989, 1994 y 1998, que había incluido años de organización a nivel local y dos décadas de administraciones locales de todos tamaños. Para muchos observadores, la victoria de Lula tenía el potencial de trasladar al nivel nacional algunos de los principios, si no las instituciones mismas, de participación que habían sido el sello de los gobiernos del PT en los años noventa.

En un principio había señales de que la administración asumiría las plataformas participativas que formaban parte del programa del partido. Aunque constituían un solo párrafo del plan de gobierno, muchos esperaban de la administración el presupuesto participativo nacional o algo que se le pareciera. Lula marcó el inicio de su presidencia con la creación del Consejo para el Desarrollo Económico y Social, modelado a partir de la experiencia española de Concertación e inspirada por el arreglo corporativista escandinavo. En principio, debía ser un cuerpo para el diálogo entre estado y sociedad civil, dando un lugar a la voz popular en el gobierno nacional. Los líderes veteranos del PT con experiencia participativa fueron colocados en puestos prominentes de la administración. Se anunciaron conferencias nacionales sobre temas como Salud y SIDA a llevarse a cabo en Brasilia, con la participación de la sociedad civil.

Sin embargo, hubo también otras señales. El PT se encontró en la cabeza de una coalición extraordinariamente amplia, con partidos del centro y de la derecha, y repartiendo puestos a los miembros de la coalición. Algunos puestos ministeriales fueron ocupados por conservadores externos al PT y otros por radicales pertenecientes al partido. Otra señal preocupante fue el renovado énfasis en la figura de Lula y sus consejeros más cercanos, el así llamado "núcleo duro" del partido, que se distanció del diálogo directo con las bases del partido. Estas últimas dos señales eran poco características del partido, particularmente el énfasis personal —las administraciones locales exitosas del PT raramente dependían del carisma o atractivo personal de un alcalde en las campañas; las obras públicas y estrategias de gobierno solían ser las que ocupaban el centro del escenario.

La agenda nacional estaba, por supuesto, limitada también por la amenaza constante de la fuga de capitales o la caída de la "confianza de inversión" en el país. El índice de riesgo del país, que se había disparado con la victoria inicial de Lula en el 2002, descendió gradualmente, y la inversión extranjera en Brasil ha continuado a ritmo acelerado después de un declive relativo en los primeros meses de la administración del pt. El "escenario Argentina" fue evitado, la inflación no ha vuelto y el real se mantiene fuerte frente al dólar. Tal como lo prometió Lula en los meses previos a su elección, Brasil ha cumplido con sus pagos de deuda y ha excedido las metas de superávit primario establecidas por el Fondo Monetario Internacional. Tal como los críticos de la administración han señalado, las políticas económicas implementadas por el gobierno del pt son indistintas con respecto a los regímenes anteriores, además de opuestas a los movimientos sociales que son la base del apoyo del partido o a sus metas programáticas de redistribución y justicia social.

Al final, el primer periodo de Lula estuvo caracterizado por la conformidad con la ortodoxia del fmi, una inversión limitada del gobierno en la economía nacional y muy poco gasto en servicios de salud, educación o vivienda. Un prolongado escándalo de corrupción dañó la imagen del partido para muchos. La corrupción no es tan endémica dentro del partido o el gobierno como han sugerido los medios conservadores. Sin embargo, sí quedó claro que el pt ya no era un partido de activistas de movimientos sociales vueltos políticos y que la maquinaria interna del partido es, hoy en día, tan compleja y opaca como la de cualquier otro partido. En su búsqueda de legitimidad durante las dificultades políticas, la administración se ha apoyado en los llamados directos de Lula al *povo* —los pobres no afiliados a ninguna organización— como una forma de obtener apoyo en tiempos difíciles; esta estrategia fue exitosa en términos de reelección, pero puede ser un legado turbio para el partido. Discutimos estos eventos en las siguientes páginas, con particular atención en lo viejo y lo nuevo en el pt, mientras abordamos cuatro aspectos de la administración de Lula: la política exterior de Brasil bajo el pt, los programas participativos nacionales, la relación del gobierno con los movimientos sociales y el programa de trasferencia de ingresos de la administración.

Innovaciones en la política exterior

Incluso aquellos que han criticado la presidencia de Lula por su política económica, han alabado sus logros en lo que respecta a asuntos internacionales.[28] Históricamente, las relaciones internacionales no han sido un tema muy prominente en las plataformas de los partidos brasileños durante las elecciones; esto hace difícil rastrear los cambios, pero parece que las posturas del PT bajo Lula son consistentes con las posturas anteriores del PT. La política exterior del PT ha sido esencialmente la misma en sus propuestas de programas gubernamentales desde los años ochenta —unos cuantos párrafos sin muchos detalles. Mientras el antiimperialismo fue mencionado en algunas oraciones de los documentos fundacionales y en ocasiones fueron parte de sus eslogans, la propuesta de política exterior ha sido siempre sorprendentemente pragmática, con repetido énfasis a través de los años en la soberanía nacional sobre el internacionalismo de partidos como el Partido Comunista Cubano. El primer programa de gobierno del PT, escrito en la víspera de la campaña de 1989, exigía "una política exterior autónoma y soberana, sin lealtades automáticas y guiada por el principio de autodeterminación de los pueblos y la no interferencia en los asuntos internos de otros países"; el documento pedía también que Brasil ocupara "una posición en el escenario internacional que fuera acorde con su estatura socioeconómica, geográfica y cultural", que contribuyera a un nuevo orden económico que no sólo beneficiara a países ricos, con la formación de cuerpos como un Parlamento Latinoamericano.[29] La plataforma gubernamental de Lula entre 2007 y 2010 invita a una defensa del multilateralismo, a las iniciativas a favor de un orden económico más justo y al respeto a los principios de "soberanía nacional, no agresión y no interferencia en los asuntos internos de otros estados", mientras "se fortalecen las relaciones del Sur con el Sur".

La política exterior bajo el PT ha sido muy distinta a la de las administraciones anteriores, con un énfasis renovado en la construcción de una influencia brasileña en la política regional, los lazos Sur-Sur y una defensa más fuerte de los intereses nacionales. Aunque no le han faltado ambigüedades (por ejemplo, el hecho de que la definición de interés nacional en ocasiones se refería a la industria nacional pero no a sus trabajadores) y, en ocasiones, parecía estar orquestada apenas para evitar una colisión con su poderoso vecino del norte, esta política representa algo nuevo en términos de innovaciones pragmáticas que escapan de la rigidez izquierdista mientras impulsan el multilateralismo y la soberanía de las naciones del Sur global. Uno de los principios guías ha sido la expansión de la influencia brasileña en "la política regional, en las agendas del tercer mundo y en las instituciones multilaterales".[30] Esto es evidente en el rol activo que asumió en diversos contextos: los esfuerzos por mediar las crisis en países vecinos como Venezuela, Colombia, Bolivia y Ecuador; las negociaciones de la Organización Mundial de Comercio (omc), así como en el Área de Libre Comercio de las Américas (alca); los esfuerzos por reformar el Consejo de Seguridad de Naciones Unidas para incluir un mayor número de países en desarrollo como miembros permanentes y no permanentes, y en la campaña por un asiento permanente para Brasil en el Consejo de Seguridad; y la campaña de la onu de Acción contra el Hambre y la Pobreza.[31]

Dos de las innovaciones más importantes en la política exterior han sido la creación y coordinación del G-20 (Grupo de los Veinte) y el Foro Trilateral ibsa (India-Brasil-Sudáfrica). El G-20, un "resurgimiento del espíritu de coalición del tercer mundo",[32] fue creado durante el Quinto Congreso Ministerial de la omc en el 2003 liderado por Brasil, India y Sudáfrica, y surgió como una "nueva fuerza capaz de actuar como un contrapeso a los poderes dominantes en la omc" para luchar contra los subsidios agrícolas y los bloqueos comerciales en países desarrollados, mediante el establecimiento de reglas de comercio más justas.[33] Es debido a la fuerte posición asumida por el G-20 y su negativa a ceder a las demandas de los países industrializados que las pláticas de la omc en Cancún terminaron por fracasar. Los subsecuentes encuentros en Doha han enfrentado, hasta el momento, un destino similar debido a la firmeza en el bloqueo a los países en desarrollo. Ya no es posible que "los países desarrollados se salgan con la suya con el mundo en desarrollo a través de la combinación de intimidación, marrullería, división, soborno y amedrentamiento".[34] ibsa, creado el mismo año, también tiene el objetivo de fomentar la cooperación en asuntos tan diversos como la promoción de la cooperación Sur-Sur, el aumento del comercio entre los países en desarrollo, el fortalecimiento de las instituciones multilaterales, la reforma y expansión del Consejo de Seguridad de Naciones Unidas, la implementación de políticas contra la pobreza y el hambre, y la lucha contra la discriminación racial y de género.[35] Como parte de una de las iniciativas del IBSA, Brasil, India y Sudáfrica han prometido un millón de dólares cada uno anualmente "para apoyar las iniciativas Sur-Sur dirigidas a ayudar a los países menos desarrollados a reducir la pobreza, luchar contra el hambre y la enfermedad". Los países también han cancelado cantidades sustanciales de deudas a los "países menos desarrollados", otorgándoles además un mayor acceso a sus mercados.[36]

Aunque es cierto que "la política exterior de Brasil [ha roto] con la actitud de sumisión frente a los Estados Unidos adoptada por la derecha",[37] la administración a cargo del PT también ha sido cuidadosa de no entrar en un conflicto abierto con los Estados Unidos o con el Fondo Monetario Internacional (FMI).[38] A pesar de ser guiada por el pragmatismo, la política exterior tampoco ha estado libre de ambigüedades. En lo concerniente a los regímenes de Chávez en Venezuela y Castro en Cuba, Brasil ha mantenido una cuidadosa distancia. Brasil es el segundo país latinoamericano que más comercia con Cuba y se ha opuesto oficialmente al embargo de Estados Unidos; pero Lula ha evitado declaraciones públicas al respecto que pudieran ser interpretadas como antiestadounidenses. En su visita a la isla, por ejemplo, sus pronunciamientos públicos evitaban mencionar a los Estados Unidos. Similarmente, en lo que respecta a Venezuela, Brasil ha mantenido lazos estrechos, pero Lula se ha distanciado públicamente de Chávez en numerosas ocasiones. Con la posible excepción de la presencia en Haití de unos mil 200 manifestantes por la paz mal organizados, la política exterior de Brasil bajo el mandato de Lula ha sido en general creativa, pragmática y libre de dogma— una clara expresión de lo nuevo en el PT.

PROGRAMAS PARTICIPATIVOS LIMITADOS

En marcado contraste está el fracaso de la administración nacional en el traslado al nivel nacional de los novedosos experimentos de gobierno que habían definido al partido en los noventas. A pesar de las insinuaciones iniciales, la administración no ha dialogado sobre las políticas gubernamentales con la sociedad civil de forma sostenida. El Consejo para el Desarrollo Económico y Social (CDES) fue instituido para crear un diálogo entre el estado y la sociedad civil y promover un "nuevo contrato social".[39] Modelado aproximadamente a partir de consejos nacionales similares en países socialdemócratas, el CDES incluye a representantes del gobierno, los negocios, sindicatos y sociedad civil, además de la presencia de doce ministros. Dirigida en su primer año por el arquitecto del presupuesto participativo, Tarso Genro, el CDES fue anunciada como un "instrumento importante" para hacer más democrático el debate alrededor de las políticas gubernamentales.[40] A diferencia de instrumentos como el presupuesto participativo, sin embargo, el CDES no estaba investido con el poder de toma de decisiones y la participación estaba limitada a unos cuantos representantes de la sociedad civil. También ha sido criticado por dar poco espacio a asuntos en la agenda iniciados por los participantes.[41] Sin embargo, fuera de permitir que la administración articulara una coalición para apoyar sus reformas estructurales, el CDES ha logrado poco. Por ejemplo, después de una serie de juntas en 2003 sobre las políticas macroeconómicas, el consejo propuso "reducir las tasas de interés y aumentar la inversión pública",[42] pero, como la mayor parte de sus propuestas económicas, no fue acogida por el gobierno.[43]

Asimismo, el PPA —Plano Plurianual o Plan Plurianual— sostenía para algunos el prospecto de crear un proceso participativo sobre las prioridades en la inversión nacional. Se llevó a cabo un proceso de consulta con la sociedad civil en 27 estados, culminando en una propuesta de PPA en agosto de 2003. El PPA fue extensamente modificado tanto por el Ejecutivo como por el Legislativo y resultó en un documento final que terminó privilegiando a ciertas industrias exportadoras, como la minera y la agrícola, incluyendo además proyectos de construcción de presas que habían sido altamente criticados por observadores y monitores de la sociedad civil. El presupuesto de 2006 enviado por el Poder Ejecutivo al Congreso, de hecho, no sostenía relación alguna ni siquiera con el PPA modificado. Como el CDES, el proceso del PPA invocaba el lenguaje de la participación, pero tenía un mandato poco claro en cuanto a cómo enlazar dicha participación a la toma de decisiones. Como el CDES, se convirtió en un proceso que incluía la consulta pero confinaba las "decisiones técnicas", como las tasas de interés o las prioridades presupuestales, al dominio exclusivo de los tecnócratas del gobierno.

Estas políticas económicas están en juego para los movimientos sociales y los actores de la sociedad civil. El régimen político y económico actual ha hecho poco por aliviar los problemas sociales. La revisión del caduco sistema de pensiones como una estrategia contable fue ciertamente vista con recelo por algunos miembros de la izquierda, al igual que la controversial decisión de excederse de la meta del superávit del presupuesto primario establecida por las condiciones del FMI. El primer mandato de Lula estuvo caracterizado por una inversión gubernamental limitada en lo concerniente a la economía nacional, ni hablar del gasto social en salud, educación y vivienda. Las altas tasas de interés del banco central (que tienen la intención de atraer capital extranjero) no sólo detuvieron el crecimiento y limitaron el crédito disponible a las pequeñas empresas, también implicaron que el gobierno brasileño ha pagado billones de dólares de intereses a expensas del gasto social. Esto no es de ningún modo distinto a lo sucedido, por ejemplo, en los años de Cardoso; pero lo que lo hace peor es que la elección de Lula sostuvo la promesa real de permitir una aportación popular para este tipo de decisiones.

Legitimidad política y las bases de apoyo

Si en términos de participación la administración no supo incorporar las nuevas prácticas del partido, su relación con los movimientos sociales fue también un regreso a los viejos modos de relación. En lugar de buscar formas creativas para los vínculos con la sociedad civil, el partido regresó a las negociaciones y el conflicto con los movimientos sociales. Como las primeras administraciones locales del PT, el gobierno nacional del PT ha tenido sus dificultades con su antigua base de apoyo y esto ha creado escisiones dentro del partido. El Movimiento de los sin Tierra, el MST, se ha enfrascado en un conflicto con la administración, amenazando en ocasiones con una ola de invasiones y, a veces, prometiendo esperar el cumplimiento de las promesas de campaña. En 2005 el MST organizó una marcha nacional para la reforma agraria, la cual resultó en el anuncio por parte del gobierno de un Plan Nacional para la Reforma Agraria, que para finales de 2006 no había sido cumplido. De igual modo, una organización paraguas, la Coordinación Nacional de Movimientos Sociales, fue fundada en 2003, uniendo más de cien movimientos —como el MST y la Unión Nacional de Estudiantes (UNE)— que sentían que no tenían una voz frente a la administración. El movimiento es en "favor de la soberanía nacional, el desarrollo, el empleo, la distribución de ingresos y la inclusión social".[44] Ha organizado "audiencias públicas" sobre el ALCA, y llevado a cabo diversas acciones a favor de un cambio en la economía política nacional, así como de una auditoría de la deuda nacional, pidiendo una voz en la administración nacional.

En la elección de 2006, el MST, como otros movimientos sociales, no respaldó a Lula sino hasta la segunda vuelta.[45] Antes un aliado confiable, el cambio de actitud hacia el PT por parte del MST es evidente en su declaración sobre el desempeño del PT:

> Nuestro análisis de las políticas del gobierno de Lula muestra que Lula favoreció el sector de la industria agrícola mucho más que a la agricultura propiedad de familias. Los lineamientos generales de su política económica y agrícola siempre han dado prioridad a la industria agrícola orientada hacia la exportación. Y la reforma agraria, la medida más importante para alterar el estatus quo, está paralizada o restringida a unos pocos casos de compensación social.[46]

Tal como la Coordinación Nacional de Movimientos Sociales que, de igual modo sólo respaldó, renuentemente, el intento de reelección de Lula hasta la segunda ronda, el MST y otros antes fervientes partidarios se han distanciado del partido como consecuencia de la administración nacional.

Las escisiones dentro del partido han sido severas. En los inicios del mandato, los líderes del partido aprobaron una resolución que obligaba a todos los miembros del PT a apoyar las políticas económicas del gobierno de Lula. El "ala radical" del PT, sin embargo, luchó contra las reformas al sistema de pensiones y los impuestos, y criticó consistentemente las políticas del banco central. Estos problemas terminarían por estallar en julio y agosto de 2003, a raíz de la lucha por aprobar las reformas al sistema de pensiones. Cuatro miembros del parlamento que votaron contra el gobierno fueron expulsados a finales de año y otros ocho fueron sancionados. Las expulsiones y la escisión no sólo llevaron a la fundación de un nuevo partido, el PSOL, sino que también mancharon la imagen de la democracia interna del partido. Poco después de las expulsiones, un grupo llamado "Rescate del Partido de los Trabajadores", constituido por unos dos mil 200 miembros del PT y "aliados universitarios", hizo público un manifiesto denunciando a Lula, argumentando que sus políticas reflejan al FMI más que a las tradiciones socialistas del PT. Muchos activistas prominentes del PT, como el fundador del partido Chico de Oliveira, han dejado al partido, insatisfechos no sólo con las políticas económicas del gobierno, sino también con el creciente deterioro en la democracia interna y el distanciamiento de Lula y su gabinete de las bases del partido.

Conforme el escándalo de corrupción se desplegaba en la televisión durante el tercer año del gobierno de Lula, pareció por un momento que los movimientos sociales podrían tener de nuevo una voz en la administración. Los miembros de la coalición abandonaron al PT una vez que parecía que, por primera vez desde la elección, Lula perdería, si no era impugnado antes. Los medios conservadores en Brasil tomaron control de las acusaciones y el ataque desestabilizó temporalmente al partido. Tal vez algunos movimientos sociales reaccionaron defendiendo al presidente, aunque con el entendimiento de que un partido en una situación electoral precaria sería más propenso a tomar en cuenta las demandas de cambio de los movimientos en su búsqueda del gobierno.

Pero en lugar de una apertura a su apoyo base, en el último año de la administración de Lula se renovó el énfasis en su persona. En lo que concierne a Lula, el último año mostró un discurso matizado cada vez más con temáticas populistas y de justicia social, así como una publicitada serie de visitas y pláticas al empobrecido noreste. Lula rara vez abordaba el escándalo de corrupción. A pesar de que incluso miembros de su gabinete estaban implicados, Lula alegó ignorancia con respecto a los malos manejos y se dirigía a los pobres directamente como su protector en discursos que muchos han comparado con los del expresidentes populista Getúlio Vargas. Al mismo tiempo, sin embargo, hubo pocos cambios en las políticas principales del gobierno, salvo por la renovada atención al programa de transferencia de ingresos del gobierno, que comenzó seriamente en el segundo año del gobierno de Lula. A pesar de las crisis del PT y el gobierno nacional, Lula terminó su mandato con altos índices de aprobación en los meses previos a la elección, particularmente entre los pobres. El cuarto año también estuvo marcado por una notable ausencia de entusiasmo entre la base organizada en la campaña electoral de Lula.

El programa *Bolsa Família*

El programa *Bolsa Família* es la faceta más ambiciosa de la administración. Consiste en una novedosa política redistributiva que cuesta relativamente poco y ha tenido un impacto social real. Con un costo menor al uno por ciento del PIB, este programa de transferencia directa de ingresos a los más pobres del país ha sacado de la pobreza extrema a unos 11 millones de familias, alterando las estadísticas de pobreza del país en un corto periodo.[47] Este proyecto, sin embargo, ha sido central en la reelección de Lula y no pocos observadores escépticos lo han visto como una estrategia. Otros han criticado sus provisiones condicionadas, argumentando que es un programa paternalista que está más en línea con los gobiernos populistas que con el socialismo demócrata que ha definido al PT.

La *Bolsa Família* es, hoy en día, el programa de transferencia condicionada de efectivo más grande del mundo,[48] alcanzando a unos 30 millones de pobres en el país. En Brasil, diferentes programas de transferencia de efectivo fueron lanzados primero a nivel local por gobiernos municipales (como por ejemplo *Bolsa Escola*, que comenzó el Distrito Federal bajo un gobierno del PT en 1995).[49] Algunos de estos programas fueron extendidos al nivel nacional bajo el gobierno de Cardoso y consolidados y expandidos por Lula. *Bolsa Família*, un proyecto nacional, fue iniciado en octubre de 2003 con la integración de dos programas de transferencia de efectivo preexistentes (*Bolsa Escola* y *Bolsa Alimentação*) y dos otros programas similares previos (*Cartão Alimentação do Fome Zero* y *Auxílio Gás*).[50] Bajo *Bolsa Família*, las familias pobres reciben un estipendio mensual bajo la condición de que los hijos mantengan una asistencia escolar del 85 por ciento; los niños entre cero y seis años son vacunados y las mujeres embarazadas y en estado de lactancia reciben chequeos periódicos.[51]

Aunque *Bolsa Família* ha sido sin duda exitoso como medida temporal para retirar a algunas porciones de la población de la pobreza, no es suficiente por sí mismo; si ha de considerar la raíz de la pobreza, debe ser acompañado probablemente por una mayor inversión en la educación y la salud.[52] Las transferencias condicionadas de efectivo han sido criticadas también por las dificultades de implementación, así como por su paternalismo, pues al condicionarlas, no trata la seguridad financiera y social como un derecho inherente.[53] Una alternativa surgida del interior del PT vino del senador Eduardo Sulpicy (Sao Paulo, PT); él ha luchado a favor de un Ingreso Ciudadano Básico no condicionado[54] que pueda proveer a todo ciudadano con un ingreso base, independientemente de su condición socioeconómica. Desde nuestro punto de vista, *Bolsa Família* puede representar eventualmente lo nuevo o lo viejo en el partido. Como lo señalan los críticos, la fuerza de Lula ha aumentado en la región noreste de Brasil como resultado del programa, puesto que esa zona alberga a tres cuartas partes de los beneficiarios de *Bolsa Família* y es la región más pobre del país.[55] Mientras el programa siga siendo parte de la estrategia electoral del partido y no evolucione a un programa que promueva nociones más amplias de derecho y seguridad social, los críticos de Lula estarán en lo correcto al decir que éste es un programa que proporciona un bien social incuestionable con un costo político real. Pero tal vez el programa evolucionará y ampliará las nociones de derecho. Algunos dentro del partido lo ven como un paso hacia la creación de un ingreso base nacional. El programa del gobierno, por ejemplo, mira a *Bolsa Família* como una medida de emergencia que forma parte de una creciente red de seguridad y un conjunto de programas gubernamentales que incluyen proyectos de crédito popular y programas de creación de empleo. Existe también la promesa de que *Bolsa Família* sea parte de una noción más amplia de ciudadanía, que no sólo alimente a los pobres sino que también les de una voz en la administración como participantes y ciudadanos. Si esto se convierte en una realidad, entonces *Bolsa Família* representará a lo nuevo dentro del partido.

¿"Lulismo" contra "Petismo"? Lo nuevo y lo viejo en el futuro del partido

En las elecciones de 2006, Lula se reeligió para un segundo mandato en la segunda vuelta, venciendo por amplio margen a su oponente, el ex gobernador de Sao Paulo Geraldo Alckmin, candidato que representaba una coalición de centro derecha. Los debates que precedieron a la segunda vuelta fueron polarizados y enfatizaron sus distintas posturas con respecto a la privatización; Lula adoptó un discurso cada vez más populista. El electorado también se polarizó. Según las encuestas, Lula tenía altos índices de aprobación entre los pobres y muy altos índices de rechazo entre los niveles socioeconómicos más altos. Esto, sin duda, tiene que ver en parte con una especie de atractivo popular que Lula posee entre el electorado más pobre, pero también tiene mucho que ver con los beneficios directos de los programas de redistribución del gobierno. Los votos reflejaron la polarización. El sur y sureste rechazó a Lula (a pesar de que hubo un tiempo en que podía contarse con que un estado como Rio Grande do Sul votara por la izquierda), pero tuvo muy altos índices de apoyo en las zonas más pobres del norte y noreste; ahí, el pt obtuvo cuatro victorias en estados muy lejanos a la base tradicional del partido, lugares conocidos más bien por sus terratenientes notoriamente conservadores.

El partido que luchó por la elección nacional en 2006; sin embargo, hubiera sido irreconocible hace sólo unos cuantos años. La disensión interna desembocó en crisis y escisiones dentro del partido a lo largo del gobierno de Lula, desde las primeras expulsiones del partido de los miembros del parlamento en 2003 hasta las muchas salidas de miembros prominentes que le siguieron. El partido se distanció de los movimientos sociales más que en cualquier otro momento en su historia. Esta distancia se expresó también en las elecciones municipales de 2004, cuando el pt fue severamente castigado en varios de sus frentes políticos (como Porto Alegre), algo que puede ser interpretado solamente como una reacción a las políticas nacionales. Lo más crítico fue probablemente que el alguna vez el fue un partido puro de los que estaban fuera de la política tradicional ahora se encontraba en el centro de acusaciones de corrupción. Aun así, las fuerzas progresistas que se habían rehusado a apoyar a Lula en la primera ronda lo respaldaron en la segunda. Por ejemplo, *Brasil de Fato*, un periódico alternativo, declaró su respaldo a Lula: "como la mayoría de las fuerzas de la izquierda, rompemos el silencio y respaldamos a Lula. Por cuatro años hemos señalado los límites de su gobierno, pero evaluamos que la victoria de Alckmin sería una derrota para las clases trabajadoras". La cut apoyó la campaña de reelección desde el inicio, aunque no sin luchas internas. Frei Betto, un prominente teólogo de la liberación, pidió apoyo entre los cristianos progresistas en los términos que parecían capturar el humor de los activistas de Brasil en aquel tiempo: "Lula sigue debiéndonos mucho de lo que prometió a lo largo de sus campañas presidenciales, como la reforma agraria. Pero Brasil y America Latina están mejor con él que sin él".[56]

El mismo pt, a lo largo de todo este proceso, ha mostrado que mucho de lo viejo en la política brasileña permaneció en sus filas. La falta de responsabilidad en los niveles más altos del partido para con su base hablaba de una organización vertical; la expulsión de miembros por no ajustarse a la línea del partido apestaba al autoritarismo que el pt había sido formado para combatir. Las coaliciones basadas en cálculos electorales y no en afinidad ideológica pueden parecer acordes con la historia política brasileña del siglo XX, pero están en contra de la orientación programática del PT. La campaña electoral, repleta de llamados populistas y centrada en Lula, parece ser la imagen opuesta a un partido que desde sus inicios rechazó la tradición de la izquierda populista.

Por supuesto que la figura misma de Lula, y el hecho de que él ha sido el único candidato del PT postulado para la presidencia, es por sí mismo contraria al partido. Siendo un político extremadamente hábil con un poderoso atractivo para la mayoría pobre del país, Lula siempre ha sido, por lo menos en cierto sentido y entre los petistas de alto perfil, el menos calificado para el puesto. A diferencia de otros candidatos que han sido discutidos en varias ocasiones dentro del PT, Lula jamás había tenido un puesto público. Entre los candidatos potenciales han estado senadores, gobernadores y alcaldes con experiencia de gobierno y servicio público, algunas veces asociados con alguna política o posición gubernamental particularmente exitosa. Lula, de hecho, ni siquiera había sido presidente del partido por muchos años, manteniendo más bien una posición honoraria y vitalicia.

Todas las facetas de gobierno ya mencionadas que Lula y sus consejeros han adoptado hablan de una forma de gobernar que es radicalmente distinta a las nuevas formas que los administradores locales habían ayudado a inventar en los noventas. Si en los ochentas el partido enfatizaba sus relaciones orgánicas con movimientos y en los noventas creó formas para que dicha relación fuera compatible con el gobierno, se podría decir que en la primera década del siglo XXI el gobierno mismo sustituyó a todas las demás prioridades del PT. El hecho de que la administración nacional no adoptara los proyectos participatorios que eran sello del partido es resultado del juego político interno del PT y su coalición. En lugar de anclar su legitimidad en la participación amplia, como habían hecho las administraciones locales por una década y media y como lo requería la plataforma de gobierno del PT, una vez en el poder nacional, el PT se apoyó en alianzas con prácticamente todos los extremos del espectro político. Los gobernantes buscaban equilibrar intereses dentro de la administración, cediendo algunas veces a la presión de los movimientos sociales (como en la concesión parcial al MST), pero en general rehuían al diálogo con los movimientos o con el partido mismo.

Muchos observadores en Brasil han yuxtapuesto el "Lulismo" —el estilo carismático del liderazgo de Lula— con las prácticas llevadas a cabo en los inicios del pt. Tanto comentaristas políticos como activistas dentro del pt han comenzado a discutir sobre si el Lulismo ha vencido dichas prácticas. Como hemos argumentado, este tipo de liderazgo representa a lo viejo dentro de la política brasileña —a la continuidad de antiguos modelos de liderazgo en Brasil— pero ha resurgido paralelo a lo nuevo. El partido, con todas sus innovaciones de las últimas dos décadas, sigue existiendo y continúa gobernando transparentemente a nivel local a lo largo y ancho del país. La estructura y dirigencia del partido sigue estando entrelazada con las dirigencias de los movimientos sociales y los movimientos sociales siguen intentando ejercer presión sobre el gobierno, con diversos análisis que preguntan cuándo será posible tener una voz. En 2005, durante los escándalos de corrupción, más de 300 mil miembros del partido acudieron a votar en las elecciones internas directas, elecciones que resultaron en un giro interno de las políticas hacia la izquierda. La plataforma de "refundación socialista" no fue una victoria definitiva, pero las facciones izquierdistas dentro del pt ganaron poder y exigieron un cambio de rumbo y participación popular en la administración.

Para algunos, la segunda vuelta de la elección fue una oportunidad para dar un giro progresista al gobierno, particularmente en lo que respecta a la participación. La Coordinación Nacional de Movimientos Sociales, al respaldar la candidatura de Lula, envió al presidente un plan de 13 puntos. Además de exigir la reforma agraria, un aumento en la inversión educativa, una mejora en las prácticas ambientales y un cambio en la economía política del país, llamaba al fortalecimiento de la participación popular:

> Las consultas públicas deben ser estimuladas y apoyadas por políticas gubernamentales que aumenten la participación y la toma de decisiones por parte de la población sobre sus problemas. El poder político y social debe estar bajo el control permanente de la población y sus organizaciones sociales para poder ejercer mecanismos eficientes de intervención en las realidades locales y nacionales, teniendo como objetivo la calidad de vida y el bien común.[57]

En el momento en que escribimos esto, ninguna de las propuestas participativas parece estar siendo considerada seriamente por la presidencia. La composición del nuevo gabinete para el segundo mandato de Lula parece similar a la del primero —con poco énfasis en las plataformas sociales y fuerte énfasis en las mismas políticas económicas. Pero este segundo mandato será diferente. La clara base de apoyo entre los pobres, conjugada con la disminución en las coaliciones parlamentarias, podría significar un cambio de prioridades. El peso regional del norte y noreste durante el segundo mandato de Lula podría causar una auténtica reorganización dentro de un partido casi siempre dominado por líderes del estado de Sao Paulo. Un giro hacia el noreste que tomara en cuenta las antiguas disparidades regionales en el desarrollo humano, económico y social, significaría un nuevo conjunto de prioridades para el PT y para el gobierno nacional de Brasil, y podría posiblemente satisfacer los también antiguos deseos de igualdad y justicia social en el país. Pero significaría aún más. Los movimientos sociales en el norte y el noreste han operado por largo tiempo —a diferencia de en el sur y sureste— con distintos horizontes y posibilidades; ser "parte del gobierno" es relativamente nuevo en el léxico de los movimientos sociales de esa región, una situación básicamente poco común hasta las últimas dos elecciones municipales. Esto, por supuesto, quiere decir que las prácticas de los movimientos sociales estarán menos contaminadas por los malos hábitos de "ser gobierno", y son utilizadas más para prácticas de lucha en contra de las élites dominantes. Hoy en día, la dirigencia nacional del PT tiene muy pocos miembros del norte y noreste. Es crucial que el PT sea capaz de incorporar a estos nuevos actores a la estructura de su dirigencia para poder reorganizarse.

En abril de 2007 el partido sostendrá una asamblea crucial. Parte de la agenda será revisitar sus plataformas de alianzas amplias, con muchos expresando su decepción después de tres años de una administración de dos cabezas resultado de estas coaliciones. También en la agenda estarán las discusiones sobre propuestas participativas concretas y mecanismos transparentes para monitorear a los gobernantes electos. Finalmente, por supuesto, la presidencia se encuentra en una posición singular— teniendo amplio apoyo popular pero mucho menos apoyo entre los partidos del centro con quienes en otra circunstancia formarían coaliciones, además de estar encarando críticas muy severas de los movimientos sociales que lo ayudaron a reelegirse, dos veces, a nivel nacional.

Los activistas de los movimientos sociales dentro del PT también están en una posición curiosa: saben que es preferible un gobierno nacional del PT a uno de cualquier otro partido, pero su experiencia durante los últimos cuatro años ha sido de mucha decepción. Tal como los activistas dentro del PT tuvieron la imaginación para crear un partido que no dominara a los movimientos sociales, los activistas de movimientos sociales se enfrentan ahora al reto de imaginar un juego doble de apoyar a la administración frente a fuerzas más conservadoras mientras se oponen activamente a algunas de sus políticas, hasta que una voz real se abra en el gobierno nacional.

Nota de los editores

Muchas cosas han sucedido desde que Baiocchi y Checa terminaron de escribir este capítulo en 2007 para la versión en inglés de este texto. Valgan algunos comentarios a manera de *addendum* para comentar lo sucedido en Brasil en estos últimos tres años. De ninguna forma pretendemos "corregir" lo escrito por Baiocchi y Checa, pues creemos que el argumento central sigue siendo tan válido como cuando lo escribieron. Sin embargo, muchos de los acontecimientos que hemos observado durante el último par de años son, indudablemente, una consecuencia del esquema planteado por Baiocchi y Checa. Nos permitimos, pues, presentar un recuento de estos eventos con algunas anotaciones que pretenden dar al lector un panorama actualizado sobre el desempeño de Brasil y del PT hasta el momento en que este texto entró a imprenta.

En principio, queremos resaltar un hecho notable: a pesar de un entorno económico global adverso, la brasileña ha sido una de las economías menos afectadas por la recesión global. Fue una de las últimas grandes economías en el mundo en entrar en un periodo de contracción, que duró apenas dos trimestres, haciéndola también una de las primeras grandes economías en mostrar signos de recuperación hacia el final de 2009. Mucho de ello se atribuye a una demanda doméstica robusta, que implícitamente subraya la estrategia de Brasil de abrir nuevos mercados constantemente, sin permitir que demasiados productos del exterior entren al país a competir con la industria doméstica, al tiempo que ha negociado importantes inversiones del exterior. En otras palabras, si bien el exterior ha sido importante en la estrategia de crecimiento económico empleada por Brasil, no es el elemento dominante, y ello limita el impacto de la contracción de la demanda global. Al final, la mayoría de los indicadores económicos sugieren que esta estrategia ha sido la menos inadecuada en el entorno económico imperante, pero ha demostrado fehacientemente que Brasil cuenta con una de las economías más estables en la región. Todo ello, instrumentando —y manteniendo— una política económica que se inserta claramente en la escuela neoliberal, cimentada por la administración Cardoso que le precedió.

En términos económicos, sin embargo, es importante subrayar lo que a juicio nuestro es el mayor cambio cualitativo de la política instrumentada por Lula durante su mandato: ampliar y consolidar una clase media brasileña con poder adquisitivo real, y con un consumo vigoroso en el plano doméstico. En un fenómeno similar al que se observa en la India, la clase media brasileña comienza a consumir ahora bienes que antes eran inasequibles, como automóviles, casas, celulares o bienes suntuosos que eran exclusivos para las clases altas. Indudablemente, este cambio modifica radicalmente la dinámica de la economía de Brasil en los años por venir. El robustecimiento de la clase media ha sido también acompañado por la exitosa aplicación de programas sociales para el nivel de vida de la población más pobre en el país. *Bolsa Família* ha logrado reducir la pobreza, e inclusive, ha comenzado a reducir la desigualdad que no es un logro menor.

Debemos, sin embargo, contextualizar estos hechos: el crecimiento económico reciente en Brasil es principalmente resultado de dos factores de corto plazo. Por un lado, la demanda agregada ha sido sostenida por el vigoroso consumo interno resultado del crecimiento de la clase media. Por otro lado, el incremento en el precio de los *commodities* exportados por Brasil, particularmente durante los últimos cinco años, ha generado una fuente adicional de liquidez que ha alimentado también la demanda agregada.

Brasil se ha abierto, recientemente, a la inversión extranjera y ha buscado también generar un sistema de infraestructura más eficiente al pasarlo a manos del sector privado. Si bien el nivel de inversión ha aumentado en los últimos años hasta convertir a Brasil en el segundo destino de inversión extranjera directa entre los países en desarrollo, aún es muy bajo en comparación con otras economías de tamaño comparable. Por esta razón, es importante que Brasil se convierta en una economía más abierta, como lo son Chile y México en América Latina, por ejemplo. Una estrategia de crecimiento económico sustentada principalmente en el consumo doméstico puede generar un amplio crecimiento mientras la clase media se está ampliando y consuma los bienes que consumen las clases medias en otras latitudes que antes eran prohibitivos, pero también tiene costos en el crecimiento de mediano y largo plazo.

Si bien las barreras a las importaciones pueden resultar un elemento crucial para desvincular el crecimiento económico del ánimo de la economía mundial y destinar el gasto de gobierno principalmente a actividades que impulsan la demanda en el corto plazo —y a pagar deuda pública— pueden sustentar un crecimiento económico de corto plazo, claramente no constituyen motores viables de crecimiento en el mediano y largo plazo. El gasto en salud, educación e infraestructura, por señalar factores notorios que se sabe contribuyen a un crecimiento sostenido, ha sido muy bajo aún, por lo que la economía brasileña no cuenta aún con una combinación que le permita tener un crecimiento sostenido en el largo plazo.

Como señalaban Baiocchi y Checa, una de las diferencias más notorias del PT respecto de otros partidos en Brasil y en América Latina es la manera de hacer política. Conforme se acerca 2010, es inevitable que la sucesión presidencial sea un tema central en Brasil y en el PT, especialmente porque Lula es la figura más importante y carismática en el partido… y la constitución no permite que Lula sea presidente por tercera ocasión. A diferencia de otros líderes de izquierda en la región, Lula no ha intentado seriamente un proceso para eliminar esta restricción.

La sucesión presidencial de 2010 ya ha comenzado en Brasil. Si bien no hay candidatos perfectamente definidos al momento de escribir estas líneas, los que previsiblemente participarán en la elección —Dilma Rousseff por el PT, José Serra por el PSDB, Ciro Gomes por el PSB y Marina Silva por el PV— no son ideológicamente distantes de Lula. De hecho, Lula mismo ha declarado que todos los precandidatos son de izquierda. Es aún muy pronto para hablar de ganadores y analizar las dinámicas electorales pero, sin lugar a dudas, la afinidad ideológica con Lula de cualquiera de ellos que resulte ganador, muy probablemente garantiza la continuidad de los logros que Lula y el PT han tenido hasta el momento. Considerando lo anterior, tal vez el logro más importante de Lula en términos de las políticas instrumentadas será su continuidad.

En términos de política exterior, Lula ha continuado con la política de integración Sur-Sur y asumiendo liderazgo regional e internacional en temas de su interés. Brasil ha sido un actor influyente en el G-20 que busca destronar al G-8 como el foro económico global por excelencia, al tiempo que ha continuado las gestiones para fortalecer al IBSA con India y Sudáfrica. Sin embargo, a nivel regional, la propuesta de conformar la Unión de Naciones Suramericanas (UNASUR) ha tenido algunos tropiezos, como demuestra la división en su más reciente reunión, causada por el enfrentamiento entre Colombia y Venezuela por la renovación del acuerdo para permitir que Estados Unidos utilice bases militares en territorio colombiano.

En el capítulo más reciente, Brasil se vio inmiscuido —a pesar suyo, todo parece indicar— en la crisis política en Honduras que resultó de la deposición del presidente Zelaya a la mitad de 2008. Zelaya se refugió en la embajada brasileña a su regreso a Honduras. Itamaraty ha asegurado haber tenido conocimiento de la intención de Zelaya tan sólo unos minutos antes de su llegada a la embajada. Sea como fuere, este episodio ha obligado a Brasil a entrar en medio de la disputa entre el ALCA y el resto de América Latina que ha sido constante durante los últimos años sin mucho que ganar como resultado.

A pesar de lo anterior, Brasil tiene hoy una política exterior estructurada que muestra, en los hechos, sus prioridades. Durante estos últimos años, ha ampliado el número de embajadas en África a más de 30, acompañadas de misiones técnicas, exploración petrolera y construcción de infraestructura. Ha fortalecido sus relaciones económicas con socios en Asia, principalmente China, pero también con India. Igualmente, mantiene su cruzada para obtener una reforma del Consejo de Seguridad que le otorgue —junto con el G-4— un asiento permanente en el órgano. No es extraño, pues, que Lula tenga un lugar importante en la arena internacional y que sea un socio político y comercial cada vez más atractivo para el mundo en desarrollo e inclusive en áreas específicas —como biocombustibles— para el mundo desarrollado.

A casi ocho años de gobierno del PT en el nivel nacional, el juicio sobre el partido aún es mixto. Sin embargo, Lula concluirá su mandato presentando al electorado varios logros más que abonarán a su popularidad y a su legado: Brasil ganó la elección para ser sede de los Juegos Olímpicos de verano en 2016 derrotando a Chicago, Tokio y Madrid y, si bien Lula no ganó un Premio Nobel de la Paz durante su primer año de gobierno, podrá consolarse con haber logrado también que Brasil sea sede de la Copa del Mundo de la FIFA en 2014.

Capítulo 6
La exitosa izquierda chilena:
neoliberal y socialista
Patricio Navia

Los gobiernos socialistas de los presidentes Ricardo Lagos (2000-2006) y Michelle Bachelet (2006-2010) sobresalen como notables excepciones de éxito y apoyo popular entre las experiencias de América Latina. El caso chileno ha constituido una de las más exitosas adaptaciones socialdemócratas del neoliberalismo en América Latina. Como líder de uno de los países con mayor crecimiento económico en la región en los últimos 20 años, Ricardo Lagos combinó exitosamente durante su mandato de seis años una retórica y práctica socialdemócrata con una destacada disciplina fiscal. Luego de ser electa con una plataforma de continuidad en políticas económicas y de promoción de la democracia participativa (de abajo hacia arriba), Michelle Bachelet ha seguido adelante en el camino del neoliberalismo con rostro humano, concepto que se ha convertido en la marca registrada de la Concertación, la coalición de centro izquierda en el poder en Chile desde el fin de la dictadura de Pinochet en 1990. En este capítulo, analizo las experiencias de las administraciones de Lagos y Bachelet, destacando cómo los dos gobiernos combinaron políticas económicas amigables con el mercado con un efectivo énfasis en la inclusión económica y social. Demostraré cómo estas dos administraciones han ayudado a consolidar la democracia, pero también han encontrado la manera de profundizarla y hacerla más inclusiva. Después de discutir el contexto internacional en el que llegaron al poder —y destacando sus credenciales izquierdistas— analizo cómo cada uno de los dos líderes puso en práctica políticas que permitieran elevar el crecimiento económico, reducir la pobreza y combatir la desigualdad. Ya que su gobierno terminó con altos niveles de aprobación, Bachelet puede sentirse orgullosa de haber construido un legado de protección social —aunque sus esfuerzos a favor de una mayor democracia participativa hayan sido más bien infructuosos. A su vez, el gobierno de Lagos puso de manifiesto que los socialistas promercado pueden, de manera efectiva, combinar crecimiento económico con mayor inclusión social.

La izquierda chilena en el contexto de América Latina

Entre diciembre de 2005 y diciembre de 2006, once países de América Latina celebraron elecciones presidenciales. En total, el 80 por ciento de la población de la región concurrió a las urnas, alrededor de 250 millones de votantes. Además de Brasil y México, los dos países más poblados de la zona, Colombia, Perú, Venezuela, Chile, Bolivia, Ecuador, Haití, Costa Rica y Nicaragua, celebraron comicios presidenciales. Entre las naciones más pobladas, Argentina fue el único país sin hacerlo en 2006. Debido a que algunos países están en un ciclo de cuatro años y otros en un ciclo de cinco (y México en un ciclo de seis años), sólo cada 60 años podemos esperar una temporada electoral tan activa. Pero hace sesenta años, la totalidad de los países de la región, excepto tres, tenían democracias competitivas. Es más, es improbable que los próximos sesenta años transcurran tranquilamente sin alteraciones en el calendario electoral de cada país de América Latina.

A partir de esa experiencia hemisférica de múltiples elecciones, algunos señalaron la tensión entre una buena y mala izquierda política.[1] Otros pusieron de relieve la prevalencia del populismo[2] o destacaron las tensas relaciones entre Estados Unidos y América Latina como consecuencia de los ataques terroristas del 11 de septiembre de 2001.[3] También se ha subrayado cómo la incumbencia y la posibilidad de reelección presidencial inmediata, las disposiciones de balotaje y otras características institucionales afectaron los resultados.[4] A pesar de tener distintos enfoques y énfasis, la mayoría de los análisis coincidieron en que 2006 mostró signos positivos de fortalecimiento de la democracia, pero también advirtieron sobre la constante presencia de algunas amenazas a la estabilidad democrática.

Hasta hace poco, el camino hacia la consolidación democrática en América Latina parecía ser un hecho indiscutible. En años recientes, los informes anuales de Freedom House, sobre libertades civiles y políticas alrededor del mundo, confirman esa tendencia. Las gráficas 6.1 y 6.2 muestran el avance en los derechos civiles (Gráfica 6.1) y políticos (Gráfica 6.2) en América Latina desde 1972 (menor puntaje indica menos restricciones a los derechos). Las cifras muestran el nivel medio de libertades y derechos de veintiún países (los dieciocho más grandes del continente, más Cuba, Haití y República Dominicana) y los valores de Chile, para demostrar lo mucho que este país ha avanzado en términos relativos en el fortalecimiento de su democracia. A pesar de que constantemente tenía peores niveles de libertades civiles y políticas que el resto de la región durante los años setenta y ochenta, luego de su transición a la democracia en 1990, Chile ha estado sustancialmente mejor que el promedio de América Latina. Además, desde que el líder socialista Ricardo Lagos se convirtió en presidente en 2000, es el país más avanzado en la obtención de las libertades civiles y políticas a niveles óptimos, de acuerdo con Freedom House.

Así, si bien toda América Latina ha experimentado una renovación democrática en las últimas dos décadas, Chile se ha afianzado como un país en donde los valores relacionados con la consolidación democrática se han fortalecido y mantenido sólidos. Debido a que el proceso de consolidación democrática se ha producido bajo los gobiernos de la coalición de centroizquierda dirigida —desde 2000— por líderes socialistas, Chile merece atención especial como un exitoso caso de consolidación democrática.

GRÁFICA 6.1
LIBERTADES CIVILES ENTRE CHILE Y AMÉRICA LATINA
(FREEDOM HOUSE) 1997-2009

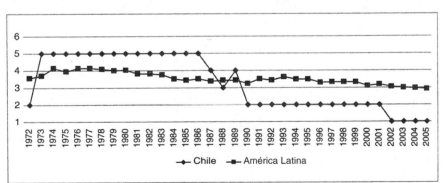

Fuente: Autor, con información de Freedom House, http://www.freedomhouse.org/

Gráfica 6.2
Derechos políticos en Chile y América Latina
(Freedom House) 1972-2009

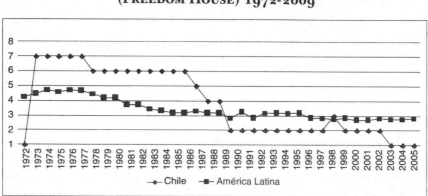

Fuente: Autor, con información de Freedom House, http://www.freedomhouse.org

El gobierno socialista de Ricardo Lagos (2000-2006)

Desde 1990, los chilenos han votado a favor de mantener la misma coalición multipartidista de centroizquierda en el poder. La Concertación de Partidos por la Democracia se formó en 1988 por demócratas cristianos, socialistas y otros partidos de centro e izquierda para oponerse a la dictadura militar de corte derechista liderada por el general Augusto Pinochet (1973-1990). Luego de que la entonces Concertación de Partidos por el No fue formada, Pinochet fue derrotado en un plebiscito en 1988. Las elecciones democráticas se celebraron un año después. Patricio Aylwin, del Partido Demócrata Cristiano (PDC), candidato presidencial de la Concertación, ganó fácilmente las elecciones.[5]

La Concertación también ganó las elecciones parlamentarias, celebradas simultáneamente con las presidenciales, pero las disposiciones constitucionales impuestas por la dictadura saliente dieron a las fuerzas leales a los militares, la coalición de derecha ahora llamada Alianza, el control mayoritario del senado. Así, la Concertación se vio obligada a negociar con los partidos conservadores todas las iniciativas legislativas y la mayoría de las políticas que intentó poner en práctica durante el primer gobierno democrático. Puesto que el general Pinochet consiguió permanecer a cargo del Ejército, y por el legado de una serie de cuestiones apremiantes, a saber, violaciones a los derechos humanos, pobreza generalizada y creciente desigualdad —sumado a las restricciones constitucionales— la transición a la democracia se hizo difícil. Afortunadamente, los partidos de izquierda mostraron una especial moderación en impulsar sus demandas sociales y políticas. Su apoyo al candidato del PDC, en lugar de tratar de imponer uno propio, junto con la decisión del PDC de consolidar la alianza electoral con los partidos de izquierda, facilitaron la transición y la consolidación democrática.[6]

El primer gobierno de la Concertación (1990-1994) lideró una época de notable crecimiento económico, reducción significativa de la inflación, del desempleo y —quizás lo más importante para los partidos de izquierda— de la pobreza. La Concertación demostró que podía gestionar la economía mucho mejor que la dictadura saliente. La Concertación también promovió la consolidación democrática, y redujo la influencia y el alcance del marco de democracia protegida que fue dejado por las disposiciones de amarre de la Constitución de 1980 y otras leyes aprobadas por los militares antes de dejar el cargo.[7] Como el gobierno de Aylwin se acercaba a su fin, los dos principales partidos de izquierda, el Partido Socialista (PS) y Partido por la Democracia (PPD), intentaron aumentar su influencia al nominar al líder socialista y fundador del PPD, Ricardo Lagos, como su candidato presidencial. Lagos desafió al candidato del PDC, Eduardo Frei, por el nombramiento presidencial de la Concertación en 1993.[8]

Aunque inicialmente estaba formada por 17 partidos de centro e izquierda, en 1993 la Concertación ya sólo se componía de cuatro partidos, que sobrevivieron a la unión y fusión de partidos que tuvo lugar durante la transición a la democracia. El PDC seguía siendo el único partido de centro en la coalición. Los otros miembros fueron los partidos de izquierda PS, PPD y PRSD (Partido Radical Social Demócrata). El PPD se fundó en 1987, cuando el PS estaba proscrito por la Constitución de 1980. Creado como un partido instrumental, el PPD adquirió vida propia a medida que muchos votantes de tendencia izquierdista mostraron aprehensión en apoyar al PS.[9] El PS había sido objeto de una renovación ideológica profunda en la década de 1980, pero seguía siendo el hogar de muchos marxistas. A pesar de que había diferencias significativas, el PS y PPD estuvieron de acuerdo en sus principios izquierdistas y apoyaron la candidatura del fundador del PPD y militante del PS, Ricardo Lagos, en 1993.

Lagos había surgido como el líder natural de ambos partidos durante la campaña contra Pinochet en el plebiscito de 1988. Junto con el líder del PDC, Patricio Aylwin, Lagos fue el líder más visible de la Concertación. Después de haber retirado su candidatura presidencial en favor de Aylwin, Lagos sufrió una inesperada derrota por el Senado en las elecciones de 1989. Luego de ser nombrado Ministro de Educación por Aylwin, Lagos encabezó una agresiva reforma dirigida a aumentar el gasto público en educación, regulando el crecimiento del sector privado en la educación primaria, secundaria y superior y, lo más importante para los partidos de izquierda, aumentando significativamente el financiamiento gubernamental para la educación de los pobres y marginados. Lagos consolidó su posición como líder del PS y PPD, aunque ambos partidos desarrollaron y fortalecieron identidades autónomas durante el gobierno de Aylwin.

En 1993, Lagos buscó la candidatura presidencial de la Concertación. Sin embargo, la fortaleza electoral del PDC y la abrumadora popularidad del candidato Eduardo Frei (hijo del presidente homónimo y electo senador por Santiago en 1989), se interpusieron en el camino de Lagos. No obstante, Lagos presionó a la Concertación para realizar elecciones primarias para elegir al candidato. En mayo de 1993 se celebraron primarias semiabiertas. Los militantes de los partidos tenían derecho a voto de manera automática y los simpatizantes de la Concertación debían registrarse especialmente, permitiendo así, una competencia democrática abierta entre el PDC y los partidos de centro izquierda en la Concertación. Como se esperaba, Frei ganó fácilmente la candidatura presidencial, pero los partidos izquierdistas de la Concertación fueron fortalecidos, por el hecho de que los votantes, en vez de los líderes partidistas, eligieron al candidato de la coalición.

Durante el económicamente exitoso, pero políticamente débil, gobierno de Frei (1994-2000), los partidos de izquierda fortalecieron su posición al interior de la Concertación. Mientras la coalición de centroizquierda mantenía su predominio electoral, los partidos de izquierda conseguían una mayor proporción de los votos de la Concertación. Como Ministro de Obras Públicas, Lagos utilizó magistralmente el cargo como una eficaz plataforma de lanzamiento para una nueva candidatura presidencial. Además de promover un agresivo programa de obras públicas, Lagos introdujo al sector privado en el desarrollo de infraestructura, anteriormente financiado sólo por el Estado. A través de un modelo de construcción-operación-transferencia (COT), el líder socialista atrajo miles de millones de dólares en fondos privados de inversión para construir nuevas carreteras y otros proyectos de infraestructura. Las empresas privadas construyeron carreteras y otros proyectos y recaudaron de los usuarios los cobros fijados por el gobierno. Así, proyectos públicos fueron construidos con fondos privados y pagados con el cobro los usuarios. Y el gobierno pudo destinar sus escasos recursos a desarrollar la infraestructura en las zonas en donde a los inversionistas privados no les resultaba rentable. De este modo, no sólo se desarrollaba más infraestructura, sino que también el gobierno destinaba sus fondos a las zonas más necesitadas, promoviendo así un gasto gubernamental que pudiera reducir la desigualdad existente.[10]

Paralelamente a su labor como Ministro de Obras Públicas (1994-1998), Lagos conformó también una plataforma presidencial que posibilitara que la izquierda tomara el control de la Concertación, sustituyendo así al centrista PDC. La Fundación Chile 21, un *think-tank* de izquierda, permitió la existencia de un espacio donde las nuevas ideas y políticas pudieran ser discutidas en un entorno relacionado con el PS y el PPD, pero independiente de éstos. Debido a que se asoció más con las ambiciones presidenciales de Lagos que con los partidos de izquierda, en Chile 21 podían participar libremente las personas de ambos partidos de izquierda sin menoscabar a sus partidos y sin involucrarse en las disputas internas de la coalición.

A mediados de 1998, Lagos renunció a su puesto en el gabinete para buscar una nueva candidatura presidencial. Tal como sucedió en 1993, los partidos de la Concertación acordaron celebrar primarias presidenciales. Sin embargo, esta vez, las primarias permitieron participar a todos los chilenos con derecho a voto, excepto a los que eran militantes de partidos fuera de la Concertación. Las expectativas eran que más personas pudieran participar en las primarias de 1999 que en 1993. Así, las preferencias reportadas en los votos, se verían más fácilmente reflejadas en los resultados. Los índices de popularidad de Lagos se habían fortalecido como resultado de su celebrada actuación como Ministro de Obras Públicas.

A pesar de la abrumadora popularidad de Lagos, el PDC decidió presentar su propio candidato a las primarias de 1999. El senador Andrés Zaldívar —que por cierto había derrotado a Lagos por estrecho margen en 1989 en una carrera electoral al Senado— fue nombrado el candidato del PDC. Se enfrentó a Lagos en las primarias del 23 de mayo de 1999. Lagos ganó con un 71.4 por ciento, contra un 28.6 por ciento, con casi 1.4 millones de militantes y simpatizantes de la Concertación votando (alrededor del 18 por ciento de los votantes registrados de la población nacional). Su impresionante triunfo provocó que muchos creyeran, equivocadamente, que el candidato socialista obtendría una victoria fácilmente en las elecciones presidenciales de diciembre de 1999.

En octubre de 1998, durante un viaje privado a Inglaterra, el ex dictador Augusto Pinochet fue sorpresivamente detenido por las autoridades británicas, luego de que un juez español emitiera una orden internacional de detención por cargos de crímenes de lesa humanidad. Pinochet, que había dejado el poder en 1990, permaneció como jefe del Ejército hasta marzo de 1998 cuando asumió un puesto vitalicio en el Senado, de acuerdo a una disposición establecida en la Constitución de 1980. A pesar de los alegatos de inmunidad diplomática por ser senador y ex presidente, el gobierno británico negó la solicitud para la liberación de Pinochet. Inevitablemente, la elección presidencial estuvo marcada por las implicaciones políticas del arresto de Pinochet. Inesperadamente, el candidato conservador que disputaba con Lagos la presidencia, se benefició de manera indirecta de la detención de Pinochet. Joaquín Lavín, militante del partido conservador UDI, era un firme partidario de la dictadura en la década de 1980, pero se había reinventado como un conservador moderado después del retorno de la democracia. Fue un alcalde exitoso del municipio más acaudalado desde 1992. Su partido político, la Unión Demócrata Independiente (UDI), era la fuerza conservadora más importante en la coalición multipartidista de derecha, la Alianza. Sin embargo, después de la detención de Pinochet, Lavín se distanció con éxito del impopular legado de la dictadura. Debido a que Lagos era el candidato presidencial de la Concertación y, a diferencia de elecciones anteriores, ningún candidato del PDC estaba en el campo de juego, la conquista de los votantes moderados demostró ser un asunto bastante más complicado de lo que muchos en el bando de Lagos habían previsto inicialmente. Lavín logró posicionarse como un moderado y capturó un mayor apoyo de los votantes moderados que los anteriores candidatos presidenciales de la derecha.

En 1999, Chile vivió su primera recesión económica luego de 15 años de crecimiento económico continuo. Como resultado, la elección presidencial de 1999 fue la más reñida desde la transición a la democracia. De hecho, Lagos, el favorito para ganar las elecciones, fue sorpresivamente forzado a una segunda vuelta por Lavín. Esta última resultó ser una dura campaña, con una estrategia inteligentemente diseñada, que se aprovechó del descontento producido por la recesión de 1999. Lagos apenas superó a Lavín, por un margen de 48.0 a 47.5 por ciento en la primera vuelta. En segunda vuelta, Lagos ganó con un 51.3 por ciento de la votación. Lagos asumió el mandato como el primer presidente postautoritario en ganar en una segunda vuelta electoral.

Las dificultades electorales de Lagos tuvieron mucho que ver con los problemas económicos. El candidato de la Concertación pagó los costos del descontento popular. En septiembre de 1999, el 58 por ciento de los chilenos creía que el país se encaminaba en la dirección equivocada, según una encuesta del respetado Centro de Estudios Públicos. Adicionalmente, Lagos fue también el primer candidato de la Concertación que no era miembro del centrista PDC. Como el primer candidato presidencial de izquierda desde que Salvador Allende ganó la controvertida elección de 1970, Lagos tuvo un difícil reto. Muchos observadores predijeron que los simpatizantes moderados de la Concertación tendrían dificultades para apoyar a un candidato izquierdista. Pese a que los moderados apoyaron firmemente a Aylwin y Frei, la presencia de un candidato presidencial de izquierda facilitó a Lavín atraer a los votantes moderados, alejándolos de la Concertación.

Después de la difícil campaña, el socialista Ricardo Lagos, asumió el mandato durante un momento económico y político muy complejo en marzo de 2000. A diferencia de los ex presidentes Aylwin y Frei, quienes comenzaron sus periodos en buen pie económico y con una mayoría de la gente sintiendo que el país iba en la dirección correcta, Lagos comenzó su periodo con el país saliendo lentamente de una recesión (ver Tabla 1). Para coronar, Lagos asumió tan sólo una semana después de que el ex dictador Pinochet fuera enviado de vuelta a Chile, por razones humanitarias, desde su arresto domiciliario en Londres. El gobierno del presidente Frei había presionado activamente a las autoridades británicas para liberar a Pinochet con la promesa de juzgarlo en Chile. Los crímenes cometidos en Chile deben ser juzgados en Chile, argumentaba el gobierno de Frei. Entre los desafíos inmediatos de Lagos, junto con promover la recuperación económica, estaba la polarizadora situación de Pinochet y el complejo legado de violaciones de derechos humanos, que era uno de los más difíciles de enfrentar.

Aunque Lagos (nacido en 1939) no ocupó puestos políticos antes de la dictadura de Pinochet, sí apoyó el gobierno de Allende (1970-1973). Luego de graduarse como licenciado en Derecho en la Universidad de Chile (1962), Lagos obtuvo un doctorado en Economía de la Universidad de Duke. De vuelta en Chile, Lagos se unió a la Facultad de Economía de la Universidad de Chile. Fue elegido Secretario General de la Universidad de Chile en 1969, a los 31 años. Aunque era un académico, el puesto de Secretario General era un cargo político elegido democráticamente por los miembros del profesorado, estudiantes y el personal. Lagos había sido el candidato de los partidos izquierdistas, aunque se presentó formalmente como independiente. En 1972, el Presidente Allende designó a Lagos como embajador ante la Unión Soviética, cargo al que no logró ser ratificado por el Senado. Lagos era profesor de la Universidad de Chile al momento del golpe militar de 1973. Después de un período de trabajo en Argentina para diferentes organismos de las Naciones Unidas, Lagos volvió a Chile a seguir trabajando para un programa de investigación regional de empleos de las Naciones Unidas, el PREAL.

Una vez en Chile, y habiéndose unido formalmente a una de las facciones del Partido Socialista que existía durante la dictadura, Lagos se convirtió en un líder opositor a la dictadura de Pinochet. Debido a su afiliación con una organización internacional y porque no se vio empañado por las disputas políticas entre los detractores de Pinochet que se habían opuesto o apoyado al gobierno de Allende, Lagos se convirtió en un líder socialista que pudo fácilmente ganar la confianza de los dirigentes del PDC. Debido a que el PDC se había opuesto enérgicamente al gobierno de Allende, era difícil para ese partido y para los dirigentes socialistas formar una coalición unificada para oponerse a la dictadura. Lagos surgió así como un líder confiable para los socialistas y aceptable para el PDC, un partido que rechazaba la concepción marxista de la mayoría de los socialistas. En la década de los ochenta, cuando las protestas contra la dictadura de Pinochet aumentaban, Lagos se consolidó como uno de los dirigentes socialistas moderados más reconocidos. Ya en 1998, cuando los chilenos se disponían a votar en el plebiscito para decidir sobre el futuro del régimen militar, Lagos ya era la figura más reconocida y popular de entre los dirigentes socialistas.

La combinación de momentos económicos difíciles y el desplazamiento a la izquierda en la militancia del candidato de la Concertación se conformaron para hacer de las presidenciales de 1999 un reto difícil para la coalición de gobierno de centroizquierda. A pesar de haber sido forzado a una segunda vuelta, Lagos igual se convirtió en el tercer presidente consecutivo de la Concertación.[11] Quizás lo más importante, simbólicamente hablando, es que fue el primer socialista en convertirse en presidente desde Salvador Allende. El desafío de Lagos como presidente fue, por lo tanto, doble. Aunque debía ayudar a sacar al país de la recesión económica, también necesitaba conducir un gobierno exitoso, que descartara el argumento de que los socialistas chilenos no podían gobernar de manera eficaz.[12]

El mandato de Lagos se vio afectado negativamente por las dificultades económicas y los sorpresivos escándalos de corrupción que involucraban a funcionarios de gobierno y legisladores de la Concertación.[13] Sin embargo, su mandato también fue marcado positivamente por varias iniciativas legislativas exitosas, por una serie de políticas públicas y, quizá más notablemente, por la firma de los tan esperados acuerdos de libre comercio con Estados Unidos y la Unión Europea. Una reforma integral del sistema de salud (que fue eventualmente reducida para asegurar la aprobación legislativa en el Senado controlado por la derecha), una profunda reforma sindical (que incorporó la adopción de un régimen de seguro de desempleo), una iniciativa de modernización del Estado (que incluía la creación de una carrera de servicio civil independiente de los cambios en el gobierno), la reforma de financiamiento de campañas (que introdujo el financiamiento público de los partidos políticos), y una serie de iniciativas de modernización económica, convirtieron al mandato de Lagos en un éxito en cuanto a iniciativas legislativas y reformas de políticas.

La elección directa de alcaldes a partir de 2004 y un amplio conjunto de reformas constitucionales, que eliminaron la mayoría de los enclaves autoritarios de la Constitución de 1980, también se encontraron entre los éxitos más notables de su mandato. Un programa destinado a mejorar la lucha contra la pobreza a través de la focalización de los recursos del gobierno para los más necesitados, denominado Chile Solidario, también contribuyó a mitigar aún más la pobreza. Además de los mencionados acuerdos de libre comercio, una serie de otras medidas para promover las exportaciones y eliminar las barreras a las importaciones ha ayudado a la economía chilena a ser más competitiva. Por último, el fuerte compromiso de

Chile con la promoción de la democracia y de respeto al derecho internacional (que incluyó la oposición de Lagos en el Consejo de Seguridad de las Naciones Unidas a autorizar la solicitud de Estados Unidos de utilizar la fuerza para derrocar a Saddam Hussein del poder en Irak), también dio a Lagos una merecida reputación como un líder independiente y de orientación democrática, tal vez entre las más admiradas hoy en América Latina.[14]

Como puede deducirse de la Tabla 1, la economía chilena se desempeñó notablemente mejor que la de América Latina durante la administración Lagos. Mientras que la desaceleración económica de 1999 afectó a Chile más fuertemente que al resto de América Latina, la economía nacional superó a la región en el primer año de la administración Lagos. Mientras que América Latina creció a una tasa del 4.0 por ciento, la economía de Chile creció a un saludable 4.5 por ciento en 2000. En 2001 y 2002, cuando América Latina se estancó, Chile creció un modesto 3.4 por ciento y 2.2 por ciento respectivamente. Por último, mientras las economías latinoamericanas comenzaron a recuperarse en 2003, Chile se recuperó con más fuerza con una tasa de 3.9 por ciento. En 2004, mientras América Latina experimentaba su mejor año en casi una década, la economía de Chile se expandió un saludable 6.0 por ciento. En 2005, Chile también superó a América Latina, con un crecimiento del 5.6 por ciento, superior a la media de la región de un 4.9 por ciento.

Sin embargo, la economía de Chile no estuvo exenta de problemas durante la administración de Lagos. El desempleo se mantuvo alto después de 1999. Aunque la economía se expandió a niveles aceptables, los índices de desempleo se mantuvieron prácticamente igual de altos en Chile que en el resto de América Latina. Por otra parte, la inflación se mantuvo bajo control. En 2003, el país experimentó la inflación más baja registrada en su historia. Y en 2004, la tasa de inflación se mantuvo considerablemente baja considerando el resurgimiento de la actividad económica observada en el país.

En comparación con América Latina en su conjunto, el desempeño económico de Chile durante el gobierno de Lagos fue a todas luces un éxito. El país resultó más favorecido que América Latina. Aunque parece que hay una convergencia de los niveles regionales hacia una menor inflación en los últimos años, Chile ha seguido manteniendo tasas de inflación particularmente bajas. Debido a que la inflación generalmente se convierte en un factor de riesgo cuando los países salen de largos periodos de estancamiento económico, la preocupación por las presiones inflacionarias en América Latina, sin duda alguna, surgirá mientras la economía regional comience a mostrar signos de recuperación. La preocupación por la inflación en Chile, sin embargo, sigue siendo casi inexistente.

La opinión pública chilena aparentemente está de acuerdo con esta evaluación. Mientras que el 63 por ciento de los consultados por la altamente respetada encuesta CEP en 1999 creía que el país estaba siendo dirigido en la dirección incorrecta, ese número bajó a casi un 30 por ciento a finales de 2004. Del mismo modo, aquellos que creían que el país estaba progresando aumentaron, de un bajo 22 por ciento a mediados de 1999, a 58.6 por ciento a finales de 2004. Los índices de aprobación del presidente Lagos también reflejaron el sentimiento de optimismo entre los chilenos. Mientras que durante su primer mes en el cargo disfrutaba de un 43 por ciento de aprobación, a mediados de 2005 (antes de que la campaña presidencial comenzara) los índices de aprobación de Lagos estaban en un 60 por ciento. Lagos fue el primer presidente desde la transición a la democracia en experimentar un mayor nivel de aprobación durante la segunda mitad de su gobierno que durante su periodo de "luna de miel". Como se muestra en la Gráfica 6.3, los índices de aprobación de Lagos durante su quinto y sexto año en el cargo fueron notoriamente superiores a los del presidente Frei, a pesar de que éste disfrutó en promedio de mejores años en términos de expansión económica que Lagos.

Si bien los índices de aprobación del presidente Frei disminuyeron sistemáticamente a medida que avanzaba su periodo, los índices de aprobación de Lagos declinaron después de la típica "luna de miel" inicial pero luego volvieron a subir a partir de 2003. A diferencia de sus predecesores, Lagos terminó su mandato con un índice de aprobación superior al que disfrutaba cuando comenzó. Aylwin, el primer presidente elegido democráticamente después de Pinochet, probablemente pasará a la historia como el artífice de la transición imperfecta y, sin embargo, exitosa, hacia la democracia. Frei, quien dirigió la nación a través de un impresionante y sostenido periodo de crecimiento económico, será recordado —como inicialmente esperaba— por sus esfuerzos de modernización, en lugar de sus iniciativas de consolidación democrática. Sin embargo, Ricardo Lagos combinó exitosamente los logros en estos dos campos. Las reformas constitucionales que impulsó, pusieron fin a la mayoría de los enclaves autoritarios que permanecían vigentes, Lagos se convirtió así, en el presidente que completó el tan esperado fin de la transición, alejándose de la constitución autoritaria. El impresionante conjunto de medidas modernizadoras, que incluyó desarrollo de infraestructura, esfuerzos de modernización del Estado, iniciativas de transparencia y las reformas de la salud y la educación, pusieron a Lagos en el mismo nivel que su antecesor, Eduardo Frei.

Sin embargo, el legado de Lagos parece ir más allá que el de sus predecesores. Porque es el primer socialista en ocupar el palacio presidencial desde Allende, el éxito político y electoral de Lagos como presidente, finalmente despejó todas las dudas acerca de la capacidad de los gobiernos de izquierda para ser exitosos. Después de Lagos, ningún candidato presidencial izquierdista tiene que enfrentarse a las dudas sobre la capacidad de la izquierda para gobernar con éxito. En ese sentido, el éxito de Lagos es impresionante debido a los resultados reales, pero también porque pone fin a un debate existente en Chile sobre la capacidad de la izquierda para gobernar.

Al observar los indicadores de desempeño económico y al analizar las encuestas de opinión pública, el mandato del presidente Lagos sólo puede ser descrito como exitoso. Los chilenos parecen estar de acuerdo. Además de darle una buena nota en las encuestas, la Concertación ganó todas las elecciones celebradas durante su mandato. Sin embargo, las elecciones municipales de 2000 dejaron un sabor amargo en la Concertación, ya que sus conflictos internos impidieron que la coalición transformara su mayoría electoral en un categórico control mayoritario de los gobiernos municipales. Del mismo modo, las elecciones parlamentarias de 2001 constituyeron sólo una victoria parcial para la Concertación. A pesar de que la coalición resultó ganadora, perdió escaños en la Cámara de Diputados. No obstante, en 2004, y en parte gracias a la popularidad del presidente Lagos, la Concertación obtuvo una impresionante victoria en las elecciones municipales. Aunque la coalición de gobierno logró menos de la mayoría electoral, amplió su ventaja sobre la Alianza, la coalición conservadora. Por último, los resultados de 2005 constituyeron un categórico respaldo popular al presidente Ricardo Lagos. La victoria de la Concertación significaba que era la primera vez que una coalición de centroizquierda ganaba cuatro elecciones presidenciales consecutivas en América Latina. De hecho, el único partido que ha ganado cuatro elecciones presidenciales consecutivas en la región en las últimas décadas es el partido de derecha ARENA, en El Salvador. No obstante, el mandato de la Concertación, independientemente de los resultados de la presidencial de 2009, habrá sido el período más largo de un partido o coalición elegido democráticamente en la historia de la democracia de América Latina (más allá de cuestionamientos o calificaciones especiales). El hecho que esa estabilidad, basada en el éxito de las políticas económicas y la mejora generalizada en la calidad de vida, se haya producido en un país dirigido por una coalición formada por socialistas y, más recientemente, dirigido por un presidente socialista, sin duda, es digno de alabanza y admiración.

Cuando el presidente Lagos dejó el cargo en medio de ovaciones, traspasando el poder a la primera mujer presidente en la historia del país, él también estaba entrando en la historia como uno de los presidentes de mayor éxito en la América Latina del siglo XX. El hecho de que era un líder de izquierda, el primer socialista desde Allende, hizo su éxito más relevante y significativo no sólo para Chile, sino también para la izquierda latinoamericana. Si Salvador Allende sigue siendo una inspiración para muchos, Lagos mostró un modo menos heroico pero más eficaz de pasar a la historia y acercar al país a los ideales de justicia e igualdad social que han inspirado a la izquierda socialista en Chile.

Aunque el Partido Socialista de Chile ha promovido y defendido políticas económicas que podrían ser fácilmente asociadas a los partidos conservadores moderados de otros lugares de América Latina, sería injusto definir al PS en Chile como un partido no socialista. Aún más, sería injusto etiquetar al gobierno de Lagos como no socialista. Muchos han puesto la atención, aunque críticamente, en las políticas neoliberales de Lagos.[15] Pero Lagos y el PS se definen como izquierdistas. Además, otros partidos de Chile los perciben como izquierdistas (a pesar de que el Partido Comunista diría que Lagos está más a la derecha que ellos). Los analistas y académicos también definen a Lagos como un líder de izquierda.[16] Es más, otros partidos de izquierda en América Latina reconocen a los socialistas chilenos como sus compañeros ideológicos.

Es cierto, "izquierda" es un concepto controvertido. Significa cosas diferentes para personas diferentes. Pero, precisamente, porque es controvertido, debemos mantenernos alejados de los intentos de definir qué es "izquierda" primero y, a continuación, clasificar los regímenes en consecuencia. En cambio, es mejor, y metodológicamente más adecuado, aceptar autodefiniciones y definiciones asignadas por otros actores políticos en cada país. Así, una vez que el mapa de los partidos de izquierda está construido, podemos analizar las características de la izquierda y encontrar puntos en común o resaltar las diferencias. Por ahora, socialistas y partidos de izquierda abogan, defienden y promueven las ideas y los ideales de justicia social e igualdad, incluso si se utilizan algunas herramientas que son más a menudo asociadas a los conservadores moderados. Usando esta definición, se puede catalogar correctamente los socialistas chilenos como de izquierda. Y, aunque el Partido Socialista de Chile ha promovido y defendido políticas económicas que pueden ser fácilmente asociadas a los partidos conservadores moderados de otros lugares de América Latina, sería injusto definir al PS chileno como un partido no socialista. Debido a que otros partidos de izquierda en América Latina reconocen a los socialistas chilenos como sus socios ideológicos, y porque los partidos socialistas defienden y promueven las ideas y los ideales históricamente asociados con la izquierda —incluso si utilizan algunas herramientas que son a menudo asociadas con los conservadores moderados— es correcto definir a los socialistas chilenos como de izquierda. Y su líder más importante desde los noventa puede ser debidamente considerado como el artífice de un gobierno de izquierda sumamente exitoso.

Tabla 1
Indicadores económicos selectos de Chile y América Latina, 2000-2004

Indicador	1998	1999	2000	2001	2002	2003	2004	2005	2006	2007	2008
Crecimiento PIB Chile	3.3	-0.5	4.5	3.4	2.2	3.9	6.0	5.6	4.6	4.7	3.2
Crecimiento PIB 21 países América Latina*	2.3	0.5	4.0	0.4	-0.4	2.2	6.1	4.9	5.8	5.8	4.2
Desempleo Chile	6.4	9.8	9.7	9.9	9.8	9.5	10.0	9.2	7.7	7.1	7.8
Desempleo América Latina	10.0	10.7	10.4	10.2	11.0	11.0	10.3	9.1	8.6	7.9	7.4
Inflación Chile	4.7	2.3	4.5	2.6	2.8	1.1	2.4	3.7	2.1	2.6	7.8
Inflación América Latina	10.0	9.7	9.0	6.1	12.2	8.5	7.4	6.1	5.0	6.4	8.4

Fuente: (CEPAL 2006, 2009).
* 18 países más poblados de América Latina continental, más Cuba, Haití y la República Dominicana.

Gráfica 6.3
Aprobación presidencial en Chile, 1990-2005

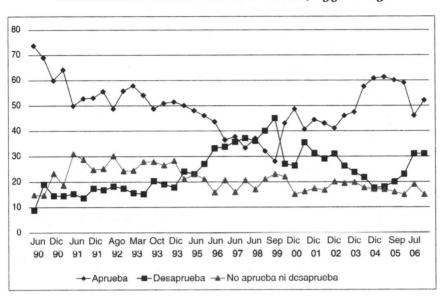

El gobierno de Bachelet

Aunque la victoria presidencial de Michelle Bachelet, comprensiblemente, hizo noticia alrededor del mundo al ser la primera mujer presidenta de Chile (y la primera mujer que no era viuda o hija de un líder político importante en ser elegida en América Latina), el hecho de que fue elegida como candidata de la coalición gobernante con más años en el poder en la historia del país, arroja nuevas luces sobre los acontecimientos políticos recientes en la economía más exitosa en América Latina. Debido a que Bachelet (nacida en 1951) combinó con éxito un mensaje de cambio (basado principalmente, aunque no de manera exclusiva, en ser mujer) con un mensaje de continuidad, fue capaz de ganar la segunda vuelta electoral el 15 de enero de 2006, derrotando a un candidato moderado de centroderecha. Sin embargo, sin tener la idea de "cambio" como un componente central de su campaña, la continuidad que representaba no habría sido suficiente para la victoria. Del mismo modo, si no hubiese sido la candidata de la popular Concertación, el hecho de que era mujer no habría sido suficiente para conseguir la presidencia.

Por cierto, si bien Bachelet es una militante de toda la vida del Partido Socialista, su elección no debe ser incluida erróneamente como otro caso de la oleada de victorias izquierdistas en América Latina. Por sobre todo, Bachelet pertenece a la coalición de centro-izquierda que ha gobernado Chile desde el fin de la dictadura de Pinochet, la Concertación. Como el cuarto presidente consecutivo de la Concertación, Bachelet representa mucho más la continuidad que el cambio en términos de políticas sociales, económicas y de relaciones internacionales. Porque prometió mantener las políticas económicas que hicieron de Chile la economía más exitosa de América Latina, su elección fue tanto una aprobación del modelo de desarrollo económico y político aplicado por la Concertación como una demanda por cambios a favor de la promesa de Bachelet de una democracia más participativa.

El primer presidente de la Concertación, el PDC Patricio Aylwin (1990-1994) habló de una "economía social de mercado" y prometió dotar con un rostro humano al neoliberalismo. Es cierto que la pobreza se redujo drásticamente, del 40 al 20 por ciento y la economía se logró más que duplicar en diez años. Sin embargo, las políticas adoptadas por Aylwin y su sucesor, el PDC Eduardo Frei, estuvieron en completa sintonía con las promovidas por el Consenso de Washington y las instituciones crediticias internacionales. Ricardo Lagos, el tercer presidente consecutivo de la Concertación, y socialista, profundizó aún más el neoliberalismo. Además de firmar acuerdos de libre comercio con Estados Unidos, y la Unión Europea, Lagos adoptó una política fiscal bastante conservadora, de un superávit fiscal estructural del 1 por ciento del PIB en el presupuesto nacional. Incluso en 2005, año de elecciones, y a pesar de los altos precios del cobre (principal producto de exportación de Chile), el gobierno de Lagos mostró notable moderación del gasto fiscal. La ausencia de gastos desmesurados no significó falta de atención a los programas sociales. Programas ambiciosos y bien diseñados para promover el acceso a la salud, la educación, y los progresos en infraestructura, transformaron radicalmente Chile bajo el gobierno de Lagos, quien dejó su cargo con índices de aprobación de más del 60 por ciento.

Porque era la candidata de la coalición ya gobernante, la victoria de Bachelet no debe ser vista como evidencia del giro hacia la izquierda del electorado de América Latina. Su ascenso al poder está estrechamente asociado con el gobierno de Lagos. Inicialmente designada Ministra de Salud en 2000, Bachelet fue una de las cinco mujeres en ser nombrada en el primer gabinete de Lagos. Primero recibió amplia atención de la prensa cuando, a menos de una semana de asumido su mandato, el presidente Lagos le dio un plazo de 90 días para poner fin a las filas de espera en los hospitales y centros médicos públicos. Debido a que la reforma de la salud había sido un componente importante de su campaña presidencial, Lagos decidió anunciar soluciones radicales e inmediatas para un problema profundamente difícil. Tal vez porque se le dio una tarea imposible de cumplir —y presentó oportunamente su renuncia al final de ese período de 90 días— su popularidad creció rápidamente. A pesar de que sus logros como Ministra de Salud han sido ampliamente cuestionados por la oposición conservadora, durante los casi dos años que se desempeñó en esa posición, Bachelet se convirtió en una de las ministras más populares en el gabinete de Lagos.[17]

En enero de 2002 —luego de las elecciones parlamentarias de mitad de período, en donde la coalición gobernante perdió votos y escaños— el presidente Lagos designó a Bachelet como Ministra de Defensa. Aunque se formó como pediatra, su interés personal la llevó a desarrollar una carrera paralela como experta en defensa. Como hija de un general de la Fuerza Aérea, simpatizante del socialismo, que trabajó junto a Salvador Allende, Bachelet fue detenida y torturada tras el golpe militar de 1973. Su padre murió cuando estaba detenido por los militares y su madre también fue arrestada y torturada. Después de la muerte de su padre, Bachelet y su madre se marcharon al exilio, primero a Australia y luego a Alemania Oriental (RDA). Se casó con un compañero de exilio chileno y volvió al país a principios de los ochenta, en donde completó sus estudios de medicina. Cuando Pinochet dejó el poder en 1990, Bachelet era una activa militante socialista. Sus intereses en asuntos de defensa la llevaron a tomar clases en academias militares, incluyendo la estancia de un año en el Inter American Defense College en Washington DC, y a obtener una maestría en ciencias militares en Chile. Por lo tanto, su nombramiento como Ministra de Defensa no fue accidental.[18]

Sin embargo, como la primera mujer en ser nombrada para ese cargo, su nombramiento acaparó mucha atención. Como primera socialista en servir como ministra de Defensa desde el golpe militar de 1973, y como víctima de la persecución política, el significado simbólico de su nombramiento no puede ser subestimado. Fue un momento histórico en el exitoso, pero difícil, proceso chileno de consolidación democrática. La manera en que se manejó como ministra de Defensa y su capacidad para encarnar la voluntad nacional de reconciliación y cierre (de las heridas de la dictadura), rápidamente la convirtieron en la ministra más popular del gabinete de Lagos. Aunque la idea de tener una mujer como candidata a la presidencia ya había rondado en la Concertación cuando la ministra de Relaciones Exteriores, Soledad Alvear, demócrata cristiana, surgió como principal candidata presidencial después de asumir Lagos, la idea de que Bachelet, divorciada, madre de tres hijos, socialista, agnóstica y anterior exiliada política, como abanderada de la Concertación, parecía demasiado audaz para convertirse en realidad.

Sin embargo, el tiempo pasaba y mientras el mandato de Lagos ya llegaba a su fin, la popularidad de Bachelet seguía aumentando. A finales de 2003, ella era la aspirante presidencial más popular de la Concertación, luego de haber sobrepasado a Alvear, quién había permanecido liderando las encuestas desde 2000. En septiembre de 2004, un mes antes de las elecciones municipales, el Presidente Lagos realizó cambios en su gabinete y, habida cuenta de sus intenciones presidenciales, dejó ir a Bachelet y Alvear. Ambas hicieron una fuerte campaña junto a los candidatos municipales de la Concertación, y contribuyeron a la contundente victoria de la coalición de gobierno en octubre de 2004. Poco después, Bachelet fue proclamada candidata presidencial por el PS y el PPD (segundo y tercer partidos más grandes de la coalición de los cuatro existentes). Habida cuenta que Alvear fue proclamada por el PDC (el mayor partido de la Concertación) en enero de 2005, las primarias presidenciales para elegir al candidato de la coalición se programaron para el 31 de julio de 2005. Sin embargo, como Bachelet se había fortalecido en las encuestas, Alvear optó por retirar su candidatura en favor de ella en junio de 2005. Por primera vez en su historia, la Concertación tuvo una mujer como candidata presidencial.[19]

Debido al éxito económico y la estabilidad política durante 16 años de gobiernos de la Concertación, y porque los partidos conservadores estaban demasiado identificados con el legado autoritario de Pinochet durante gran parte de la década de los noventa, y el excelente desempeño de Lagos, la Concertación ganó fácilmente la elección de 2005. Con más del 51 por ciento de los votos, la coalición de centroizquierda obtuvo su duodécima victoria electoral consecutiva, la mayoría en la Cámara de Diputados y el Senado (por primera vez compuesto sólo de miembros elegidos democráticamente). Sin embargo, Bachelet sólo obtuvo 46 por ciento en la primera ronda (la votación más baja de un candidato presidencial de la Concertación desde 1990). Ella lideró las votaciones entre el candidato de centroderecha, Sebastián Piñera (25.4 por ciento), el candidato conservador, Joaquín Lavín (23.2 por ciento) y el humanista-comunista Tomás Hirsch (5.4 por ciento). Porque es mujer (lo que alejó a algunos hombres) y porque minimizó su proximidad a Lagos, Bachelet se vio forzada a una segunda vuelta contra Piñera (Angell y Reig, 2006). Finalmente, llegó a obtener el 53.5 por ciento de los votos para convertirse en la primera mujer en ser elegida Presidenta de Chile.

A pesar de sus dificultades electorales, Bachelet atrajo con éxito a votantes que habían sido históricamente menos inclinados a apoyar a candidatos de izquierda. Los hombres han apoyado con más fuerza que las mujeres a los candidatos de la coalición de centro-izquierda (en Chile, los votos se cuentan separados por sexo). Si Augusto Pinochet obtuvo sólo el 44 por ciento de los votos en el plebiscito de 1988 que puso fin a su dictadura de 17 años, su apoyo entre las mujeres fue más alto, alcanzando el 47.5 por ciento. En todas las elecciones celebradas desde el retorno de la democracia, los partidos conservadores capturaron un mayor porcentaje de votos de las mujeres que la Concertación. En 1999, Lagos ganó la elección con el 51.3 por ciento en la segunda vuelta. Pero en la primera y segunda vuelta, el conservador Lavín obtuvo la mayoría absoluta (50.6 por ciento y 51.4 por ciento respectivamente) entre las mujeres. Lagos se convirtió en presidente con un 54.3 por ciento entre los hombres, y el 48.7 por ciento entre las mujeres votantes. En 2005, Bachelet acaparó el 47 por ciento entre las mujeres (44.8 por ciento entre los hombres) en la primera ronda. En la segunda vuelta, ganó un 53,3 por ciento entre las mujeres y el 53.7 por ciento entre los hombres. Debido a que la mayoría de los que habían apoyado al candidato humanista-comunista en primera vuelta (5.4 por ciento) —la mayoría hombres— votaron por Bachelet en segunda vuelta, ella terminó por captar más votos entre los hombres. Sin embargo, su capacidad de atraer más votantes mujeres constituye un terreno fértil para el futuro electoral de la Concertación. Aunque es demasiado pronto para aventurarse, las perspectivas electorales de la coalición de centroizquierda en 2009 parecen muy sólidas.

La propuesta participativa de Bachelet en política

Aunque el foco central de su campaña fue el fortalecimiento de una red de protección social para complementar la próspera economía de Chile, Bachelet también hizo de la democracia participativa un componente central de su campaña. Además, durante la campaña, y complementando su llamado a una democracia más participativa, Bachelet prometió que su gobierno traería la paridad de género (igual número de hombres y mujeres en los puestos más importantes). También prometió caras nuevas ("nadie se repetirá el plato", dijo). Estas cuatro promesas fueron el núcleo de su candidatura presidencial. Sin embargo, como planteo en esta última sección, la aplicación de éstas desde el palacio de La Moneda, demostró ser un reto difícil y complejo.

Sin duda, el mensaje central de Bachelet durante su campaña fue el fortalecimiento de una red de protección social. Tras 16 años de éxito de las políticas económicas que provocaron el crecimiento y una fuerte reducción de la pobreza, Bachelet cambió el enfoque a la creación de una red adecuada para ayudar y proporcionar oportunidades a los rezagados y a aquellos que, habiendo salido de la pobreza, temen caer nuevamente cuando pierden sus puestos de trabajo, enferman o envejecen. Afortunadamente para ella, los otros candidatos también pusieron un fuerte énfasis en las cuestiones de la desigualdad y la falta de oportunidades en Chile. El candidato UDI, Joaquín Lavín, quien perdió por estrecho margen contra Ricardo Lagos en 1999, basó su campaña en una prometedora plataforma de medidas más proactivas para reducir la desigualdad.

Debido a que Bachelet centró su campaña en la construcción de una sólida red de protección social, algunos la criticaron por no poner suficiente atención en las propuestas relacionadas con el crecimiento. El candidato de la derecha moderada, Sebastián Piñera, intentando cortejar a los votantes de centro, puso al crecimiento económico en el centro de su campaña. Pero debido a que la economía del país estaba creciendo rápidamente en 2005 y el desempleo estaba disminuyendo, Bachelet y Lavín cambiaron el enfoque exitosamente, por primera vez desde que se restableció la democracia, de crecimiento económico a la construcción de una red adecuada de protección social en educación, vivienda, infraestructura, pensiones y servicios de salud. Más que cualquiera de las otras propuestas, las promesas más conocidas de Bachelet en el sector social eran una profunda reforma al sistema de pensiones privadas y la expansión de la educación preescolar a las familias de menores ingresos.

El mediocre crecimiento económico de 4.4 por ciento que Chile tuvo en 2006 —el más bajo de toda América Latina— obligó a Bachelet a cambiar y devolver parcialmente su enfoque al crecimiento económico. A pesar de que prometió enviar iniciativas legislativas para revisar el sistema de pensiones en 2007, y ha avanzado en una amplia y controvertida legislación de reforma educacional, el gobierno fue consumido por los llamados a reforzar el crecimiento económico. La desaceleración económica experimentada por el país en 2006 hizo más difícil la meta de construir una red de protección social más fuerte y extensa en 2007. Sin embargo, Bachelet igual logró avances significativos en la construcción de una red de protección social más amplia y completa en Chile. De hecho, la implementación de una red de protección social se ha convertido en el legado más importante de su gobierno. Ya que logró financiarla con los excedentes fiscales producidos por el alto precio del cobre en el periodo 2004-2008, Bachelet aprovechó la reforma de la red de protección social paras mostrar también un sólido manejo fiscal, lo que le permitió mejorar sustancialmente su nivel de aprobación cuando la crisis económica de fines de 2008 golpeó con fuerza al país. Porque fue capaz de ahorrar enormes excedentes monetarios en los años de boom, Bachelet pudo liderar un agresivo programa de estímulo económico que redujo el impacto negativo en la economía y el empleo. Gracias a este estímulo fiscal, la economía chilena tuvo un crecimiento negativo de sólo 2 por ciento, bastante menos de lo que inicialmente anticiparon algunos estudios.

Bachelet también intentó introducir asuntos diferentes a los económicos a su campaña y su gobierno. En repetidas ocasiones habló de una forma diferente de hacer política. Debido a que realizó una exitosa campaña como política no tradicional, era una doctora que no había pasado su vida trabajando para ascender en la estructura de los partidos, hizo de la democracia participativa un tema central de su campaña. La campaña ciudadana, en contraposición a una campaña de los partidos políticos, fue uno de los puntos más altos en su apuesta. Ella admitió francamente que su buena posición en las encuestas —en oposición a las élites de los partidos políticos— fue la razón detrás de su candidatura. La gente, en lugar de los políticos, allanó su camino a convertirse en candidata. Sin embargo, al destacar el papel de las personas, también aceptó, tácitamente, que tropezó con la carrera política. Cuando fue nombrada ministra, no tenía la intención o la expectativa de que iba a terminar siendo la candidata de la Concertación.

Su campaña buscó promover un enfoque participativo, desde abajo hacia arriba, para complementar el exitoso, pero distante, modelo representativo (desde arriba hacia abajo) implementado por los tecnócratas de la Concertación. "Así como los tratamientos médicos no funcionan si no involucran a los pacientes, las políticas que implementen los gobiernos de la Concertación funcionarán mejor si se promueve la participación, inclusión y la diversidad", señaló una vez durante la campaña. El enfoque de abajo hacia arriba para complementar (si no sustituir) el de arriba hacia abajo, parecía ser su lema durante la campaña electoral.

Sin embargo, Bachelet no tenía un plan claro para introducir más mecanismos de democracia participativa. Aunque expresó una preferencia por los mecanismos de democracia directa (como los referendos y plebiscitos), su gobierno no convirtió estas iniciativas (requerirían una reforma constitucional) en prioridades de su agenda. Además, cuando Bachelet, en unos improvisados comentarios a mediados de 2006, sugirió que debía haber un plebiscito para decidir el destino de la controvertida ley electoral dejada por el gobierno autoritario, la llamada ley binominal,[20] fue ampliamente criticada desde dentro de la Concertación y por la oposición, por entorpecer el debate y bloquear las negociaciones en curso para introducir cambios en la ley electoral.

Durante la campaña, Bachelet había hablado también de su preferencia por las iniciativas populares de ley. Ella argumentó que los ciudadanos deben poder introducir iniciativas legislativas en el Congreso. Aunque muchos están a favor de esta idea, la constitución chilena da al ejecutivo un excesivo control de la agenda legislativa [21] El presidente tiene la facultad exclusiva para promulgar la legislación que implica el gasto público. Mediante el uso de una prerrogativa constitucional, el ejecutivo también puede controlar la agenda legislativa. Así, la introducción de mecanismos para la iniciativa legislativa popular *empoderaría* a los ciudadanos sin *empoderar* directamente a aquellos autorizados para representarlos. En lugar de presentar iniciativas legislativas de los ciudadanos, el gobierno primero tendría que cambiar el equilibrio del poder legislativo a favor del Congreso. Sin embargo, debido a que es poco probable que el ejecutivo esté dispuesto a ceder poderes y atribuciones al Congreso, el gobierno de Bachelet prometió, pero nunca cumplió, el envío de una reforma constitucional que permitiera mecanismos de iniciativas ciudadanas de ley.

Para ser claros, el gobierno de Bachelet promovió la idea de la democracia participativa y la democracia de los ciudadanos durante sus primeros meses en el cargo. Sin embargo, las protestas de los estudiantes secundarios en mayo y junio de 2006 pusieron en tela de juicio su compromiso con la democracia participativa. Los estudiantes se tomaron las calles para exigir mejoras en el sistema educacional y la reducción del desigual acceso a la educación entre los que asisten a escuelas públicas y subvencionadas, y los de escuelas privadas. Debido a que muchos estudiantes de las pudientes escuelas privadas se sumaron a las protestas, el movimiento logró adquirir el carácter de una plegaria nacional por mejoras en la educación. El gobierno fue lento en reaccionar y perdió el control de la situación. Por varios días, las calles estuvieron llenas de estudiantes que protestaban no sólo contra la desigualdad en la educación, sino también quejándose por la lenta respuesta del gobierno. Debido a que Bachelet representaba a la coalición que había estado en el poder desde 1990, su gobierno no podía culpar fácilmente a las administraciones anteriores de las deficiencias en la educación. Finalmente, Bachelet se vio obligada a remover a varios ministros, incluyendo al Ministro del Interior, el cargo más importante en el gabinete chileno. Su primer cambio de gabinete se produjo sólo a cuatro meses de asumir el cargo, prácticamente enterrando la idea de la democracia participativa.

En efecto, como muestra la Gráfica 6.4, los índices de aprobación de Bachelet se vieron afectados como resultado de las protestas estudiantiles a mediados de 2006. Luego de remover a su gabinete, sus índices de aprobación aumentaron nuevamente a más del 50 por ciento a finales de 2006. Cuando abandonó la idea de la democracia participativa y adoptó la estrategia más tradicional de la Concertación, el enfoque de arriba hacia abajo, para el gobierno, aumentó su aprobación. En parte, esto fue porque los partidos de la Concertación se sentían incómodos con la iniciativa de Bachelet de atraer más participación popular. Cuando Bachelet abandonó esa iniciativa, los partidos de la Concertación también comenzaron a colaborar más con su gobierno. Es cierto que se cometieron errores por parte de Bachelet, pero la Concertación no le hizo la vida fácil cuando intentó introducir más elementos de democracia participativa a su gobierno.

Otra promesa relacionada con una democracia más participativa e inclusiva era su compromiso con la paridad de género y nuevas caras (diez de los veinte ministros de su primer gabinete eran mujeres). Bachelet fomentó activamente la idea de la paridad de género. En parte, esta iniciativa fue impulsada primero por el presidente Lagos, quien nombró a cinco mujeres en su primer gabinete de 16 miembros. Bachelet fue una de las mujeres nombradas. Ella fue la primera mujer en dirigir el Ministerio de Salud en la historia de Chile. Luego, se convirtió en la primera mujer en ser nombrada en el Ministerio de Defensa en la historia de América Latina. Sin embargo, como presidenta, Bachelet fue más allá en la adopción de iniciativas para promover la paridad de género. Bachelet también se comprometió a introducir una legislación para establecer cuotas de género en el Congreso, pero nunca cumplió promesa, señalando que primero debía modificarse el sistema binominal para luego introducir legislación de cuotas de género.

A pesar de su fuerte compromiso con la paridad de género, Bachelet se vio obligada a abandonar ese principio cuando reorganizó su gabinete por segunda vez, a principios de 2007. En su gabinete de 22 miembros, hubo sólo nueve mujeres. Sin embargo, Bachelet ha introducido con éxito la cuestión de la igualdad de género como un tema permanente en la agenda pública. Aunque el gabinete ya no se divide equitativamente entre hombres y mujeres, será imposible para Chile volver a los principios de los años noventa, cuando había sólo una mujer en un gabinete de 22 miembros. Es cierto, el ex presidente Lagos actuó con decisión para incorporar a más mujeres a los altos cargos, pero la propia toma de mando de Bachelet como presidenta y su compromiso decisivo hacia la equidad de género, le dará a la mujer un papel más relevante en el futuro de la política chilena, lo que habría sido imposible sin su enérgico apoyo a las cuestiones de género.

Por último, Bachelet también se comprometió a lograr una renovación en los liderazgos de la Concertación. En su estilo afable y directo prometió durante la campaña que nadie se repetiría en los cargos. Cuando nombró su primer gabinete, sólo dos de los 20 ministros habían servido como tal en gobiernos anteriores. Sus reorganizaciones de gabinete la obligaron a traer de vuelta al poder a algunos de los antiguos dirigentes de la Concertación. A mediados de 2007, seis de los veintidós ministros habían ocupado importantes cargos en anteriores gobiernos de la Concertación. Sin embargo,

Bachelet continuó con relativo éxito la promoción de nuevas caras en el gobierno. Pero los partidos parecieron más reacios a aceptar y promover el recambio generacional. De hecho, para las elecciones de 2009, la Concertación escogió como candidato presidencial al ex presidente Eduardo Frei, contraviniendo la promesa hecha por Bachelet de que nadie se repetiría el plato.

Porque el gobierno enfrentó retos inesperados (además de las protestas de los estudiantes, la problemática aplicación del nuevo sistema de transportes de Santiago), sus índices de aprobación cayeron en 2007 y 2008. En parte, esos fracasos del gobierno pueden atribuirse a la falta de experiencia, y en algunos casos incompetencia, de las nuevas caras y liderazgos que Bachelet trajo al poder.

Al finalizar su mandato, el gobierno de Bachelet goza de altísimos niveles de aprobación. Como muestra la Gráfica 6.4, desde que se inició la crisis económica internacional, la popularidad de Bachelet comenzó a subir a la par que el país entraba en recesión y aumentaba el desempleo. Pero los chilenos no culpaban a Bachelet por la crisis o por la falta de empleo. Al contrario, ya que su gobierno había mantenido una férrea disciplina fiscal durante los años de bonanza, los chilenos parecían premiar al gobierno cuando arreció la tempestad económica y el gobierno tenía una sólida posición fiscal y contaba con gigantescos ahorros para financiar un ambicioso paquete de estímulo fiscal.

Sin duda, es muy pronto para saber si el legado de Bachelet se mantendrá en el tiempo y su popularidad no sufrirá deterioro. La experiencia de su antecesor, Ricardo Lagos, podría ser una advertencia. Después de salir vitoreado del poder, Lagos sufrió críticas de la oposición por la desastrosa experiencia de Transantiago en 2007 y por revelaciones sobre casos de corrupción que ocurrieron y se profundizaron en su gobierno. Aunque sigue siendo altamente respetado, su popularidad sufrió de tal manera que Lagos, que albergaba aspiraciones presidenciales, optó por no buscar un nuevo periodo en las elecciones de 2009.

El tiempo dirá si las iniciativas que ha promovido Bachelet lograrán convertir en realidad los cuatro objetivos iniciales de su gobierno discutidos anteriormente. Que la red de protección social más fuerte y amplia para todos los chilenos se pueda construir dependerá en gran medida del desempeño de la economía durante los próximos tres años. Si la economía crece rápidamente, una red de protección social más sólida será posible. La democracia participativa parece tener un duro camino por delante. Debido a que el gobierno no es claro en cuanto a qué se refiere cuando hace un llamado a una democracia más participativa, es poco probable que los cambios institucionales que la promuevan sean introducidos. La paridad de género, probablemente no será respetada con la misma rigurosidad que en los primeros dos años del gobierno de Bachelet, pero la posición de la mujer en la sociedad será mucho más fuerte después de que Bachelet complete su mandato de cuatro años. Por último, el destino de la renovación interna de la Concertación, dependerá más bien de los resultados de la elección presidencial de 2009. Si el candidato oficial Eduardo Frei vuelve a La Moneda, la Concertación tendrá más problemas para renovar rostros. Si en cambio la Concertación pierde las elecciones, Bachelet misma enfrentará la difícil disyuntiva de querer "repetirse el plato" y volver a buscar la presidencia en las elecciones de 2013.

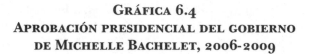

GRÁFICA 6.4
APROBACIÓN PRESIDENCIAL DEL GOBIERNO
DE MICHELLE BACHELET, 2006-2009

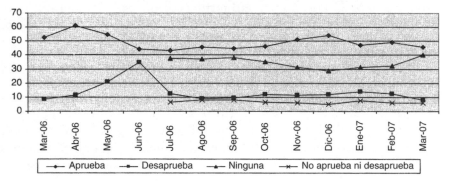

LAS LECCIONES DE LAGOS Y BACHELET PARA LOS LÍDERES IZQUIERDISTAS DE AMÉRICA LATINA

Debido a que es muy pronto para comentar sobre Bachelet, me centraré en si el legado del ex presidente Lagos puede resultar útil para otros líderes izquierdistas en América Latina. Como se señaló, las circunstancias que ayudaron a Lagos a convertirse en un presidente de izquierda tan popular en Chile son difíciles de reproducir en otros países, en donde también hay líderes izquierdistas en el poder. Ya sea porque los pilares económicos en esos países no son tan sólidos como en Chile, o porque la base de apoyo popular de esos presidentes no descansa en la combinación de buenos rasgos de personalidad y una sólida estructura de partidos políticos, con las que Lagos construyó su popularidad, es poco probable que los presidentes de otros países puedan disfrutar de su mismo éxito. Porque el éxito de Lagos es parcialmente atribuible a la fuerza de la Concertación, la ausencia de partidos fuertes establecidos en otros países de América Latina hace más difícil para otros presidentes izquierdistas generar apoyo hacia sus personas sin ser catalogados de populistas.

Capítulo 7
Uruguay: un modelo de conducta
para la izquierda[1]
David Altman, Rossana Castiglioni y Juan Pablo Luna

Nadie realmente se sorprendió con el resultado de las elecciones presidenciales del 2004 en Uruguay. Sin embargo, será recordada como una elección histórica. Por primera vez en 176 años como Estado independiente, un partido diferente a los dos "tradicionales" (el Blanco y el Colorado) ganó las elecciones presidenciales; fue la coalición de centro-izquierda Encuentro Progresista-Frente Amplio-Nueva Mayoría (EP-FA-NM). Esta coalición es un heterogéneo conglomerado político que cobija en su seno a un variopinto grupo: socialistas, ex tupamaros, comunistas, socialdemócratas, demócrata cristianos y miembros de otros pequeños grupos políticos. Los partidos tradicionales gobernaron Uruguay durante 168 años y el régimen autoritario fue una real excepción en la historia del país. Este cambio probablemente tendrá profundas implicaciones en la vida política de Uruguay. Sin embargo, a pesar de su alcance, este terremoto electoral ocurrió sin sobresaltos y la transición al nuevo gobierno fue extraordinariamente tranquila.[2]

A pesar que el tiempo transcurrido sea probablemente insuficiente para aventurar conclusiones decisivas sobre el futuro del EP-FA-NM o de su gobierno, este pequeño país ofrece un ambiente propicio para examinar el marco teórico del presente proyecto. Debido a que resulta problemático identificar al EP-FA-NM como una izquierda "buena" o "mala",[3] la evidencia que se presenta en este capítulo parece respaldar una tesis alternativa: en la actualidad coexisten más de dos tipos de gobiernos de izquierda en Latinoamérica. Más aún, en el caso de Uruguay, la evidencia tiende a mostrarnos que más de dos tipos de izquierda pueden coexistir en un mismo gobierno y esto es evidente en el caso del EP-FA-NM.

El camino al gobierno: decadencia institucional y económica

La llegada del EP-FA-NM al gobierno tuvo lugar "a la uruguaya" en el sentido en que no fue una verdadera sorpresa y se apegó a los procedimientos democráticos institucionales.[4] Antes de examinar el camino al poder recorrido por el EP-FA-NM, es necesario revisar sus orígenes y el contexto en el cual se desarrolló. En la actualidad, Uruguay tiene cuatro partidos políticos con representación legislativa. Dos de ellos se denominan partidos *tradicionales* —el Colorado y el Blanco o Nacional— y dos pertenecen a la izquierda y centro-izquierda del espectro ideológico —el Frente Amplio y el Nuevo Espacio, respectivamente. El origen de los partidos tradicionales puede remontarse a la Batalla de Carpintería de 1836.[5] Los otros dos partidos en el Congreso son los herederos de lo que los uruguayos denominan "partidos de ideas" que han estado, con diversas combinaciones y transformaciones, presentes en la legislatura desde 1910.[6] La Tabla 1 presenta los porcentajes que cada partido ha obtenido en la Cámara de Diputados desde 1942 y la Gráfica 7.1 la evolución del apoyo electoral usando familias de partidos (tradicionales vs. izquierda).[7]

A pesar de tener uno de los sistemas de partidos más antiguos en el mundo (Sotelo Rico 1999, p. 138), el sistema uruguayo tiene la peculiaridad de ser altamente fraccionalizado y crecientemente fragmentado.[8] Desde los orígenes de su sistema de partidos a principios de los años 1830, los partidos políticos han estado internamente fraccionados, con cada fracción llevando su propio nombre y liderazgo. Los diferentes diseños institucionales, especialmente el sistema electoral, han seguido permitiendo que las fracciones compitan entre sí sin comprometer los resultados electorales de sus respectivos partidos. Desde 1942, el sistema electoral uruguayo ha presentado cuatro características claves que, combinadas, lo han hecho muy inusual en el mundo democrático: (1) elecciones concurrentes para todo mandato cada cinco años;[9] (2) listas cerradas; (3) doble voto simultáneo (DVS) y mayoría simple para la presidencia, y (4) representación proporcional (RP) en ambas cámaras legislativas y triple voto simultáneo (TVS) para la cámara baja.

Una de las características singulares del sistema uruguayo fue el doble y triple voto simultáneo. Los ciudadanos elegían simultáneamente tanto a nivel intrapartidario como a nivel interpartidario.

Para las elecciones presidenciales, el doble voto simultáneo permitía a la lista de candidatos de un partido (lema) dividirse en fracciones competitivas (sublemas).[10] Los votos de estas fracciones eran luego acumulados según la lista, sin posibilidad alguna de aliarse entre ellas. Consecuentemente, el ganador de las elecciones presidenciales era el candidato de la fracción que obtenía la mayoría de los votos dentro del partido que recibía el mayor número de votos.[11] De este modo, los uruguayos elegían sus presidentes por mayoría simple. Para las elecciones parlamentarias, el triple voto simultáneo permitía a los ciudadanos elegir en tres niveles: lema, fracción, y lista de candidatos.

Una de las consecuencias más relevantes del sistema electoral tradicional de Uruguay era que el presidente electo no era más que un líder de fracción,[12] ya que sólo era capaz de controlar la competencia y las nominaciones internas dentro de su propia fracción. De este modo, no tenía la fuerza para controlar las nominaciones y competencia de las otras fracciones, incluso dentro de su propio partido.[13]

TABLA 1
PORCENTAJE DE ASIENTOS EN LA CÁMARA BAJA, 1942-2004

Partido	1942	1946	1950	1954	1958	1962	1066	1971	1984	1989	1994	1999	2004
Colorado	58.6	47.4	53.5	51.5	38.4	44.4	50.5	41.4	42.3	30.3	32.3	33.3	10.1
Blanco	23.2	31.3	31.3	35.4	51.5	47.5	41.4	40.4	35.4	39.4	31.3	22.2	36.4
PNI	11.1	9.1	7.1	3.0	–	–	–	–	–	–	–	–	–
U.Cívica	4.1	5.1	4.1	5.1	3.0	***	***		2.0	–	–	–	–
Comunista	2.0	5.1	2.0	2.0	2.0	3.0*	5.0*	–	–	–	–	–	–
Socialista	1.0	2.0	2.0	3.0	3.0	**	0.0	–	–	–	–	–	–
PDC	–	–	–	–	–	3.0	3.0	–	–	–	–	–	–
U. Popular				–	–	2.0*	0.0	–	–	–	–	–	–
F. Amplio	–	–	–	–	–	–	–	18.2	21.2	21.2	31.2	40.4	52.5
N. Espacio	–	–	–	–	–	–	–	–	–	9.1	5.1	4.6	–
Otros	0.0	–	0.20	0.0	0.0	0.0	0.0	0.0	0.0	0.0	0.0	0.0	0.1

* Desde 1962 los votos del Partido Comunista estaban dentro del lema Frente Izquierda de Liberación (FIDEL).
** Desde 1962 los votos del Partido Socialista estaban dentro del lema Unión Popular.
*** Desde 1962 el nombre del lema se transformó a Partido Demócrata Cristiano (PDC).
Fuente: Bacigalupe y Marius: 1998, Buquet et al.: 1998.

GRÁFICA 7.1
APOYO CONGRESIONAL DE FAMILIAS POLÍTICAS (1942-2004)

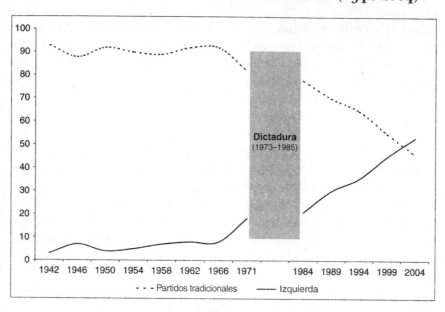

Adicionalmente, las fracciones de partidos políticos controlaban el proceso de nominación y, por ende, eran los agentes políticos más prominentes. Estas fracciones presentaban un alto nivel de cohesión legislativa[14] y eran los actores más importantes en la confección de acuerdos políticos con el propósito de gobernar.[15] Mientras que los partidos son organizaciones macroelectorales que raramente se comportan como actores unitarios, las fracciones han sido responsables de decisiones tales como integrar un gabinete, unirse a la oposición, tomar puestos en la administración pública o, incluso, determinar qué tipo de líneas políticas han de promoverse.[16]

El EP-FA-NM, sin embargo, tiene una organización diferente a la de los partidos tradicionales, en parte debido a sus orígenes. El Frente Amplio nació oficialmente el 5 de febrero de 1971. Actualmente es el partido mayoritario en el Congreso y está compuesto por diecinueve grupos políticos.[17] Desde su creación, el Frente Amplio tuvo una densa red de activismo estrechamente ligada a los sindicatos de trabajadores (especialmente en torno del Partido Comunista). Aunque cada fracción actúa como el último punto de decisión, como en los partidos tradiciones, el Frente tiene autoridades centrales y sofisticados procesos de toma de decisión. Cada grupo tiene el poder de vetar, forjando decisiones vinculantes entre miembros de una coalición. Este poder de veto es responsable de una creciente fraccionalización interna. Cuando ciertos legisladores desean incrementar su poder político en la estructura política interna del Frente, sólo necesitan tener éxito en la creación de una nueva fracción —lo que no es tarea fácil— para activar ese poder de veto. Además, a diferencia de los partidos tradicionales, el Frente Amplio siempre ha presentado un candidato único para la presidencia de la república, comportándose más como un partido sólido que como una coalición como se le llama formalmente. Este candidato usualmente era el presidente del Frente Amplio y servía como una especie de moderador de los intereses diferentes. Sin embargo, el presidente no siempre ha tenido éxito en lograr consenso, debido a las fuertes tensiones que se han hecho evidentes muchas veces en su historia; por ejemplo, en 1973 los demócrata cristianos dejaron el Frente Amplio y lo mismo ocurrió en 1988 con el Partido por el Gobierno del Pueblo, el sector más grande del partido en ese momento. Sin embargo, desde mediados de los años de 1990, el Frente ha sido exitoso en ampliar su base constitutiva e incluir diversas fracciones de los partidos tradicionales y de otros partidos más pequeños independientes.

En términos generales, se han ofrecido cuatro explicaciones principales para explicar la llegada de la izquierda a la presidencia. Para algunos analistas, esta victoria es el resultado de una tendencia histórico-demográfica a partir de la cual se ha incrementado gradualmente el número de adherentes de la coalición de izquierdas desde su fundación en 1971 (la Gráfica 7.1 muestra la relación de apoyo parlamentario del que gozan los partidos tradicionales y la izquierda). A medida que generaciones más jóvenes y progresistas han adquirido el derecho de voto, la izquierda ha incrementado su base de apoyo.[18] Para otros, esta victoria refleja la frustración de los votantes uruguayos en relación a la gestión de la economía por parte de los partidos tradicionales. Tras la devaluación del real brasileño en enero de 1999, exacerbada por la crisis financiera Argentina de 2001, Uruguay se vio afectado por una de las más profundas, si no la peor, crisis económica y financiera de su historia (ver Gráfica 7.2). De este modo, la izquierda constituye una fuente de políticas económicas alternativas que los votantes estaban buscando. Otros analistas apuntan a que la creciente moderación y pragmatismo del EP-FA-NM, principalmente debido a su experiencia en el gobierno de Montevideo (la capital y ciudad más grande del país), le ha permitido atraer votantes de centro-izquierda que usualmente apoyaban a los partidos tradicionales.[19] Otro argumento es que este cambio electoral fue producto de una erosión natural de los partidos tradicionales debido a la posibilidad cada vez menor de usar al Estado como el empleador y como plataforma de asignación de fondos estatales para beneficiar a ciertos sectores (*pork barrel*).[20] Tal vez todas estas interpretaciones son parcialmente correctas y deben ser integradas para ofrecer una explicación más comprensiva.[21]

En un sentido más amplio, estas explicaciones probablemente asumen que el EP-FA-NM se ha beneficiado significativamente por el descontento social con los partidos tradicionales. El descontento político refleja una tendencia histórica gradual que se inició a mediados de los años cincuenta, cuando los uruguayos comenzaron a buscar un cambio alternando primero entre distintas fracciones de los partidos tradicionales y luego entre partidos llevando a una alteración significativa dentro de los bloques tradicionales.[22] Sin embargo, el colapso económico 2001-2002 constituyó un catalizador que afectó el comportamiento electoral. Mientras que los votantes se alienaron de los partidos políticos gobernantes como resultado de la decadencia económica, la crisis fiscal comprometía la habilidad de los partidos tradicionales para alimentar su maquinaria política. Como resultado, no solo los votantes sino que también los activistas de los partidos, e incluso algunos líderes de fracciones, se alienaron de los blancos y colorados. A medida que los líderes de los partidos tradicionales fracasaban en cumplir pactos clientistas con sus bases y sus respectivos agentes auxiliares, el Frente Amplio hacía avances con estos grupos.

GRÁFICA 7.2
CRECIMIENTO DEL PIB E INFLACIÓN (1997-2007)

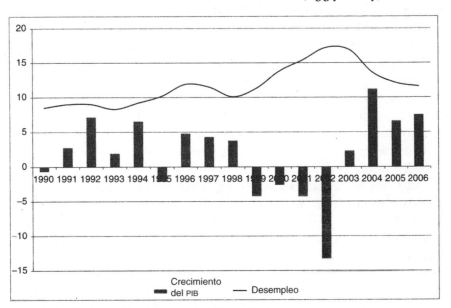

Fuente: Instituto Nacional de Estadísticas y Banco Central del Uruguay

Como resultado, la relevancia de la crisis económica no puede ser subestimada y por lo tanto merece algo de atención. A partir de la devaluación del real brasileño en enero de 1999, el país ha estado inmerso en la peor crisis económica y financiera de su historia. Durante la segunda mitad de 2001, la economía uruguaya fue profundamente afectada por la intensificación de la crisis argentina de 2001-2002. Argentina y Brasil representaban en ese entonces no sólo más del 45 por ciento de todo el comercio exterior del país sino también el 90 por ciento de su industria turística. Las devaluaciones argentina y brasileña además redujeron la competitividad de los productos Uruguayos en el mercado mundial.

Como importador neto de petróleo, el país fue seriamente debilitado por el incremento del precio internacional del petróleo. Aún más, en el año 2000, Uruguay experimentó una severa sequía al tiempo que un brote de fiebre aftosa afectó a su ganado. Estos eventos tuvieron consecuencias devastadoras para las exportaciones del país. Con el propósito de ganar competitividad en el mercado internacional, el gobierno uruguayo abandonó su política de mantener un tipo de cambio fijo al 12 por ciento. Aunque el peso uruguayo inmediatamente bajó, haciendo los productos Uruguayos más competitivos en el mercado mundial, Brasil también devaluó su moneda, lo que redujo la competitividad uruguaya nuevamente. Desde Octubre de 2006, el peso flota respecto al dólar estadounidense.

A mediados de 2002, el PIB bajó 19 por ciento en relación a su nivel de 1998, y el peso se devaluó significativamente, con el dólar subiendo de 17 a 27 pesos luego del receso bancario. La inflación alcanzó el 25.9 por ciento anual en 2002. El déficit general del sector público a marzo de 2002 representó el 4.5 por ciento del PIB y la tasa de desempleo oficial fue 15.6 por ciento de la población económicamente activa.

Más allá de las raíces a largo plazo y el impacto del colapso económico de la economía Uruguaya, ciertos aspectos institucionales también explican el ascenso al poder del EP-FA-NM. La reforma constitucional de 1996, principalmente provocada por los partidos tradicionales para evitar una victoria electoral de la izquierda, trajo consigo la semilla del éxito de la coalición.[23] Los reformadores tuvieron poca visión y fueron incapaces de anticipar los efectos a largo plazo de algunas medidas que fueron introducidas junto con el sistema de desempate para lograr exitosamente sus objetivos de corto plazo (es decir, evitar que el EP-FA-NM ganara las elecciones de 1999). La reforma de 1996 indiscutiblemente tuvo externalidades negativas para ambos partidos tradicionales.

En primer lugar, las primarias presidenciales obligatorias y la eliminación del doble voto simultáneo para la Cámara Alta restringió el alcance para mantener las tradicionales "cooperativas electorales" que otorgaban a los blancos y colorados oportunidades de expandir su menú electoral mediante el incremento de la competencia interna. En segundo lugar, la separación de las elecciones locales de las nacionales trabó la articulación de pactos electorales eficientes entre caudillos regionales y candidatos nacionales. Esto fue especialmente perjudicial cuando se pidió a los intendentes apoyar la candidatura de un partido nacional que no coincidía con su fracción, o cuando ellos percibían que al involucrarse activamente en actividades de campaña para apoyar una opción impopular podría afectar adversamente sus propias posibilidades electorales en las elecciones municipales futuras. En ambos casos, ellos "reservaron su maquinación política para las elecciones locales".[24] En el ámbito nacional, y especialmente en 1999, esto se transformó en una brecha significativa entre los resultados electorales nacionales y locales, favoreciendo al EP-FA-NM en el primero.

En resumen, una mezcla de variables históricas, económicas e institucionales deben ser tomadas en consideración para explicar el ascenso al poder del EP-FA-NM. Desde una perspectiva comparativa, lo excepcional de Uruguay dentro de Latinoamérica en relación a su configuración socioestructural (relativamente bajo grado de pobreza y desigualdad social) y el alcance y cobertura de sus programas de política social en salud, educación y pensiones especiales (a pesar de la decadente capacidad fiscal y calidad en deterioro), también deben ser consideradas para explicar las características, expectativas, y configuraciones de intereses de las heterogéneas bases sociales de la izquierda.[25] Pero más allá, el rol de la izquierda como un partido de oposición y el modo en que se relaciona con su base social también son elementos claves para comprender el terremoto electoral visto en Uruguay (ver Gráfica 7.1).

El rol del Frente Amplio como un partido de oposición

Desde la restauración de la democracia en 1985, la autoridad gubernamental ha estado distribuida de modo más bien descentralizado en Uruguay. De este modo, múltiples actores políticos comparten el proceso de formular políticas en un contexto en el cual las reglas del juego evitan la concentración del poder en una única o pocas unidades de toma de decisiones. Dada la creciente fragmentación del sistema de partidos y la marcada fraccionalización intrapartidos vista en el país, los presidentes uruguayos han intentado forjar alianzas intra e interpartidos para asegurar el paso de sus iniciativas legislativas desde la redemocratización. La magnitud de su éxito ha sido crucial para la perspectiva del avance de cambio de política

Al mismo tiempo, esta estructura fragmentada en la toma de decisiones ha sido incompatible con la promoción de políticas que alteren radicalmente el *statu quo*[26] Esta marcada dispersión de la autoridad gubernamental ofreció tanto a actores no gubernamentales como a la coalición de oposición de centro-izquierda múltiples oportunidades para impedir las transformaciones políticas, permitiendo al EP-FA-NM distinguirse como un poderoso contrincante de los partidos tradicionales. En este sentido, la existencia de mecanismos de democracia directa ha otorgado a diversos grupos de interés

—a menudo con el apoyo explícito del EP-FA-NM— una poderosa fuente institucional para bloquear el cambio.[27]

Además, la información sobre la situación ideológica de las principales fracciones políticas muestra que el sistema de partidos se ha agrupado en el centro o hacia la izquierda del espectro ideológico, con una presencia limitada de fracciones de derecha. Ese patrón de distribución ideológica— en el contexto de la dispersión relativa de la autoridad gubernamental— ha sido, y aún lo es, propensa a mantener el *statu quo*.

Debido a la descentralización relativa de la autoridad gubernamental, el rol asumido por los actores no gubernamentales, y la distribución ideológica del sistema político, Uruguay no exhibió un patrón de reformas radicales que alineara a los votantes latinoamericanos que se volcaron a la izquierda para manifestar su descontento.[28] Esto forzó al EP-FA-NM a articular sus estrategias políticas principalmente en relación a dos tareas claves. Por un lado, buscó construir fuertes lazos con aquellos actores no gubernamentales que desafiaban a la coalición gobernante. Por otro lado, jugó un importante rol como una oposición relativamente responsable que, sin embargo, no participó en la coalición gobernante luego de la redemocratización.

La formación de alianzas con actores no gubernamentales fue particularmente clara en lo relativo a política social. Por ejemplo, en el área de pensiones, el Frente Amplio activamente apoyó los esfuerzos de la Organización Nacional de Pensionados (ONAJPU) y de la Plenaria Intersindical de Trabajadores-Convención Nacional de Trabajadores (PIT-CNT) en bloquear la reforma del sistema de reparto. De hecho, incluso se unió a la ONAJPU y al PIT-CNT en la creación de la Comisión Nacional para la Defensa de los Principios de Seguridad Social y se constituyó en un actor clave en la promoción del uso de mecanismos de democracia directa para detener los intentos de reforma.[29] Un panorama similar se puede encontrar en otras áreas, con la excepción de la política macroeconómica (especialmente en términos de la apertura comercial).

Los gobiernos blancos y colorados promovieron una política social que buscaba modificar la estructura del sistema de protección social en vez de promover políticas hechas a la medida de individuos y familias de bajos ingresos. Con la crisis económica 2001-2002, esta falta de políticas sociales focalizadas destinadas a atender las necesidades de los grupos más vulnerables se hizo evidente. Como dijimos anteriormente, aunque es una exageración establecer que esta crisis por sí sola explica la victoria electoral del Frente Amplio, la magnitud del colapso económico visto en Uruguay probablemente aceleró la victoria de la coalición centro-izquierda.

La campaña electoral de 2004

La crisis económica 2001-2002 afectó profundamente la campaña electoral de 2004 y, consecuentemente, la política económica y la urgente necesidad de que el país abrazara el cambio se tornaron aspectos centrales. Una de las fracciones políticas del partido Colorado, el Foro Batllista, intentó retratar al Frente Amplio como un partido populista con un compromiso turbio con las políticas orientadas al mercado y la política democrática, y en relacionar a figuras políticas claves de la izquierda con las guerrillas tupamaras que estuvieron activas desde mediados de la década de 1960 hasta los primeros años de la década de 1970. El Partido Colorado también enfatizó que la recuperación económica que el país comenzaba a experimentar podría ser socavada por la victoria electoral de la izquierda. Estas estrategias probaron ser infructuosas en evitar la pérdida masiva de votos sufrida por los colorados.[30]

Por su lado, aunque el Partido Blanco ha sido históricamente identificado como de centro-derecha, el candidato presidencial del partido, Jorge Larrañaga, trató de enmarcar su discurso para ganar los votos de centro-izquierda que el Partido Colorado estaba perdiendo. Algunos blancos, incluso, llegaron al punto de alegar que el programa político del EP-FA-NM era una copia del suyo; y Larrañaga criticó a Tabaré Vázquez —el candidato presidencial del FA— por visitar Washington para contactar instituciones financieras internacionales (IFIs) antes de la elección. Por cierto, un líder clave y ex candidato presidencial del Partido Blanco, Juan Andrés Ramírez, incluso alegó: "Yo me siento de izquierda y no creo que sea sólo el Encuentro Progresista la izquierda".[31] No obstante cuan efectiva esta estrategia puede haber sido, no fue suficiente para conseguir los votos necesarios para derrotar a la coalición centro-izquierda.

En cambio, asemejando lo ocurrido en las campañas conducidas por Ricardo Lagos en Chile y Luis Inácio "Lula" da Silva en Brasil, Vázquez evitó asuntos confrontacionales y moderó su retórica política. En un movimiento clave, definido para calmar los temores de los mercados y ganar el apoyo de los votantes desilusionados de centro-izquierda de los partidos tradicionales, Vázquez solicitó a Enrique Iglesias, el entonces presidente del Banco Interamericano de Desarrollo (BID) servir como Ministro de Economía. Aunque la mayor parte de los observadores creyeron que Iglesias no aceptaría la oferta, la propuesta ayudó a convencer a los escépticos de que Vázquez estaba comprometido con las políticas orientadas al mercado. Inmediatamente después de que Iglesias rechazara el ofrecimiento, y meses antes de la elección, Vázquez anunció durante su visita a Washington que si era elegido, nombraría a Danilo Astori como Ministro de Economía y Finanzas. Astori es un economista de visión moderada, con una buena reputación fuera del Frente Amplio, quien había sido el contrincante de Vázquez por el liderazgo de la coalición centro-izquierda desde 1995.

De todos modos, los tres partidos mayoritarios tenían algo en común; en especial, todos proponían crear una verdadera transformación del país. Los colorados enfatizaban que una nueva generación estaba a cargo de su partido; el eslogan de los blancos era que Larrañaga era el presidente para un nuevo Uruguay. La campaña del Frente Amplio llevó la idea de transformación al límite con el simple lema de "cambiemos". La coalición de centro-izquierda incluso creó un juego animado en Internet, donde se requería que los jugadores transformaran la perspectiva del país de un modo positivo y cooperativo. Resumiendo, la política económica y la necesidad de cambio fueron el pilar de la campaña electoral.

Finalmente, el 31 de octubre de 2004, 89.6 por ciento de los ciudadanos uruguayos (2.5 millones) fueron a las urnas para votar en las elecciones para elegir al presidente, vicepresidente y el Congreso que presidiría al país durante la administración 2005-2009. Tabaré Vázquez, candidato presidencial de la EP-FA-NM, derrotó a Jorge Larrañaga, del Partido Blanco, por casi un 17 por ciento, recibiendo 50.5 por ciento de los votos. El candidato presidencial Guillermo Stirling, del Partido Colorado, recibió el 10.6 por ciento de los votos, el peor resultado en la historia de este partido político. Una segunda vuelta presidencial, que habría tenido lugar en noviembre de 2004, fue innecesaria debido a que la izquierda sobrepasó el umbral del 50 por ciento. También, dado el estricto sistema de representación proporcional utilizado en el país, el EP-FA-NM se convirtió en la coalición política más grande del nuevo Congreso (52.5 por ciento en la Cámara de Diputados y 54.8 por ciento en el Senado).

Esta es la primera vez desde las elecciones de 1966 que el partido del presidente de la república goza de una mayoría parlamentaria.

EL GOBIERNO DEL FRENTE AMPLIO

Esta sección analiza el rol del Frente Amplio como el partido gobernante en relación a cuatro dimensiones. Primero, consideramos el funcionamiento del gobierno, con especial énfasis en la organización del poder ejecutivo y su gabinete; y luego continuamos analizando las políticas más emblemáticas adoptadas por el Frente Amplio. En tercer lugar, aportamos evidencia de los resultados preliminares de estas políticas y finalmente, examinamos al Frente Amplio y la arena internacional.

Estructura del gobierno

Dada la debacle electoral de los partidos tradicionales en 2004, cuando el Frente Amplio asumió el poder, su primer desafío fue mantenerse unido con el propósito de gobernar, asegurando una mayoría en el parlamento. Por esta razón, fue necesario alinear a las principales fracciones del Frente Amplio con el ejecutivo. Para lograr esto, Tabaré Vázquez nominó en el gabinete a las principales cabezas de las listas al Senado de las fracciones importantes, quienes también son, por la naturaleza del sistema electoral, los líderes más significativos de las mismas.[32] Al tomar esta opción, Vázquez esencialmente replicó una estrategia que había probado ser muy eficiente durante su periodo como intendente de Montevideo y durante sus años como presidente del Frente Amplio, liderando la "mesa política" del partido.

Al sincronizar la rama ejecutiva con todos los líderes importantes del Frente Amplio, Tabaré Vázquez procuró circunscribir conflictos potenciales al Consejo de Ministros, en el cual éstos podían ser resueltos sin arriesgar confrontaciones más duras y descentralizadas en el Congreso. Una vez que los diferendos eran resueltos en el ejecutivo, las mayorías parlamentarias estarían aseguradas mediante disciplina fraccionaria. Nuevamente, es importante destacar que las fracciones de los partidos políticos controlan el proceso de nominación y por ende son los más importantes agentes políticos para la agregación, cohesión y práctica legislativa.[33]

Tradicionalmente en Uruguay, la distribución de posiciones ministeriales replicaba las fuerzas dentro del partido ganador.[34] Sin embargo, a principios de diciembre de 2004, Vázquez anunció un nuevo gabinete que claramente difería de esta institución informal. El nuevo gabinete no reflejaba la correlación relativa de votos de cada fracción del EP-FA-NM. El desequilibrio más obvio ocurrió en el caso del MPP y de AU, que obtuvieron un menor número de ministerios del que sus votos le habían otorgado (ver Tabla 2). Algunos ministerios fueron entregados completamente a una fracción (por ejemplo, el recientemente creado Ministerio de Desarrollo Social fue ofrecido al Partido Comunista y el de Agricultura al MPP) mientras otros, fueron distribuidos entre diferentes fracciones otorgando la secretaría a una fracción y la subsecretaría a otra (por ejemplo, Economía y Finanzas, Defensa, Relaciones Exteriores y el Ministerio del Interior).[35]

TABLA 2
EL PRIMER GABINETE DEL FRENTE AMPLIO

Ministerio	Ministro	Fracción	Bajo Secretario	Fracción
Oficina de Planificación y Presupuesto	Carlos Viera	VA	–	–
Defensa	Azucena Berrutti	PS	José Bayardi	VA
Desarrollo Social	Marina Arismendi	PC**	Ana Olivera	PC
Economía y Finanzas	Danilo Astori	AU**	Mario Bergara	Indp.
Educación y Cultura	Jorge Brovetto	Indp.	Felipe Michelini	NE
Ganadería, Agricultura y Pesca	José Mujica	MPP**	Ernesto Agazzi	MPP
Industria, Energía y Minería	Jorge Lepra	Indp.	Martín Ponce de León	VA
Interior	José Díaz	PS	Juan Faroppa	
Relaciones Exteriores	Reinaldo Gargano	PS **	Belela Herrera	PS
Salud Pública	María Julia Muñoz	VA	Miguel Fernández G.	PVP
Trabajo y Seguridad Social	Eduardo Bonomi	MPP	Jorge Bruni	Indp.
Transporte y Obras Públicas	Victor Rossi	AP	Luis Lazo	Indp.
Turismo y Deportes	Hector Lescano	AP	Alberto Prandi	
Vivienda, Planificación Territorial y Medio Ambiente	Mariano Araña	VA**	Jaime Igorra	AU

* Tienen estatus ministerial de acuerdo a la Constitución. Su director participa en el Consejo de Ministros, pero formalmente depende de la presidencia y no es un ministerio en el sentido en que el director del mando no puede ser censurado por el Congreso.
** Denota los líderes de las fracciones.

Finalmente, Vázquez también entregó algunos ministerios a previos colaboradores de su administración municipal, quienes son considerados como partidarios "incondicionales" del presidente (por ejemplo, Salud, Transporte y Obras Públicas, Educación). Además, en el debate de asuntos complicados, Tabaré Vázquez usualmente permitía a sus ministros discutir sus discrepancias abiertamente —y frecuentemente en la prensa— eventualmente poniendo en jaque la carrera de, al menos, un ministro. En esas ocasiones, el presidente actuó como árbitro en el conflicto, asumiendo una posición final y tratando de compensar a la parte perdedora, ya sea simbólicamente o mediante "pagos tangibles" adicionales. La parte perdedora era responsable de asegurar la disciplina de su fracción en el Congreso cuando se requería la aprobación del mismo.

En el plazo corto, esta fórmula resultó satisfactoria y moderadamente eficiente. Sin embargo, encontrones posteriores entre Astori y líderes de otras fracciones en el gabinete pronto se tradujeron en un creciente nivel de tensión política. En especial, durante el debate del presupuesto de cinco años en septiembre de 2005, el impasse casi quebró el gabinete mediante la confrontación entre varios ministros y Astori, quien se rehusó a asignar el monto prometido en la plataforma electoral del Frente Amplio para mejorar la educación. Luego que Astori presentara su renuncia al presidente, Vázquez, finalmente convenció al resto del gabinete de cumplir con la propuesta presupuestaria presentada por el Ministro de Finanzas. En cambio, el último acordó incluir una fórmula de ajuste que —siempre que el crecimiento económico se mantuviese estable— permitiría al gobierno del FA cumplir con su promesa electoral al cumplirse el actual periodo presidencial. A pesar de esto, Astori reiteradamente ha dicho que el gobierno debería concentrarse en consolidar su situación financiera restringiendo el gasto a pesar del crecimiento económico, al menos durante los primeros años del gobierno. Esta posición se explica por su objetivo de crear un buen clima de inversión en el país y desarrollar una buena relación laboral con los IFIS, ambos aspectos considerados como ejes centrales de la política de gobierno de Vázquez. Por esta misma razón, Vázquez no se podía dar el lujo de arriesgar la salida de Astori.

Sin embargo, el apoyo de Vázquez a Astori no estuvo libre de momentos de tensión. El más evidente se desarrolló durante el debate sobre la firma de un Tratado de Libre Comercio (TLC) con los Estados Unidos. Luego de su apoyo inicial y de abogar a favor de la iniciativa, Vázquez cambió su posición debido a la oposición interna por parte de un creciente número de fracciones del FA. Este asunto fue altamente divisivo para el Frente Amplio en un nivel simbólico, que tuvo poco que ver con los costos y beneficios que este TLC podría traer. El FA siempre ha privilegiado la integración regional a través del Mercosur y se ha manifestado abiertamente en contra del "imperialismo" de los Estados Unidos en Latinoamérica desde su creación en 1971. Después del cambio de Vázquez, la posición de Astori a favor del TLC se volvió insostenible. Este incidente fue uno de los más crudos de una serie de confrontaciones significativas y públicas del gabinete entre líderes de fracciones predominantes actuando como ministros de gobierno. Pero no fue el único, por cierto. Otros problemas han estado relacionados con las deudas financieras de los productores agrícolas, la reforma impositiva y las apropiaciones del presupuesto para la educación.

Dado este telón de fondo, la continuidad del gabinete original nombrado por Vázquez tuvo momentos desconcertantes. Durante el periodo de luna de miel, este desequilibrio se pudo mantener. Sin embargo, al correr del tiempo, la fraccionalización interna y los miembros indisciplinados presentaron un desafío a la cohesión del gobierno. La decisión de Vázquez de formar un gabinete que incluyera a los cuatro líderes de las fracciones mayoritarias dentro del EP-FA-NM (PS, AU, MPP, VA) ayudó a contrarrestar las tensiones que pronto emergieron. En el contexto de un Congreso altamente renovado, donde más del 60 por ciento de los legisladores eran nuevos, esta estrategia otorgó al nuevo gabinete un rol clave en el control del proceso legislativo.

Sin embargo, la estabilidad ministerial a pesar de las confrontaciones se puede explicar por la delicada arquitectura política que subyace a la formación del gabinete. Como se explica anteriormente, la remoción de Astori podría haber conllevado un daño definitivo al clima de inversión, comprometiendo incluso el crecimiento económico del país. Mientras que, a pesar de las confrontaciones producidas por su presencia, la permanencia de Mujica en el gabinete también ha probado ser esencial para asegurar el apoyo en el congreso de la fracción más poderosa de la coalición. Finalmente, dado que Vázquez reunió sus ministros asignando un prorrateo por fracción e incorporando líderes de fracciones al poder ejecutivo, sacar a un ministro que no podría ser reemplazado por otro representante de la misma fracción (debido a que esto significaría una ruptura fraccional) podría destruir el presente balance entre las fracciones dentro del gabinete. Por lo tanto, el gabinete necesitaría ser renovado integralmente, en base a una nueva serie de complejas negociaciones internas.

Aparte de esta falta de flexibilidad, los intentos de Vázquez en asegurar la unidad y disciplina del partido produjeron dos externalidades adicionales. La inclusión de líderes de fracción en el ejecutivo y la centralización de las negociaciones políticas en el gabinete han subordinado al parlamento y sus debates a una posición secundaria. En especial, esto es así debido a que los principales paquetes de políticas son "tejidos" en el ejecutivo y luego enviados para aprobación (automática) legislativa. Contrariando una larga tradición parlamentaria de la izquierda, el gobierno del FA, ha restringido el rol de sus representantes en el legislativo. Adicionalmente, en algunos de los pocos casos en que las propuestas han sido iniciadas por los legisladores del Frente Amplio, estas no han sido necesariamente bien acogidas por el ejecutivo. El ejemplo más interesante fue la propuesta de la Ley de Salud Reproductiva, que hubiese liberado la interrupción voluntaria del embarazo por la mujer. Aunque la enorme mayoría de los legisladores del Frente Amplio votó a favor del proyecto (junto a otros pocos votos de los partidos tradicionales, en particular sobresale el caso de ex presidente de la República Julio María Sanguinetti), Tabaré Vázquez vetó la Ley aduciendo su posición ética personal y su calidad de médico.

Para complementar esta visión general preliminar, a continuación presentamos una breve discusión de las principales políticas promulgadas o que han sido propuestas por el gobierno del Frente Amplio hasta ahora, analizando sus impactos en la constitución electoral heterogénea del partido.

Las políticas adoptadas por el gobierno del FA

Posiblemente la prioridad política más sobresaliente de la coalición gobernante en sus primeros años estuvo relacionada con la implementación del llamado Plan de Emergencia (Plan de Atención Nacional de Emergencia Social, PANES), un plan focalizado, comprendido por varios programas sociales que atendió las necesidades de los sectores más pobres de la sociedad.[36] Uno de los componentes centrales del PANES fue el llamado "Ingreso Ciudadano", una transferencia monetaria condicionada (de aproximadamente US$55 por mes, al momento de su aprobación) destinada a las familias en situación de extrema pobreza (400 mil beneficiarios, casi el 13 por ciento de la población del país) a cambio del registro de los miembros de la familia en programas de educación y salud. La decisión de adoptar esta medida y la consideración de este plan como componente central de la agenda, probablemente tuvo que ver tanto con las características de las políticas sociales adoptadas por administraciones previas como con los resultados devastadores de la crisis económica que plagó al país.

El PANES estuvo en primera posición en términos de reconocimiento popular. Al ser una política distintiva de este gobierno, representó el compromiso del EP-FA-NM de mejorar las vidas de aquellos más desvalidos de la sociedad y un intento de diferenciar al gobierno de la coalición de izquierdas de aquellos de los partidos tradicionales. Además, también permitió al gobierno satisfacer a un significativo segmento del electorado emergente del partido. Aunque al principio el PANES sufrió varios problemas de implementación que llevaron inicialmente a críticas y descontento público, ya hacia 2007 el programa estaba funcionando de acuerdo a las expectativas y gozaba de una creciente valoración positiva.

El PANES funcionó desde comienzos del año 2005 hasta el 2007, para ser reemplazado por el novel Plan de Equidad. Tal como sostienen Midaglia y Antía, esta nueva iniciativa pretende "incidir en la estructura de desigualdades vigente en el país, ya sea de tipo socioeconómico, de género, de etnia, regional, entre otras. No obstante, en el corto plazo se plantea abordar de manera amplia las situaciones de pobreza, trascendiendo así la operativa del Plan de Emergencia".[37] Dado que una de sus prioridades es corregir las brechas generacionales, privilegiando la atención de niños y adolescentes vulnerables, el diseño del plan se apoya en instituciones ya existentes, como las Asignaciones Familiares.[38]

Otras dos políticas gubernamentales han gozado de gran apoyo popular: la reapertura en las investigaciones sobre las violaciones a los derechos humanos, y el restablecimiento de negociaciones colectivas vía los Consejos de Salarios (instituciones tripartitas integradas por trabajadores, empleadores y el Estado, organizadas en torno a distintas ramas de actividad). De acuerdo a Senatore tanto la participación de trabajadores y empleadores, la concreción de acuerdos salariales y la moderación de la conflictividad sin debilitar la competitividad de las empresas permiten concluir que la reinstalación de los Consejos de Salarios fue altamente exitosa.[39]

Además, la restauración de la negociación colectiva tripartita entre los trabajadores, las empresas y el Estado (suspendida desde 1992 a pesar de tener estatus constitucional) es la tercera decisión del gobierno apoyada con más consenso. Principalmente en 2005, tanto los trabajadores como las empresas estaban satisfechos con los resultados obtenidos en las rondas de negociaciones, lo que se cristalizó en significativas mejoras de los salarios reales. Como resultado de esta decisión, nuevos incentivos fueron creados para la sindicalización produciendo una avalancha de postulaciones (casi doblando las existentes) en el sector privado. Por medio de esta medida, el gobierno logró dos objetivos. Primero, satisfizo la demanda histórica de la confederación laboral, uno de los pilares claves dentro del electorado fundacional. En segundo lugar, contribuyó a reequilibrar la distribución interna del poder dentro de la confederación, reduciendo la proporción relativa de los empleados públicos mediante la incorporación de trabajadores del sector privado quienes nunca habían estado sindicalizados o quienes habían perdido sus sindicatos durante los años 1990. Aún en 2005, los sindicatos del sector público eran los que obtenían aumentos de salarios más altos. Si este patrón persiste en el futuro, con productores de bienes no comercializables en una posición dominante, la competitividad externa de la economía podría verse afectada adversamente.

En relación a los derechos humanos, las investigaciones realizadas (muchas de las cuales contaron con la colaboración de miembros de las fuerzas armadas) resultaron en significativos hallazgos en relación con violaciones durante la dictadura militar (1973-1985), mientras se mantuvo en los contornos de la Ley de Caducidad de la Pretensión Punitiva del Estado. El programa de derechos humanos constituye un logro del gobierno, ampliamente reconocido por los ciudadanos uruguayos, también contribuyendo a diferenciar al FA de sus predecesores. Además, se hizo cargo de una de las demandas históricas más sentidas del núcleo duro del electorado del partido. Esta política parcialmente satisfizo las solicitudes de diferentes organizaciones que reúnen a familiares de las víctimas de la dictadura, quienes también demandan la prosecución penal de los violadores de derechos humanos. Sin embargo, para cumplir con este objetivo, el gobierno tendría que derogar la Ley de Caducidad ratificada en un referéndum popular en 1989. El partido está internamente dividido sobre este punto. A pesar de esto, a partir de requerimientos internacionales presentados por jueces argentinos vinculados a casos de la Operación Cóndor, algunos prominentes oficiales militares podrían ser extraditados al vecino país. Asimismo, ya se han logrado recolectar las firmas necesarias para una reforma constitucional que pretende anular la Ley de Caducidad. En caso que las firmas sean validadas por la Corte Electoral, el voto directo sobre el tema fue llevado a cabo simultáneamente con las elecciones de octubre de 2009.

Finalmente, dos reformas claves propuestas en la plataforma del Frente Amplio —la reforma impositiva y la reforma al sistema de salud— encontraron considerables niveles de resistencia interna y en el movimiento social, provocando a lo menos el bloqueo de la agenda reformista inicial. No obstante, ambas reformas fueron finalmente aprobadas, aunque sin contar con una valoración positiva de la ciudadanía, por lo que se han convertido en componentes fundamentales en la plataforma de la oposición en el contexto de la campaña electoral de este año.

Una de las principales medidas de la reforma impositiva fue eliminar el Impuesto a las Retribuciones Personales (IRP) adoptándose, en su lugar, el Impuesto a la Renta de las Personas Físicas (IRPF). Otras medidas adicionales, fueron eliminar quince impuestos menores, disminuir la tributación para las rentas empresariales y reducir moderadamente el impuesto al valor agregado de 23 por ciento a 22 por ciento.[40] Respecto del sistema anterior, el IRPF trata diferencialmente las rentas derivadas del trabajo y las del capital. Así, "los salarios y pasividades se gravan con tasas progresionales aplicadas a cada franja de ingresos (entre 10 por ciento y 25 por ciento, con un monto mínimo imponible), mientras que las rentas del capital tienen una tasa fija (12 por ciento)".[41] De acuerdo a Amarante y Vigorito,[42] si bien el antiguo IRP tenía un efecto marginal sobre la desigualdad, el IRPF es progresivo, aunque con un impacto limitado sobre la desigualdad.

Por otro lado, la reforma de salud se concibió desde sus inicios como un aspecto central para el Plan de Equidad, debido a que busca, entre otras cosas, corregir los problemas de acceso a la salud y garantizar cobertura para los sectores más vulnerables, particularmente los niños. En ese sentido, la ley que crea el Sistema Nacional Integrado de Salud (No. 18.211, artículo 4) define doce principios rectores, dentro de los que destacan los siguientes: el acceso universal, la equidad y oportunidad de las prestaciones y la solidaridad en el financiamiento general del sistema. En el año 2007, luego de un complejo proceso de negociación, el gobierno logró finalmente la aprobación de la Ley por la Descentralización de la Administración de Servicios de Salud del Estado (ASSE) del Ministerio de Salud Pública. Adicionalmente, se creó un Fondo Nacional de Salud (Fonasa), se centralizaron las cotizaciones de trabajadores públicos y privados y se estableció el Seguro Nacional de Salud (SNS), así como la Junta Nacional de Salud (Junasa).[43]

La nueva institucionalidad pretende asegurar el acceso universal y equitativo al sistema de salud. No obstante, la incorporación masiva de nuevos afiliados al sistema de salud (fundamentalmente niños) sobre todo en el llamado sistema mutual, ha resultado ser por demás problemática. Uno de los principales prestadores del sistema mutual (CASMU) se presentó a concordato a fines del año 2008 y el hospital clínico más importante del sistema público (Hospital de Clínicas) —perteneciente a la Universidad de la República— ha mostrado serias dificultades para funcionar. Para algunos, la incorporación masiva ha resultado ser más rápida que el acceso a los fondos suficientes para hacerse cargo de los nuevos beneficiarios y no contó con una planificación adecuada.

En conclusión, desde que llegó al poder, el Frente Amplio ha sido capaz de desarrollar diferentes políticas que favorecen segmentos específicos de su base social, logrando un intercambio a través de la entrega secuencial de beneficios a diferentes segmentos del electorado. Con esto, el crecimiento económico ha sido instrumental en amortiguar los conflictos de distribución. Al mismo tiempo, y especialmente en relación a aquellas políticas que involucran una redistribución de recursos significativa o asuntos tradicionalmente problemáticos para el electorado histórico del partido, el gobierno se ha estancado. Ese proceso ha sido acompañado por conflictos significativos dentro del partido y entre el partido y movimientos sociales. Dicha conflictividad ha estado presente, particularmente, durante los tres primeros años de gobierno.

En el resto del período presidencial, el conflicto interno parece haberse focalizado en la contienda entre fracciones y liderazgos por la nominación del candidato presidencial para las elecciones de 2009.

De cara a las elecciones internas de junio de 2009, tres son las candidaturas en pugna: la de José Mujica (líder del MPP y apoyado además por el Partido Comunista), la de Danilo Astori (líder de Asamblea Uruguay y apoyado por el Partido Socialista, la Alianza Progresista, el Nuevo Espacio y una serie importante de fracciones menores), y finalmente, la de Marcos Carámbula (Intendente del Departamento de Canelones, segundo en población del país, con el apoyo fraccional de la Vertiente Artiguista). Mientras Mujica (candidato que corre con ventaja en las encuestas de opinión) obtuvo la candidatura oficial en el último congreso del Frente Amplio, la candidatura disidente de Astori ha sido apoyada directamente por el presidente Vázquez. Asimismo, la candidatura de Carámbula busca terciar entre ambos candidatos, canalizando un sector de opinión que se opone a ambas alternativas principales y que ha sido apoyado por una serie de liderazgos intermedios asociados popularmente a la figura del presidente Vázquez. Nuevamente, esta compleja configuración interna, pone de relevancia la marcada heterogeneidad al interior de la coalición política.

LAS POLÍTICAS Y SUS RESULTADOS PRELIMINARES

Si es medido con indicadores socioeconómicos objetivos, el desempeño de FA ha sido más que positivo (ver la Tabla 3). Aunque el crecimiento económico, reanudado en 2003 luego del más grande colapso financiero en la historia del país, desde su llegada al poder el PIB uruguayo creció, en promedio, 8.1 por ciento. Mientras tanto, las tasas de inflación se han mantenido por debajo de 10 por ciento. Adicionalmente, ya durante su primer año de gobierno un excedente fiscal primario (antes del pago de deudas) de 3.6 por ciento del PIB fue logrado. La significante mejora en la eficiencia de la entrada bruta fiscal que sirvió para monitorear y procesar la evasión, constituye un logro clave que también facilitó la generación de este excedente.

Además, el país ha reestructurado su deuda externa —anticipando pagos a sus acreedores internacionales (es decir, el FMI) e intercambiando la deuda de corto plazo condicionada por "deuda soberana" de largo plazo generada sobre la base de bonos de la tesorería uruguaya altamente cotizados internacionalmente. La demanda del mercado por estos bonos triplicó el monto ofrecido por la tesorería uruguaya.

Tabla 3
Índices económicos seleccionados

	Crecimiento PIB (total)	Crecimiento PIB (per cápita)	Inflación	Desempleo
1997	5.0	4.3	19.8	11.5
1998	4.5	3.8	10.0	11.9
1999	-2.8	3.6	4.2	11.3
2000	-1.4	-2.2	5.1	13.6
2001	-3.4	-4.1	3.6	15.3
2002	-11.0	-11.7	25.9	17.0
2003	2.2	1.6	10.2	16.9
2004	11.8	11.0	7.6	13.1
2005	6.6	5.8	4.9	12.2
2006	7.0	6.8	6.4	11.4
2007	7.4	7.2	8.5	9.7
2008[*]	11.5	11.2	9.2	7.9

Fuente: Instituto Nacional de Estadística y Banco Central del Uruguay.
[*] Datos provisionales.

En términos de los indicadores de bienestar social, el desempeño del gobierno del FA también es notable. Durante la crisis de 2001-2003, las tasas de desempleo llegaron a 17 por ciento, permaneciendo por debajo de 10 por ciento en los últimos dos años. Además, aunque los salarios reales en 2005 aún estaban 17 por ciento más bajos que aquellos observados durante el periodo 1998-2001, en 2005 —y luego de 12 años de descenso continuo— los salarios reales subieron en 4.6 por ciento (5.65 por ciento en el sector público y 4 por ciento en el sector privado). Conjuntamente, durante 2005, el empleo formal incrementó en por lo menos 14 por ciento (según lo señalan las nuevas contribuciones a pensiones provenientes de la incorporación al marcado formal de ex trabajadores informales).

En lo relativo a pobreza y desigualdad del ingreso, uno de los focos centrales del gobierno, el país ha experimentado más avances que retrocesos. La pobreza, que durante los años 2003 y 2004 había alcanzado a cerca del 32 por ciento de la población, se redujo sistemáticamente desde la llegada del EP-FA-NM al poder hasta 25.5 por ciento en el año 2007. Algo similar ocurrió en términos del porcentaje de la población indigente que llegaba al 3.9 por ciento de la población en 2004 pero descendió a 2.1 por ciento en 2007. En términos de desigualdad de los ingresos es difícil aventurar conclusiones debido a un cambio en la metodología de medición ocurrido en 2006; no obstante la tendencia refleja un leve pero sostenido incremento de la desigualdad en la última década, variando de un Gini de 45 en 2002 a uno de 45.7 en el año 2007.[44]

Aunque las series de tiempo suficientemente largas de aprobación presidencial son muy escasas en el país, la investigación existente documenta un significativo impacto del desempeño económico (medido a través del desempleo y las tasas de inflación) en la aprobación presidencial, en modelos de predicción que incluyen una variable dependiente con un periodo de retraso y una serie de controles estadísticos.[45] Mientras tanto, los efectos de "luna de miel" (modelados mediante diferentes operaciones) no muestran mucha fortaleza en el país.

Al respecto, las tasas de aprobación a la gestión del presidente Tabaré Vázquez se han mantenido relativamente altas. La popularidad de Vázquez al momento de asumir la presidencia fue más alta que la de cualquier otro presidente uruguayo desde la redemocratización.

El Frente Amplio en la arena internacional

Desde sus inicios a principio de los setenta, el FA ha tenido un fuerte discurso prolatinoamericano con referencias significativas y recurrentes al héroe nacional José Artigas. De este modo, la retórica del FA en relación al mundo estaba estructurada alrededor de una identidad nacional anclada en una perspectiva regionalista.

A pesar de esto, la crisis de fines de los noventa puso al descubierto la debilidad de la economía uruguaya y su fuerte dependencia en sus dos mayores vecinos: Argentina y Brasil. Desde entonces, el país ha estado inmerso en una tensión entre dos modos aparentemente contradictorios de administrar su inserción en la economía mundial. Por otro lado, las voces más de centro tienden a apoyar la idea de una apertura unilateral al mundo, mediante la firma de TLCs con tantos países como sea posible —incluyendo Estados Unidos— y siguiendo el modo chileno. Por otro lado, algunas voces aún abogan por el uso del Mercosur como una plataforma subregional y como la estrategia más racional en administrar la apertura de la economía nacional.

Existe un consenso, sin embargo, en la necesidad de diversificar los mercados extranjeros uruguayos. De hecho, Uruguay actualmente está negociando con varios países, especialmente India, China, Sudáfrica, Nueva Zelanda y los Estados Unidos. Con el último, las negociaciones son mucho más complejas que simplemente coordinar términos económicos. La firma unilateral de un TLC con los Estados Unidos arriesgaría la eventual expulsión de Uruguay del Mercosur. Mientras tanto, el Mercosur continúa siendo el mayor socio de negocios del país.

Dentro del Mercosur, los primeros dos años de la administración del FA estuvieron plagados de obstáculos. Lo que comenzó como una relación extremadamente afable, ideal entre el presidente argentino Néstor Kirchner y Vázquez, se ha tornado progresivamente en una situación muy compleja y conflictiva. Durante la campaña electoral en Uruguay, un alto porcentaje de los votantes provenía de la vecina Argentina, donde reside la mayor diáspora uruguaya. Kirchner, quien explícitamente apoyaba la candidatura de Vázquez, dio a todos los trabajadores administrativos uruguayos dos días libres para viajar a Uruguay, contribuyendo de este modo a la participación electoral masiva de uruguayos residentes en Argentina. Sin embargo, en este momento la relación del país con Argentina es especialmente tensa debido a la controversia sobre la instalación de una planta procesadora de celulosa cerca de la frontera en el río Uruguay. El conflicto comenzó por la preocupación argentina en relación al posible daño ambiental que esta planta podría causar en la provincia vecina de Entre Ríos. La confrontación entre los dos países ha incrementado y aún queda por resolver, el futuro de una segunda planta en Colonia, en la cuenca del Río de la Plata. El rechazo de Uruguay de reubicar ambas plantas fue acompañado por un bloqueo permanente de uno de los puentes que conecta ambos países. El bloqueo fue establecido por activistas ambientales y su remoción no ha sido intentada por el gobierno provincial ni por el nacional, motivando múltiples demandas por parte de Uruguay presentadas en cortes internacionales y en el Mercosur.

A pesar de una indecisión inicial (principalmente en el campamento de oposición), todas las fuerzas políticas y los ciudadanos en Uruguay apoyaron la decisión del gobierno en el conflicto con Argentina sobre las plantas procesadoras de celulosa. Esta confrontación eventualmente ha servido para proveer apoyo al gobierno a través de la junta, distrayendo la atención de los problemas internos del país. De todos modos, el gobierno argentino merece más crédito que su permisividad en relación al bloqueo de puentes internacionales por parte de sus ciudadanos y el consecuente aislamiento parcial de Uruguay.

En general, en términos de sus relaciones internacionales, el país

> abruptamente se encuentra como uno de los principales frentes en la lucha entre Estados Unidos y Venezuela por la dominación de Sudamérica. La administración Bush y el presidente Hugo Chávez de Venezuela están corriendo por posición aquí, cada uno tratando de menoscabar al otro ganando el gobierno de izquierda de Uruguay.[46]

Ambos países están tratando de seducir a Uruguay en diferentes formas, los Estados Unidos dando claras señas de abrir camino para un TLC con Uruguay (lo que ya fue rechazado por el gobierno del FA), y Venezuela, por otro lado, ofreciendo precios preferenciales para el petróleo, asociándose financieramente con algunas empresas uruguayas públicas y subsidiando ciertos proyectos sociales en el país. El FA carece de una estrategia y visión de relaciones exteriores unívoca y coherente. Mientras que algunos líderes de fracciones como Astori —el Ministro de Economía y Finanzas de Asamblea Uruguay— tienden a poner a Chile como un modelo de conducta a seguir, apoyan el TLC con los Estados Unidos, y frecuentemente cuestionan la utilidad de mantenerse como miembro del Mercosur, otros como Gargano —el Ministro de Asuntos Exteriores del Partido Socialista— se han opuesto sistemáticamente al TLC con los Estados Unidos y preferirían estrechar relaciones con el Mercosur y la región.

Conclusiones

¿Cómo podemos explicar la paradójica combinación de una política macroeconómica ortodoxa en el gobierno del Frente Amplio, con el rechazo a firmar un TLC con Estados Unidos? Para algunos, esto pone de manifiesto una posición a medio camino entre las opciones de política actualmente en boga en los gobiernos de izquierda de la región. Para otros, sin embargo, esta contradicción aparente revela la coexistencia de diferentes izquierdas dentro de la izquierda uruguaya.

Al reconocer que diferentes izquierdas coexisten en el mismo gobierno, la mayoría de los analistas estarían de acuerdo en ubicar al gobierno del Frente Amplio entre la denominada izquierda social demócrata latinoamericana en oposición a la presuntamente alternativa populista observada en Venezuela, Bolivia o Argentina.[47] Según esta visión, el nuevo gobierno uruguayo va en la línea de los gobiernos del PT Brasilero y de la Concertación liderada por los Socialistas de Chile. De hecho, por ejemplo, tanto el presidente Tabaré Vázquez y Danilo Astori han declarado abiertamente que Uruguay debería buscar emular el "Modelo Chileno", optando por una administración macroeconómica ortodoxa para atraer inversión productiva y a la vez buscar pagar la "deuda social" con políticas de asistencia a la población más pobre del país.

Sin embargo, incluso en relación a los casos incluidos en el grupo democrático social, la experiencia uruguaya presenta relevantes especificidades. Sería ingenuo —y tal vez erróneo— esperar que el Frente Amplio implemente el "Modelo Chileno". Aunque el Frente Amplio es un partido institucionalizado que sufrió un largo periodo de moderación ideológica antes de llegar al poder, difiere de su contraparte chilena en términos del tipo de relación institucionalizada entre el partido y su (heterogénea) base social. Además, el Frente Amplio gobierna en un contexto estructural y socioeconómico completamente diferente. Incluso si Tabaré Vázquez o Lula —liderando "gobiernos de izquierda reconstruidos"— buscan emular a Ricardo Lagos o Michelle Bachelet, podrían sólo producir un parecido cosmético.

Los efectos tanto de las instituciones políticas y de las configuraciones socioestructurales que derivan de la historia de cada país entorpecerían el transplante exitoso del "Modelo Chileno." En pocas palabras, la Concertación —y especialmente los socialistas chilenos— pueden implementar las políticas que persiguen debido a que las bases sociales fueron desmanteladas drásticamente durante el periodo de Pinochet. Pero también, las reformas económicas promulgadas por la dictadura entraban la capacidad de movimiento social contemporáneo para organizar y unirse a partidos.

El caso uruguayo muestra que el desarrollo histórico y las características institucionales de la coalición centro-izquierda, como también la evolución de sus uniones con diferentes segmentos de su electorado, debe ser tomado en cuenta para explicar la convergencia y divergencia en el desempeño gubernamental de los actuales partidos de izquierda latinoamericanos. A lo menos, un análisis dependiente de la trayectoria parece explicar mejor los eventos actuales que recuentos basados en desempeño socioeconómico de corto plazo o en evaluaciones simplistas basadas en características de liderazgo presidencial.

El Frente Amplio llegó al poder presidencial después de treinta años de existencia. Durante esos años, gradualmente llegó a entender las reglas del juego y comenzó un proceso de adaptación estratégica para usarlas en su propio beneficio. En cierto modo, una vez que el Frente Amplio comenzó a expandir su menú electoral enriqueciendo su competencia interna entre las diferentes fracciones y concentrando el apoyo de todos estos diversos grupos en una candidatura presidencial única, el Frente Amplio dio un paso hacia la presidencia. El Frente Amplio también capitalizó desde un contexto claro de crisis económica (2001-2002). Por supuesto, sería imposible responder la pregunta contrafáctica si el Frente Amplio hubiese ganado la presidencia sin esa crisis. La respuesta más posible sería "sí", pero nadie sabe exactamente cuándo.

Aunque algunos ciudadanos resentidos dirían que el FA es "más de lo mismo", ha mostrado una agenda política diferente a los gobiernos anteriores. En el sentido de política, los primeros dos años del gobierno del FA se caracterizaron por un conjunto de cambios específicos: la implementación de un plan social de emergencia (para mejorar algunas de las terribles consecuencias de la crisis de 2001), la reinstauración de la negociación colectiva de salarios (entre el gobierno, los trabajadores y las empresas), una propuesta para promulgar una reforma progresiva de impuestos y una agenda internacional que fluctúa entre liberalización comercial bilateral y la participación en alianzas subregionales.

A pesar del evidente progreso de la economía uruguaya, el gobierno ha sido objeto de crecientes críticas por parte de organizaciones de la sociedad civil y especialmente por los sindicatos de trabajadores. Según se muestra en las declaraciones emitidas por un importante líder de la Confederación Nacional de Trabajadores, los trabajadores son "solidarios" pero "críticos" de un gobierno que es considerado como "propio", pero el cual también "(en sólo siete meses), completamente perdió el camino [...] sobrevalorando las presiones internacionales y menoscabando el movimiento social".[48]

Nota de los editores

La información sobre temas políticos circula a diferentes velocidades. Los resultados de la elección presidencial en segunda vuelta del 29 de noviembre de 2009 en Uruguay fue uno de esos sucesos que rápidamente circuló en el mundo. Luego de una primera ronda donde el candidato del Frente Amplio, José Mujica, no lograra tener el 50 por ciento +1 voto en la primera ronda del 25 de octubre, el mundo rápidamente conoció la victoria de Mujica con el 52 por ciento de los votos en la segunda vuelta poco más de un mes después.

En un sistema dominado por el bipartidismo donde los blancos y los colorados habían alternado desde la independencia del Uruguay, la llegada de la izquierda a la presidencia materializada en Tabaré Vázquez como candidato del Frente Amplio en 2005, fue una hazaña en sí misma. Sin embargo, la elección de 2009 marcó un hito en la historia de la izquierda uruguaya, al ser la primera vez en que pudo votarse con la certeza del desempeño del Frente Amplio.

Al momento de la elección, Uruguay había reiniciado el crecimiento económico luego de la crisis global, la inflación se mantenía controlada cerca del objetivo de 3.7 por ciento y la tasa de desempleo había comenzado a caer. De hecho, junto con Brasil, la economía uruguaya fue tan sólo levemente afectada por la crisis económica global. En suma, un balance claramente positivo en materia económica durante la administración de Tabaré Vázquez. El escenario político, a pesar de no ser dominado por blancos o colorados, se mantuvo también relativamente estable.

Tabaré Vázquez, como causa o consecuencia de ello, llegó a la elección de 2009 gozando de la aprobación del 61 por ciento de los uruguayos, que no es una hazaña menor para un presidente de una fuerza política que por vez primera llega al poder y deja el cargo a la mitad de una crisis económica global.

Como detalla el capítulo, el Frente Amplio es una amalgama heterogénea de grupos políticos que genera dinámicas muy particulares para mantener el equilibrio y la cohesión en el Frente mismo. Estas mismas dinámicas reducen las alternativas que puede promover el Frente. Más complejo se vuelve el escenario cuando se tiene que negociar también con otras fuerzas políticas en los poderes legislativo y judicial.

En sí misma, esta situación explica que Tabaré Vázquez, a pesar de provenir de una fuerza política de izquierda, haya instrumentado medidas responsables en materia económica que no se distancian demasiado de la política seguida por sus predecesores.

José Mujica fue un miembro fundador del Movimiento de Liberación Nacional — los guerrilleros urbanos uruguayos conocidos como tupamaros en los sesenta— y estuvo en prisión por ello. La radicalidad de las ideas de José Mujica y otros tupamaros ahora miembros del Frente Amplio podría implicar la radicalización de las políticas que el Frente Amplio instrumente en el siguiente periodo. Igualmente, las mayorías en ambas cámaras de la Asamblea General podrían sugerir un camino más sencillo en términos políticos para Mujica. Por lo tanto, es relevante preguntarse ¿qué tanto podrá Mujica, dado su pasado bastante más radical que el de Tabaré Vázquez, llevar a Uruguay hacia la izquierda radical en el espectro político? Nos aventuramos a señalar que el contexto institucional, la amalgama de fuerzas que componen el Frente Amplio y un electorado con pocas diferencias ideológicas respecto del que prevalecía en 2004, son razones suficientes para no considerar seriamente un cambio extremadamente radical en las políticas que se instrumenten en Uruguay. Pero, como siempre, el tiempo nos dirá si tuvimos la razón de nuestro lado.

Capítulo 8
Venezuela: del populismo bolivariano al socialismo del siglo XXI
Raúl A. Sánchez Urribarri

Para muchos, la izquierda llegó definitivamente al poder en Venezuela con el triunfo de Hugo Chávez Frías en las elecciones presidenciales de diciembre de 1998. Pero eso no es del todo cierto. Anteriormente, diversas agrupaciones de izquierda habían aprovechado la apertura del sistema político ocasionada por el deterioro de los partidos tradicionales (Acción Democrática y COPEI), para incrementar su presencia en el Congreso Nacional y ganar importantes alcaldías y gobernaciones.[1] No obstante, la llegada de Chávez al poder dio un giro definitivo a las aspiraciones de la izquierda. Por primera vez un líder abiertamente identificado con las causas de justicia social y redistribución, carismático y con apoyo proveniente de todos los sectores llegaba a la presidencia. Chávez pasó a ser, prácticamente de la noche a la mañana, el protagonista fundamental de la izquierda venezolana y, más adelante, uno de los personajes fundamentales de la izquierda en la región.

La revolución bolivariana tiene grandes aspiraciones y, a diez años de su llegada al poder, sigue siendo un eje influyente de cambios en nuestro continente. Pero, ¿hasta que punto esos cambios, el método a través del cual se están llevando a cabo y la propuesta política denominada socialismo del siglo XXI, son compatibles con la democracia representativa, hoy día adoptada como modelo constitucional en toda América Latina? La *revolución* —denominada hoy día socialismo del siglo XXI, en su fase actual de consolidación con miras a futuro— es el primer experimento socialista en Latinoamérica que goza de una sólida plataforma económica estable propia, sin patrocinio expreso de potencia extranjera. El aluvión de ingresos por concepto de exportaciones petroleras que ha recibido el gobierno de Chávez le ha permitido desarrollar una poderosa estructura política que, a través de distintas medidas de carácter social (principalmente dirigidas a los sectores socioeconómicos menos favorecidos), y diversos mecanismos clientelares populares y en pleno funcionamiento, ha logrado salir victorioso en la mayoría de los procesos electorales celebrados en los últimos años.

Sin embargo, el compromiso de la *revolución* con las reglas del juego democrático está en entredicho: los poderes públicos están abiertamente sujetos a la autoridad del presidente, incluyendo la autoridad electoral y el Poder Judicial; el gobierno goza de una serie de ventajas en los procesos electorales frente a la disminuida y escasamente representada oposición; los medios de comunicación de prensa, radio y televisión privados, enfrentan cada vez más restricciones para funcionar; el ejército y su alto mando está abiertamente entregado a la realización del proyecto político presidencial, más allá del cumplimiento de sus funciones constitucionales; la sociedad civil no gubernamental también ha sido objeto de amenazas de control y sujeción por parte del gobierno y hasta han habido reiteradas denuncias de que el gobierno discrimina en masa a quienes firmaron en contra de Chávez, impidiéndoles formar parte de la administración pública, más allá de sus méritos.[2] En definitiva, Venezuela parece haberse convertido, por momentos, en un régimen híbrido y, particularmente, en un autoritarismo competitivo, en el que los espacios de disensos son sistemáticamente manipulados por el gobierno con el fin de prevenir que quienes se oponen a sus propuestas tengan la oportunidad de llegar al poder o, al menos, influir en la toma de decisiones.[3] Esto se ha ido agravando hasta el punto que, recientemente, varios sucesos evidenciaron una consolidación del tinte autoritario del régimen: la investigación y el juicio en curso contra el ex gobernador de Zulia, Manuel Rosales, ex candidato presidencial en las elecciones de 2006 y electo alcalde de Maracaibo en los comicios regionales de 2008; la eliminación de las competencias y prerrogativas del alcalde Mayor del Área Metropolitana de Caracas, Antonio Ledezma, también electo recientemente, para traspasarlas a diversos organismos, incluyendo un despacho recientemente creado por el gobierno nacional a tal efecto; y, finalmente, la sanción administrativa impuesta por el contralor General de la República, Clodosbaldo Russián, contra el popular líder opositor Leopoldo López, la cual le impidió participar como candidato por esa misma alcaldía en el 2008, son ejemplos fehacientes de la falta de apego a la institucionalidad democrática por parte del chavismo.

No cabe duda que Chávez y sus partidarios han ganado la mayoría de las elecciones, pero limitar el análisis del carácter democrático del régimen político chavista a las elecciones y el respeto a sus resultados no refleja debidamente el proceso de deterioro que han sufrido otras instituciones propias de la democracia representativa. Asimismo, la creciente y peligrosa polarización del sistema sigue amenazando la paz social. Chávez sigue despertando pasiones encontradas —para unos, es un formidable campeón, defensor de los sectores venezolanos más empobrecidos.[4] Para otros, Chávez no es más que un dictador moderno, la versión contemporánea de un "déspota benévolo".[5] Pocos análisis tratan de escapar de esta dicotomía.[6] Tras diez años de *revolución*, Venezuela está revuelta hoy más que nunca y la posibilidad de un conflicto de grandes proporciones entre partidarios del chavismo y opositores sigue existiendo. El sistema no ha terminado de definir una forma definitiva: Ni el chavismo ni la oposición están conformes con el *statu quo*.[7] Según el propio Chávez y los máximos representantes de su movimiento, lo que se busca es la transformación del Estado liberal democrático en un sistema basado en los principios humanistas y participativos de un socialismo humanista, democrático y pluralista. Por el contrario, entre la oposición hay desinformación, incertidumbre y angustia; y prevalece la idea de que se está creando y consolidando un sistema abiertamente autoritario sobre la base del liderazgo personalista, exclusivo y excluyente de Chávez, sin que haya la posibilidad de hacer uso de los mecanismos que en teoría brinda el sistema político para poder detenerlo o, tan siquiera, debatir en su contra, tal y como debe ser el caso en una sociedad que se sigue preciando de ser democrática. ¿Hasta qué punto la revolución bolivariana es un proyecto que representa los valores de la izquierda democrática y no una propuesta autoritaria con rasgos izquierdistas, impuesta por Chávez y su élite política? ¿Qué es el socialismo del siglo XXI: una verdadera democracia social o una dictadura de nuevo cuño?

El gobierno de Hugo Chávez: del bolivarianismo al socialismo

Siguiendo a Castañeda,[8] es claro que el chavismo no representa una izquierda reformista, como la de Brasil, Chile o Uruguay. Más bien, el movimiento guarda más relación con los movimientos nacionalistas, radicales y populistas de izquierda más conocidos de América Latina, como Perón en Argentina o Vargas en Brasil; mientras que el nuevo socialismo, pendiente de mayor clarificación práctica, aparenta estar inspirado en las distintas experiencias socialistas del siglo XX, incluyendo el sistema castrista en Cuba.

En cuanto al carácter populista de la gestión de Chávez, hay diversos elementos que es conveniente destacar. Primero que todo, es importante recalcar el vínculo directo y personal que existe entre Chávez y las masas, especialmente los sectores menos favorecidos de la sociedad venezolana. La revolución de "izquierda" de Hugo Chávez es adicta al personalismo; hoy más que nunca, la legitimidad del gobierno reposa en el "hiperliderazgo" de Chávez.[9] Esta conexión líder-pueblo se ha basado en gran medida en el uso una plataforma comunicativa sin precedentes en Venezuela, incluyendo "Aló presidente", el programa dominical transmitido por la Televisión Nacional en el que el presidente le "habla al pueblo", toma decisiones y hasta regaña públicamente a los ministros. Dentro del propio chavismo ha ido creciendo la reverencia a Chávez como líder y entre sus seguidores, hoy día, parece existir la convicción de que el chavismo sin Chávez es una entelequia.

Por otro lado, Chávez ha afirmado repetidamente que actúa en función de los intereses de los más pobres y en contra de los sectores económicamente pudientes, a los que denomina "oligarquía", o "escuálidos" (lo cual es típico de regímenes populistas).[10] Aunque no ha llegado al punto de convertir al régimen en una dictadura plebiscitaria, la repetición insistente de este discurso maniqueo ha servido de catalizador y, si se quiere, de punto de partida a la creciente polarización de la opinión pública, hasta el punto que en la sociedad venezolana se viven altos niveles de intolerancia y tensión entre los dos sectores.

Otra característica fundamental del chavismo, prácticamente desde el comienzo de la revolución, es su uso desmedido de prácticas clientelares. Esta institución informal ya existía en Venezuela durante la época del bipartidismo y se ha mantenido con plena vigencia durante el nuevo régimen.[11] Ha habido varios intentos de conceptualizar y medir el fenómeno a fines de entender qué proporción del apoyo electoral a Chávez es verdaderamente producto de la compra sistemática de voluntades por parte del gobierno.[12] Más allá del debate académico en la materia, hay numerosas anécdotas de uso de fondos públicos a cambio de apoyo político, así como cuantiosas denuncias de discriminación política por parte de ciudadanos que firmaron para solicitar el referéndum revocatorio contra Chávez en 2003-2004. La oposición alega que el clientelismo ha aumentado y que el empleo indiscriminado de fondos petroleros para obtener ventajas políticas ha contribuido a disminuir la gobernabilidad del país, mientras que otros expertos señalan que la elaboración e implementación de políticas públicas ha sufrido notablemente y el gobierno, en general, se ha vuelto menos eficiente[13] y que, en realidad, no ha logrado llevar a cabo sus metas, especialmente combatir la pobreza.[14] Esto sigue siendo una cuestión muy difícil de analizar de forma objetiva, en virtud de los obstáculos que existen para medir estas prácticas informales. Es importante que futuras investigaciones se aboquen a comparar el clientelismo desarrollado por el chavismo, con el clientelismo de la partidocracia de Acción Democrática y COPEI. ¿Hasta qué punto han cambiado las cosas? ¿Es posible un chavismo sin clientelismo?

Por otro lado, además del personalismo, el clientelismo y el populismo —características que han sido propias del chavismo desde su formación— el régimen poco a poco ha ido definiendo una propuesta ideológica concreta, que el propio presidente ha dado por llamar socialismo del siglo xxi. Este modelo no surgió de la nada; antes bien, tiene su origen en la propia experiencia del chavismo previo a su llegada al poder. Además, expandir el proyecto bolivariano hacia otros países y pregonar sus virtudes a nivel mundial requiere una propuesta teórica menos local y más universal. Sin embargo, como veremos a continuación, ha existido y existe, a la fecha, una contradicción profunda entre el populismo bolivariano que hemos descrito y el arquetipo socialista que se propone. Esta contradicción, a su vez, es producto de un enfrentamiento de intereses contrapuestos en el seno del chavismo, entre las nuevas élites que están surgiendo producto del capitalismo de Estado rentista y clientelar *versus* quienes desean una verdadera y profunda transformación social, que altere la configuración actual de las relaciones sociales del país y destierre, definitivamente, el modelo socioeconómico desarrollado durante la mayor parte del siglo xx.

El presente artículo resume de forma sucinta los elementos claves de la formación y consolidación de la propuesta chavista durante el gobierno de Hugo Chávez, en concordancia con los fenómenos más importantes de su mandato. Las etapas que se enuncian y describen a continuación están íntimamente relacionadas con otras descripciones y análisis más elaborados, escritos por otros especialistas en la materia, cuyo criterio seguimos.[15] En estas etapas se aprecia, de igual modo, la presencia y perpetuación de las características fundamentales que hemos anunciado con anterioridad, así como el surgimiento y consolidación de la propuesta socialista chavista.

Transición (1999-2001)

Éste fue el periodo inicial del régimen chavista. En la transición había, en la práctica, un balance de fuerzas entre el chavismo, como movimiento político que buscaba ocupar espacios de poder, y los actores que venían ocupando las distintas instancias de gobierno durante el régimen anterior. Durante este tiempo, Chávez comenzó a darle forma a su vínculo directo con sus seguidores, a través de numerosas apariciones públicas, el exitoso lanzamiento del programa de televisión semanal "Aló Presidente" y su participación en las campañas electorales de los diversos procesos electorales celebrados entre 1999 y el 2000, que resultaron en la creación y aprobación de la nueva Constitución y la renovación de todos los cargos de elección popular. Sin embargo, aunque Chávez seguía contando con el respaldo del electorado, su liderazgo todavía no estaba suficientemente asentado. Asimismo, la organización política de su movimiento estaba fragmentada, era ideológicamente heterogénea y dependía en gran medida de la participación de otros personajes, como su mentor Luis Miquilena. Aunque Chávez ya se había convertido en el factor preponderante de la vida política venezolana, y a pesar de la implosión de Acción Democrática y COPEI, la oposición todavía tenía muchísimo poder político, sobre todo a nivel regional y local. Además, aun cuando el escenario político parecía apropiado para intentar cambios profundos del sistema, el entorno económico no era el más apropiado, ya que el precio del petróleo aún estaba relativamente bajo. La falta de recursos económicos cuantiosos y la desorganización de su movimiento impidieron que Chávez desarrollara esquemas clientelares tan amplios y funcionales como los de AD y COPEI en sus mejores tiempos y, ciertamente, mucho menores que los que el propio chavismo pondría en práctica con posterioridad, tal y como mencionaremos *infra*.

Por otra parte, aun cuando en aquel entonces había factores opositores que alertaban en contra de una supuesta radicalización del proyecto de Chávez, la etapa de la transición fue más bien ideológicamente moderada. Quizás el mejor ejemplo de esto es la Constitución de 1999, la cual, más allá de ampliar los poderes de la presidencia de la República e implementar conceptos novedosos —tales como la creación de cinco ramas del poder público, la consagración de una democracia "participativa y protagónica" o la creación de un "Estado Social de Derecho y de Justicia"— consagró una democracia de índole representativa. De igual modo, la Constitución mantuvo los aspectos más fundamentales del esquema de descentralización políticoadministrativa que había sido llevado a cabo durante la década de los noventa, así como otorgó amplísimas prerrogativas de control al Poder Judicial (especialmente a través de la creación y puesta en funcionamiento de la Sala Constitucional del Tribunal Supremo de Justicia). De igual modo, la nueva Constitución consagró un catálogo amplísimo de derechos fundamentales y estableció mecanismos expeditos para su protección. A la fecha, la Constitución "bolivariana" reconoce el derecho de propiedad privada con escasas limitaciones y permite la participación del sector privado en sectores que en economías de izquierda tienden a estar en manos del Estado, como la explotación y comercialización de recursos naturales no renovables, incluyendo el petróleo.

En cuanto a política exterior, a excepción de unos pocos incidentes controversiales (sobre todo la relación cada vez más fuerte con Cuba y los vínculos que Chávez empezó a desarrollar con países que tienen una relación conflictiva con las potencias de Occidente), las relaciones de Venezuela con Estados Unidos y otros países de la región no tuvieron grandes contratiempos. El gobierno de Chávez mejoró sus relaciones con otras naciones productoras de petróleo, especialmente con países miembros de la Organización de Países Exportadores de Petróleo (OPEP) y apoyó la elaboración de una estrategia común para recortar la producción y estabilizar e incrementar el precio del crudo. Por último, en cuanto a política económica, durante sus primeros años, Chávez fue bastante moderado, hasta el punto que, hasta ese momento, más bien funcionaba como un régimen "neopopulista", al estilo de Alberto Fujimori en Perú,[16] tratando de tomar medidas que complacieran a la población pero que tampoco trastocaran los indicadores macroeconómicos fundamentales del país. El populismo era más retórico que otra cosa —Chávez, en la práctica, se comportaba como un presidente *pragmático*. Sin embargo, no todo era positivo. En lo que concierne a la elaboración de políticas públicas, el gobierno adoptó una actitud unilateral, inconsulta y sin negociación (cosa que se ha agravado con el paso del tiempo). Por otro lado, la estabilidad democrática del país y la gobernabilidad se empezaron a deteriorar, debido a la acumulación de poder en la figura de la presidencia, la remoción de funcionarios con vínculos políticos con la oposición y las presiones de grupos opositores que se habían sentido excluidos del proceso de cambios. El Estado de derecho había pasado a tener una influencia relativa en el esquema político, debido al cambio de la Constitución y el escaso control sobre las acciones del poder público por parte del tribunal supremo.

En resumidas cuentas, durante esta época, Chávez no pudo desarrollar una agenda política radical, bien porque éste aún no era su propósito o porque, sencillamente, carecía de los recursos o condiciones idóneas para hacerlo. Su principal interés era la constituyente, desplazar a la élite política anterior y consolidar el "proyecto revolucionario". Esta moderación se debe, además, a la presencia dentro del chavismo de factores provenientes del sistema político anterior, así como a la presión de académicos, intelectuales y profesionales centristas miembros del nuevo *establishment* político. Entre tanto, los factores de izquierda tradicionales fueron testigos de la consolidación del liderazgo de Chávez y de la pérdida de autoridad y legitimidad propia frente a lo que tradicionalmente había sido su electorado: el gobierno era de izquierda pero, primordialmente, era centrado en la figura de Chávez. Entre tanto, la oposición, de una forma u otra, si bien desde el principio se vio excluida de la dinámica política generada por el nuevo sistema, llegó a presionar exitosamente al nuevo gobierno, a través de las instancias regionales que controlaba y su participación en el Parlamento. Diversos partidos de oposición llegaron a hacer alianzas con el chavismo en diversas ocasiones, incluso para decisiones tan importantes como la designación de los magistrados del Tribunal Supremo de Justicia en diciembre de 2000.

Confrontación (2001–2004)

Este periodo se caracterizó por un deterioro generalizado de las relaciones entre el gobierno y la oposición. En teoría, esta etapa empezó cuando Chávez emitió 49 decretos leyes en uso de la autorización legislativa concedida por el Parlamento (noviembre de 2001) y terminó poco antes del triunfo de Chávez en el referéndum de agosto de 2004, tras la subida de los precios del petróleo y la creciente popularidad de Chávez producto de la expansión de los programas sociales denominados misiones.[17] Hoy día, el oficialismo interpreta esta etapa como una "época de lucha" de sus partidarios en contra de los intereses de la "oligarquía apátrida" venezolana y todos sus intereses conexos: el empresariado, la jerarquía eclesiástica, las organizaciones no gubernamentales afiliadas con los partidos de oposición (de "derecha") y, por supuesto, el gobierno de Estados Unidos. Por el contrario, la oposición considera que, en esta misma época, sus partidarios y líderes fueron protagonistas de una gesta heroica contra un régimen comunista autoritario en formación, a objeto de asegurar y proteger las libertades fundamentales de los ciudadanos a toda costa.

Aunque el riesgo de un conflicto cívicomilitar a gran escala llegó a ser palpable y verdaderamente preocupante, en virtud del aumento de la violencia política (incluyendo el lamentable episodio de los caídos en la marcha del 11 de abril de 2002), la situación nunca desembocó en episodios violentos de gran escala. Si bien la economía se deterioró rápidamente durante estos años, el gobierno se abstuvo de recurrir a medidas extremistas para estabilizarla —como nacionalizaciones en masa o confiscaciones— incluso después del paro petrolero de diciembre de 2002. No obstante, tras el levantamiento de la huelga, el gobierno comenzó a ocupar espacios en la industria petrolera y otros sectores básicos y comenzó a crear una élite empresarial propia que pudiera servir de contrapeso a los grupos económicos tradicionales (la génesis de lo que más tarde sería la nueva clase pudiente chavista, popularmente llamada "boliburguesía"). Durante estos años, Chávez hizo cada vez más agresiva su retórica, en la medida que el enfrentamiento entre gobierno y oposición se iba haciendo más intenso. Las instituciones en las que el gobierno y la oposición compartían espacios (especialmente la Asamblea Nacional y el Tribunal Supremo de Justicia) quedaron parcialmente paralizadas. Incluso se requirió la intervención de diversas organizaciones internacionales, tales como la Organización de Estados Americanos y El Centro Carter para poder organizar y celebrar el referendo revocatorio contra Chávez y, de ese modo, garantizar la gobernabilidad del país.

Después de 2002 las políticas gubernamentales se fueron tornando cada vez más típicas del populismo clásico latinoamericano. Chávez abandonó su relativa neutralidad y se convirtió en un crítico acérrimo del gobierno de George W. Bush en Estados Unidos, al cual culpó abiertamente de participar en el "golpe del 11 de abril de 2002" o de negarse a condenar las acciones militares que lo llevaron a salir del poder. En la medida que Chávez fue consolidando su poder, el gobernante también apeló a otros mecanismos para fortalecer la conexión gobierno-pueblo y reducir la influencia de los grupos opositores. Los ingresos provenientes del alza del petróleo siguieron en aumento, lo cual, aunado al control de la compañía petrolera nacional PDVSA, le permitieron al gobierno contar con un flujo de caja confiable y constante para financiar programas sociales. A través de los programas denominados misiones, el gobierno comenzó a dar respuesta a algunas necesidades básicas de los ciudadanos (principalmente salud y educación) y, a la vez, organizó una red muy eficiente de apoyo político. Asimismo, gran parte de la sociedad, exhausta tras el periodo de confrontación, comenzó a ver con mayor simpatía los esfuerzos del gobierno por restaurar el orden público. Todas estas condiciones, en conjunto, facilitaron el triunfo de Chávez en el referéndum revocatorio de agosto de 2004 y le permitieron pasar a una fase de consolidación del proyecto bolivariano.

Consolidación (2004-2006)

Este periodo trajo consigo el afianzamiento del régimen de Chávez y el ocaso de la oposición. Es de notar que, hasta este momento, ni Chávez ni sus partidarios definían su proyecto como socialista, ni hacían mayores esfuerzos por inculcar una línea de pensamiento de izquierda radical entre sus partidarios. En cierta medida, el chavismo seguía contando con un sector moderado bastante importante, incluyendo dirigentes políticos regionales cuyo liderazgo era autónomo y no dependía del chavismo como tal. Sin embargo, ya a principios de 2005 Chávez asomó la posibilidad de adoptar el socialismo como el camino a seguir. En el Foro Social Mundial de Porto Alegre, Chávez manifestó que "el capitalismo no se va a trascender por dentro del mismo capitalismo, no, al capitalismo hay que trascenderlo por la vía del socialismo, por esa vía es que hay que trascender el modelo capitalista, el verdadero socialismo, la igualdad, la justicia".[18]

Mención aparte merece la institucionalización de las misiones como mecanismo de redistribución y captación de apoyo político. Tal y como mencionamos anteriormente, las misiones son medidas de redistribución de ingresos y políticas sociales dirigidas fundamentalmente a los sectores más necesitados, financiadas directamente por los recursos petroleros y ejecutadas por el Poder Ejecutivo. Este esquema tiene una serie de ventajas y desventajas: por un lado, el hecho de que las medidas en cuestión sean ejecutadas directamente por el Ejecutivo permite su puesta en práctica rápida y sin mayores obstáculos. Sin embargo, el hecho de que tantos recursos sean administrados a través de presupuestos paralelos y sin auditoría genera serias dudas en cuanto a la transparencia de su ejecución.[19] En todo caso, la evaluación positiva de las misiones constituyó un elemento crucial de la consolidación del poder político de Hugo Chávez y su movimiento.

Otros aspectos del gobierno cambiaron sustancialmente. Por ejemplo, el presidente se convirtió en un importante líder regional y, hasta cierto punto, una referencia mundial de la izquierda. Chávez aprovechó el descontento de los pueblos de la región con el presidente Bush para aumentar el tono antiestadounidense de su discurso hasta niveles que, tan sólo unos años atrás, hubieran sido difíciles de creer. Esto le otorgó a Chávez una enorme popularidad en países en los que, justamente, el gobierno de Bush se había convertido en sinónimo de "imperialismo", incluyendo Europa y el Medio Oriente. De igual modo, y aprovechando la popularidad de Chávez, el gobierno comenzó a desarrollar una serie de iniciativas de integración regional que le llevaron a estrechar sus lazos con otros países gobernados por líderes y movimientos de izquierda, tanto los moderados —Brasil, Chile y Argentina— como los más radicales —Bolivia, Ecuador, Nicaragua y, por supuesto, Cuba. La relación con este último país se volvió cada vez más estrecha, sobre todo porque parte de las misiones contaron desde su inicio con apoyo técnico del personal cubano. Asimismo, el gobierno promovió y patrocinó la creación de un esquema de cooperación internacional denominado Alternativa Bolivariana de las Américas (ALBA), con la finalidad de acumular y distribuir recursos para luchar contra la pobreza, reducir la desigualdad social y coordinar esfuerzos a nivel internacional, en procurar del desarrollo endógeno de la región y en contraposición a las propuestas centradas en la creación de un área de libre comercio común para toda América, propuesta por los Estados Unidos desde los años noventa. La oposición afirma que, en realidad, el ALBA se trata de un gigantesco mecanismo de manipulación para aumentar la influencia política de Chávez a nivel internacional y como herramienta de diseminación del socialismo. Es importante estudiar el ALBA (incluyendo iniciativas como la nueva empresa petroamérica y sus filiales) como una política de Estado, fundada en los altos precios del petróleo y que, en realidad, tiene sus raíces en otras políticas similares que desarrolló Venezuela en el pasado durante las épocas de altos precios del petróleo (especialmente a través del Acuerdo de San José).

Otra característica importante del gobierno de Chávez durante esta etapa fue el aumento y diversificación de las relaciones de Venezuela con otros países del mundo, en el marco de una visión pluripolar y global de las relaciones internacionales. Si bien ya vimos cómo, desde el comienzo, el gobierno de Chávez recobró el papel protagónico que Venezuela tenía en la OPEP y en el contexto latinoamericano, no fue sino hasta esta época que Venezuela multiplicó sus esfuerzos en distintas instancias internacionales, incluyendo las Naciones Unidas y la Organización de Estados Americanos. Venezuela intensificó sus relaciones con algunos aliados controversiales, como China, Rusia, Irán y Bielorrusia, países con los cuales Venezuela aumentó el intercambio comercial bilateral, incluyendo compra de armamento y adquisición de asistencia técnica. Además, Cuba se terminó de convertir en el aliado político más importante de Venezuela y en uno de sus socios comerciales más importantes, tal y como mencionamos *supra*. A cambio de petróleo y otros productos, Cuba brinda asesoría y personal capacitado en diversas áreas, cuestión rechazada por la oposición venezolana en cuanto existe personal venezolano que podría trabajar en esas mismas áreas y por el temor, fundado o no, de que el personal cubano colabore en la progresiva inculcación de la ideología socialista en la población.

Finalmente, durante esta etapa comenzaron los primeros intentos serios de redistribuir la tenencia y propiedad de los predios rurales y urbanos, a través de la ejecución de las legislaciones previamente creadas para tales fines y la implementación de programas orientados a generar nuevas formas de organización del sector agrario y empresarial (incluyendo las iniciativas de desarrollo endógeno bajo el esquema de la Misión Vuelvan Caras).[20] De igual modo, el Estado aumentó su papel regulador en la economía, a través de la consolidación de un sofisticado y extenso esquema de control de cambios, la imposición de un férreo control de precios de la canasta básica de productos y la participación cada vez más decisiva del Estado en actividades productivas y comerciales.

En lo político, quizás el evento más importante de este periodo fue la decisión de la oposición de no participar en las elecciones legislativas de 2005, alegando que el proceso electoral no reunía las mínimas condiciones de legitimidad y transparencia para asegurar que los resultados fueran respetados. Esta controversial decisión le permitió al chavismo lograr una mayoría abrumadora en el Parlamento. Además, luego de la creación de la Ley Orgánica del Tribunal Supremo de Justicia en 2004, el chavismo logró asumir el control de la máxima autoridad del Poder Judicial, a través de la selección de magistrados que reflejaban la renovada composición del *establishment* político chavista.

De ese modo, durante esta etapa, ocurrieron tres cambios fundamentales: el aumento de las características populistas, clientelares y personalistas del régimen; la elaboración de una plataforma ideológica y política distinta, que promoviera el socialismo tanto en Venezuela como en el resto de América Latina; y, por último, la reducción sistemática y dramática de los espacios de disenso. Chávez logró establecer un sistema político hegemónico, con un dominio aplastante de las instituciones, a un nivel que quizás nunca llegó a experimentarse durante el bipartidismo. Hasta cierto punto, este dominio fue producto de la estrategia de Chávez y sus partidarios, pero también fue consecuencia del colapso de la oposición y de la ausencia de una propuesta alternativa al chavismo. Lamentablemente, el éxito electoral y político de Chávez (y el monopolio de la izquierda) se ha logrado a expensas del perfil democrático del sistema, deviniendo así en un sistema de autoritarismo competitivo.[21]

SOCIALISMO DEL SIGLO XXI (2006-PRESENTE)

Tras una década de chavismo, una vez más Venezuela se encuentra en un momento clave. Durante la campaña para su reelección en diciembre de 2006, Chávez insistió que su intención era instaurar un régimen "socialista" en Venezuela, bajo el mote de socialismo del siglo XXI.[22] En teoría, este plan implica el desarrollo de nuevas formas institucionales que buscan la organización del pueblo para el ejercicio directo del poder pero que, según la oposición, más bien lo concentran y centralizan en el Ejecutivo.

Chávez aprovechó varias condiciones ideales para acelerar el paso de su revolución: su popularidad aumentó tras su reelección, la Asamblea aún se encuentra bajo el dominio hegemónico de sus partidarios y las restantes instituciones también están bajo su control. Esta mayoría ha dado su apoyo irrestricto a las propuestas surgidas de Miraflores, y le ha permitido al Presidente dictar decretos-leyes, previa aprobación de una Ley Habilitante dictada a tal efecto. Así, el contexto político ha sido muy favorable para el inicio de estas transformaciones profundas.

El socialismo del siglo XXI está en pleno desarrollo y, por ende, todavía es incoherente y confuso. Diversos teóricos, intelectuales y políticos han contribuido a darle contenido a la propuesta (especialmente el propio Chávez). Así, para Dieterich,[23] el socialismo del siglo XXI está fundado en la democracia participativa y protagónica del pueblo y busca sustituir las relaciones capitalistas por otras de carácter igualitario. A la fecha, aún no se sabe hasta qué punto, *en la práctica*, el socialismo del siglo XXI es un proyecto sustancialmente distinto a los sistemas socialistas de viejo cuño, especialmente los de Cuba, China o la Unión Soviética. Toda la confusión que se ha generado al respecto ha provocado temor y preocupación en buena parte de la sociedad venezolana, así como aquellos sectores que tienen la convicción de que estas nuevas políticas sean un pretexto para abusos por parte del gobierno. La reciente ola de nacionalizaciones de empresas nacionales y extranjeras que ha ocurrido en el 2008 y en lo que va del 2009, aunado a la proclama de que Venezuela transita hacia la economía socialista, despierta gran preocupación entre los inversionistas, más allá de la situación de bonanza económica que debería existir con un barril de petróleo a precios tan altos.

La transición del modelo rentista-clientelar hacia el socialismo democrático de masas, ha sido dispuesta y planificada a través de diversos programas y documentos. Por ejemplo, el Plan de Desarrollo Económico y Social de la Nación correspondiente al periodo 2007-2013,[24] propuesto y presentado por el propio Chávez ante la Asamblea Nacional y por radio y televisión a todo el país, establece, entre otras propuestas, las siguientes: la creación de una nueva ética socialista; el alcance de la suprema felicidad social como fin último

del sistema; la creación de una democracia revolucionaria y protagónica; el desarrollo de un sistema económico socialista; la implementación de un nuevo esquema geopolítico a nivel nacional; la
consolidación de Venezuela como una potencia energética global;
y, con ello, la promoción efectiva de un nuevo esquema geopolítico
internacional. Todos estos elementos están conectados entre sí. La
nueva ética socialista implica el cultivo y diseminación de nuevos
principios éticos basados en la justicia social, la igualdad y la solidaridad. Para ello, la revolución apela nuevamente a la creación de
un *hombre nuevo*, portador de una mentalidad distinta a la capitalista
que supuestamente prevalece en el país y que acoja un verdadero
espíritu revolucionario. Propio del socialismo utópico, este principio
ya se ha tornado en égida de muchas modificaciones propuestas,
incluyendo temas tan álgidos y diversos como la reforma educativa
y la consiguiente adaptación del *pensum* de estudio al socialismo; o
la exigencia de una mayor responsabilidad social por parte del sector privado. La lucha por la suprema felicidad social busca la creación de una estructura social basada en la igualdad y la inclusión a
través de la transformación de las relaciones sociales de producción. De igual modo, el gobierno se ha dado a la tarea de promover
la adopción y reconocimiento de nuevas formas de propiedad aparte
de la privada, propias de regímenes políticos socialistas, especialmente la denominada propiedad social; así como de institucionalizar, fortalecer y expandir las exitosas misiones. En este sentido, el
plan en cuestión plantea la expansión del sistema nacional de salud, creación de nuevas comunidades de viviendas (incluyendo algunas ya preparadas para convivir bajo la figura de las comunas),
un sistema de seguridad social que alcance todos los sectores de la
sociedad venezolana, la protección del medio ambiente, así como
el surgimiento de nuevas oportunidades educativas para la mayoría
de la población. Todos estos elementos están siendo promovidos
como parte integral del socialismo, de modo tal que la población
identifique esas medidas con la permanencia de Chávez y su movimiento en el poder.

El plan también incluye la creación de una democracia revolucionaria y protagónica (nótese que no es solamente participativa, como
se mencionaba durante las discusiones que antecedieron a la creación
de la Constitución de 1999). En este sentido, ya el propio Chávez ha
hablado del abandono del modelo de democracia liberal, para pasar
a hacer énfasis en los designios de la mayoría y darle poder "direc-

tamente al pueblo" (es decir, la construcción del poder popular).
Así, se sustituye el principio de separación de los poderes por el de
cooperación de los poderes y se minimiza el carácter representativo de la democracia para supuestamente desarrollar un esquema
que lleve al perfeccionamiento de una democracia directa (la democracia representativa es entendida como contraria al interés general
de la sociedad).[25]

En este nuevo orden, quedan echadas a un lado la protección
de los derechos individuales de los grupos económicamente más
favorecidos y la búsqueda de nuevas vías de participación para la
oposición o, al menos, el respeto a las previamente existentes. De
acuerdo al socialismo del siglo xxi, la participación del poder popular debe extenderse a todos los ámbitos posibles, incluyendo la
planificación financiera, la contraloría de la gestión de los organismos públicos y la participación directa de la población en la
dirección y producción de la programación de los medios de comunicación —incluyendo diversas medidas atinentes a "democra-
tizar" el espectro radioeléctrico a través de la creación de radios
comunitarias, por ejemplo, o la sustitución de medios de comunicación privados por medios de servicio público, tal y como ocurrió con
la negativa del gobierno nacional a renovar la licencia de transmisión
de Radio Caracas Televisión rctv en mayo de 2007 y la subsiguiente
creación y puesta en funcionamiento de la televisora de servicio público tves. En fecha reciente, el gobierno ha persistido en esta iniciativa, amenazando con cerrar la estación televisiva opositora
Globovisión, así como negando la renovación de las licencias de
transmisión a decenas de radios pertenecientes a circuitos nacionales tradicionalmente opuestos a sus propuestas políticas. Estas medidas también son propias del autoritarismo competitivo al que
anteriormente se hizo referencia.

En otro orden de ideas, según los planes in comento, el modelo
económico socialista supuestamente busca hacer hincapié en la
producción de riqueza en lugar de la "redistribución de riqueza".
Sin embargo, todo parece apuntar más bien a un sistema político
típicamente redistributivo, con el Estado controlando una serie de
áreas de importancia estratégica. Así, a los fines de facilitar la transición hacia el socialismo, el gobierno está promoviendo la creación de
nuevas formas societarias, tales como las empresas de producción
social (mejor conocidas como eps), formadas por trabajadores en
una relación entre iguales, que se dividen los beneficios en propor-

ción directa al trabajo realizado.[26] Estas organizaciones han sido patrocinadas directamente con fondos del gobierno o a través de la transformación de compañías y otras asociaciones que anteriormente se hallaban en manos privadas o que, inclusive, pertenecían al propio Estado venezolano. Este modelo plantea un desarrollo endógeno, sobre todo en lo que respecta a los sectores agrícolas e industriales, a través de diversos mecanismos, tales como: la reforma agraria y la consiguiente eliminación de esquemas latifundistas, la creación de incentivos para que los trabajadores se asocien por vías de cooperativas y otros métodos conexos, el establecimiento de alianzas con diversos países a los fines de adquirir la tecnología y el *know-how* necesarios para desarrollar ciertas actividades productivas sin necesidad de importar bienes y servicios, entre otros. Todo esto, por supuesto, conlleva a la expansión de la intervención del Estado en la economía y a la minimización del papel del sector privado en el desarrollo del país. El sector privado tendría una participación importante durante la transición hacia el nuevo modelo, pero luego se reduciría a la mínima expresión en la medida que las distintas instituciones de la nueva "patria socialista" se consoliden.

Por último, otras propuestas del plan no se distinguen en gran medida de diversas iniciativas que se llevaron a cabo en el pasado. Por ejemplo, la modificación de la estructura geopolítica del estado es necesaria, en teoría, para uniformar el desarrollo socioeconómico, de modo tal que áreas que ahora sufren de altos niveles de pobreza o poca densidad poblacional puedan, poco a poco, ponerse a la par de las regiones más desarrolladas del país. De igual modo, la idea de que Venezuela se convierta en potencia energética no es novedosa y ha sido parte de la plataforma política de este gobierno desde el principio, así como el desarrollo de una política exterior activa, anti-imperialista, nacionalista y regionalista. En todo caso, el documento menciona de forma explícita que Venezuela seguirá apostando por la formación de la Unión Suramericana de Naciones (hoy día mejor conocida como Unasur y en pleno funcionamiento) y la consolidación del ALBA.

Para implementar este conjunto de propuestas, el gobierno definió un plan de acción, a través de cinco "motores": la Ley Habilitante para aprobar leyes por vía de decreto; la reforma constitucional para crear el "Estado de derecho socialista"; la modificación del sistema educativo; la reordenación del territorio; y la "explosión del poder comunal". En estas premisas se han fundamentado diversas medidas que han sido puestas en práctica en los últimos años, que han sacudido el panorama político venezolano y han contribuido a restaurar el clima de inestabilidad vivido con anterioridad a la etapa de confrontación: El intento fallido de reformar la constitución de noviembre de 2007; la nacionalización de importantes empresas que alguna vez fueran privatizadas (por ejemplo, la compañía de teléfonos CANTV); la no renovación de la concesión para transmisión de televisión nacional a Radio Caracas Televisión (RCTV), canal abiertamente opositor y otros medios; la escasa transparencia y numerosas dudas que existen en torno a la relación entre el gobierno de Chávez y las Fuerzas Armadas Revolucionarias de Colombia (FARC); la aplicación inconsulta e impuesta de leyes como la nueva Ley de Educación o la nueva ley que regula los procesos electorales y la persecución abierta a personajes importantes de la oposición, son todos elementos dirigidos a consolidar el nuevo sistema político, además de debilitar las instituciones democráticas existentes.

La fallida reforma constitucional para crear el Estado socialista, tuvo como principales objetivos crear la rama "popular" del poder público, esto es, la incorporación de la figura de los consejos comunales a la constitución; el otorgamiento de rango constitucional a las misiones; la eliminación de ciertas prerrogativas de los estados y los municipios y la transferencia de tales competencias a los consejos comunales anteriormente mencionados o al poder central (lo que efectivamente buscaba disminuir a su mínima expresión los niveles de autonomía detentados por los niveles regional y local del poder público); la ampliación del periodo presidencial de seis a siete años y la eliminación de la restricción del número de veces consecutivas que el presidente puede optar a la reelección que, según la Constitución de 1999 se limitaba a una sola vez, al tiempo que hacía más rigurosos los requisitos para activar los distintos mecanismos refrendarios de la Constitución; y el reconocimiento de nuevas modalidades de propiedad distinta a la privada (social, colectiva y estatal). La reforma fue elaborada de forma muy accidentada y con escasa participación de los distintos actores políticos quedando a mano, fundamentalmente, del Ejecutivo y su séquito de asesores —lo cual es, *per se*, contrario al espíritu del movimiento y a la noción de que la participación popular es el verdadero motor de la revolución. Después de una ardua campaña de ambos bandos, la reforma fue rechazada por un margen supuestamente mínimo (los números definitivos nunca llegaron a ser publicados por el

Consejo Nacional Electoral). El presidente Chávez reconoció la derrota inmediatamente, aunque a los pocos días manifestó su inconformidad con el resultado (incluso a través de expresiones soeces).

Si Chávez ostentaba altos niveles de popularidad, ¿por qué salió derrotada la opción del "sí"? Hay varias razones que parecen explicar esta paradoja. Por una parte, la reforma estructural de las relaciones entre el poder central y los gobernadores y alcaldes, que planteaba transferir competencias a los consejos comunales, no era compartida por muchos alcaldes y gobernadores del chavismo, además de contar con el rechazo de parte de la élite política y militar chavista. En este sentido, la separación del partido PODEMOS de la alianza progobierno y la separación del general Raúl Baduel del *establishment* político chavista fueron momentos claves que pusieron en evidencia la falta de coherencia interna de la plataforma política del presidente. Por otra parte, el cierre de RCTV dio origen al surgimiento de grupos organizados de miles de estudiantes de las universidades públicas y privadas de las ciudades más importantes del país, quienes organizaron numerosas manifestaciones en contra del gobierno y, posteriormente, organizaron la resistencia contra la reforma, coordinaron el traslado de votantes del "no" e hicieron acto de presencia durante la tabulación de los votos. Finalmente, quizás la razón más importante de todas fue el bajo nivel de apoyo popular a la reforma "socialista" como tal. Había muchos votantes que apoyaban al presidente Chávez, pero no estaban totalmente convencidos de las modificaciones planteadas, mucho menos de aquéllas que eran percibidas como restrictivas de la propiedad privada (hoy día esta disparidad persiste).

No obstante, tras el rechazo a la reforma, en los meses sucesivos, el gobierno comenzó a implementar varias de sus propuestas por vía de decreto ley o legislación ordinaria, aun aquellas que eran consideradas poco populares o controversiales. Para asegurar la posibilidad de que Chávez pueda ser candidato de nuevo en el 2012, la Asamblea Nacional propuso una enmienda constitucional a fines de eliminar las restricciones en cuanto a número de oportunidades que el presidente y demás funcionarios del poder público elegidos por voto popular pueden optar por la reelección. Al incluir a los gobernadores y alcaldes en la propuesta, el presidente aseguró su apoyo y le hizo cuesta arriba a la oposición contar con el apoyo de sus propios representantes. La reforma fue aprobada el 15 de febrero de

2009, de manera que ahora Chávez no tiene restricciones para optar sucesivamente por la presidencia.

Por último, cabe señalar que en los últimos años Chávez ha hecho un esfuerzo encomiable para organizar su coalición y darle un carácter más permanente a su movimiento, sobre todo con la creación del Partido Socialista Unido de Venezuela (PSUV). Este partido constituye el último intento de unir las distintas facciones del Movimiento Quinta República y los otros partidos menores que apoyan a Chávez para formar un solo partido hegemónico. Hasta ahora, el PSUV ha ayudado a consolidar la votación chavista, especialmente en las elecciones regionales y municipales del 2008 y, más aún, de cara a la enmienda constitucional de febrero de 2009. Sin embargo, a dos años de su creación el partido sigue plagado de luchas entre distintas facciones agrupadas en torno a liderazgos personales. De igual modo, el movimiento se ha hecho más que nunca dependiente de Hugo Chávez y su "hiperliderazgo"; fenómeno que ya ha sido duramente criticado por la oposición y hasta por el propio chavismo. Por último, el PSUV ha llevado a cabo un plan agresivo de inscripción que se ha extendido a los funcionarios públicos y que, según fuentes opositoras, se ha hecho indebidamente a base de coacción. Gran parte de estos nuevos inscritos no parecen estar ideológicamente comprometidos con la causa chavista o, en el peor de los casos, parece que se han inscrito en el partido sólo para recibir ciertos beneficios específicos exclusivos y excluyentes a cambio de su apoyo al gobierno (clientelismo).

Así, más allá de la planificación premeditada que parece conducir Venezuela hacia el socialismo, el principal logro de Chávez consiste en haber acumulado poder a través de una estrategia política populista más o menos bien estructurada y exitosamente ejecutada y de haber utilizado los paradigmas clientelares que regían Venezuela en tiempos de la "Cuarta República" para su propio beneficio. Sin embargo, el proyecto socialista sigue teniendo pies de barro: no convence a la mayoría del electorado; no es plenamente compartido por sus propios líderes más allá de Hugo Chávez; sigue teniendo importantes falencias en lo que concierne a coherencia ideológica y capacidad de ejecución y, lo más importante, el personalismo de Chávez y la excesiva centralización del poder van en contra de los supuestos objetivos de la reforma. Por ende, el problema de fondo sigue siendo que el socialismo del siglo XXI, tal cual está planteado y, en todo caso, *tal como está siendo implementado,* luce incompatible con los principios democráticos que le dieron origen. Si el régimen quiere seguir siendo considerado democrático por la mayoría de los venezolanos y la comunidad internacional, tiene que probar que puede preservar los espacios de disenso y permitirle a la oposición la posibilidad de articular visiones distintas al socialismo.

Reflexiones finales

Como se puede notar, es difícil afirmar sin reservas que la revolución está llevando a Venezuela hacia una nueva modalidad de socialismo. En realidad, el protagonista principal del movimiento es Chávez y lo único que puede asegurarse, sin discusión, que lo ocurrido es un proceso de concentración de autoridad en el presidente de la República. Este proyecto se avizora cada vez más de izquierda pero con una fuerte dosis de populismo.[27]

Los chavistas moderados alaban las distintas iniciativas del gobierno dirigidas a aumentar la inclusión social, pero temen que el proyecto no obedezca a cánones democráticos. El deterioro del sistema de pesos y contrapesos dispuesto en la Constitución de 1999 y la creciente polarización, animada por el propio Ejecutivo, son signos muy preocupantes. Por otra parte, los que se identifican con el socialismo del siglo xxi y apoyan una redefinición completa de las relaciones políticas y sociales en el marco de un nuevo sistema, temen que la centralización del poder, el clientelismo y la corrupción den al traste, a largo plazo, con las reformas propuestas. Hasta ahora, el gobierno ha gozado de un formidable alud de petrodólares que le ha permitido reducir el potencial de conflicto a través de una máquina de repartición rentista bien aceitada. Pero, ¿qué pasará si la actual recesión permanece indefinidamente y los precios del petróleo no se recuperan? ¿Hasta qué punto la revolución puede sobrevivir sin apelar a las mismas prácticas que desarrollaron AD y copei, tan duramente criticadas?

La Revolución Bolivariana sufre de una contradicción interna que, por ahora, parece difícil de solventar a mediano o largo plazo. Por un lado, el sector reformista no concibe la revolución como un movimiento destinado a imponer la patria socialista que Chávez parece desear sino que, más bien, piensan que las características liberales, capitalistas y democráticas deben persistir.

Por otro lado, hay un grupo de socialistas que está convencido de que Chávez es un líder destinado a llevar a las masas a desatar una lucha de clases (en términos pacíficos) que conduzca irremisiblemente al socialismo. Hasta ahora, ambos grupos han navegado conjuntamente sin mayores inconvenientes, dado que tienen un enemigo en común (la oposición patrocinada por el "imperio" norteamericano), comparten algunos puntos ideológicos (la inclusión social) y se sienten representados por un mismo líder (Chávez). Pero, en el fondo, tienen perspectivas disparejas sobre qué conviene a la sociedad venezolana. Además, mientras que los "moderados" prefieren un gobierno más pragmático y entregado al capitalismo de estado, los "utópicos" cada vez están más convencidos que un socialismo completo y sin compromisos con el statu quo económico y global es posible. ¿Podrán coexistir sin que el régimen perezca en el intento?

Capítulo 9
La izquierda en Perú: vagones sin locomotora[*]
Martín Tanaka

Introducción

En este texto analizo el auge, la caída y los fracasados intentos de reconstrucción de la izquierda en Perú en las últimas décadas. En la década de los años ochenta, la Izquierda Unida (IU) se constituyó en la segunda fuerza política del país; este frente basó su éxito en la confluencia entre fuertes organizaciones populares, partidos disciplinados y un caudillo carismático (Alfonso Barrantes), en una dinámica en la cual las primeras empujaban hacia la radicalización, los segundos hacia la ideologización, mientras que el tercero hacia la moderación y la búsqueda del centro político. Estas tensiones llevaron a la división de la IU en 1989, que ocurrió precisamente en un contexto en el cual emergió, sumándose al clivaje izquierda-derecha, el clivaje sistema-antisistema, que llevó al poder a Alberto Fujimori, quien lo hizo central y causó el colapso del sistema de partidos en su conjunto.

Desde entonces, la izquierda quedó sin caudillo y con partidos sumamente deslegitimados; a esto se sumó la debilidad de las organizaciones populares, como consecuencia del agotamiento del modelo nacional popular estatista y de los efectos de las políticas neoliberales implementadas por un régimen autoritario. Durante la década de los años noventa, la izquierda siguió dos caminos: de un lado, los sectores más ortodoxos y más cercanos a las organizaciones sociales intentaron mantener un perfil más netamente "clasista", lo que los llevó a la marginalidad política; del otro, sectores más

* Este trabajo es una versión reformulada y actualizada de un texto sobre la izquierda en Perú que saldrá publicado en Lanzaro, Jorge, ed., *La izquierda en América Latina*. Buenos Aires, Clacso, en trámite de publicación.

cercanos a propuestas socialdemócratas y antes cercanos al liderazgo de Barrantes, privilegiaron en la práctica el enfrentamiento al autoritarismo fujimorista y se integraron subordinadamente a coaliciones muy amplias, con lo cual perdieron un perfil distintivo. Recientemente, en el contexto del "resurgimiento" de la izquierda en el continente, éste se expresó en Perú en la súbita irrupción del liderazgo antisistema de Ollanta Humala, quien ganó la primera vuelta de las elecciones de abril de 2006, pero perdió la segunda ante Alan García. Desde entonces, el dilema entre la subordinación y la marginalidad se mantiene: algunos sectores parecen sucumbir a la tentación de seguir a un líder con arraigo popular para salir del aislamiento, aunque perdiendo perfiles propios; mientras que otros optaron por mantener una identidad propia, pero en posiciones marginales. Estas opciones atraviesan el espectro ideológico de la izquierda peruana.

Como puede verse, si bien en Perú de los últimos años puede identificarse, a grandes rasgos, a una izquierda "tradicional populista" y a una izquierda "socialdemócrata modernizada", ambas comparten problemas que los mantienen entre la marginalidad y la subordinación política. Para la izquierda en general, el desafío principal es sintonizar con las demandas por cambio social y renovación política; hasta el momento, en Perú, las izquierdas son percibidas como parte de un *establishment* que se quiere dejar atrás.

Algunos antecedentes

La izquierda peruana, pese a la riqueza doctrinal que alcanzó, asociada al pensamiento de José Carlos Mariátegui, estuvo entre la década de los años treinta y la de los sesenta del siglo xx subordinada a la hegemonía de la Alianza Popular Revolucionaria Americana (APRA), partido que encarnó el "populismo clásico" en Perú.[1] El peso de este partido, así como la represión y el carácter cerrado del sistema político, arrinconaron a la izquierda, expresada principalmente en el Partido Comunista, de manera similar a lo ocurrido en otros países de la región. También, como en la mayoría de otros populismos, el APRA fue tomando un carácter conservador conforme pasaron los años, lo que facilitó el desarrollo de nuevas y variadas corrientes de la izquierda en la década de los años sesenta, que congregaron a los espíritus reformistas y radicales, que no cabían dentro del APRA ni del partido comunista ortodoxo. En medio de todo esto, cientos de cuadros de izquierda iniciaron en esos años la penetración en el mundo campesino, sindical y popular en general, proceso que continuaría hasta que, hacia finales de la década de los años setenta, la izquierda había ya desplazado al APRA de la hegemonía en los sectores populares organizados.[2]

En medio de este proceso surgió un hito fundamental para la izquierda peruana y para el país en general: el Gobierno Revolucionario de la Fuerza Armada, encabezado por el general Juan Velasco que, mediante un golpe, interrumpió el primer gobierno de Fernando Belaunde (1963-1968). El velasquismo (1968-1975) tuvo un carácter reformista, a diferencia de los gobiernos militares del cono sur y de las anteriores intervenciones militares en Perú: implementó un profundo programa de cambios que pusieron fin al orden oligárquico hasta entonces vigente. Reforma agraria, reforma de las relaciones laborales, extensa política de nacionalizaciones, reforma educativa, una fuerte retórica igualitaria y la promoción a la constitución de organizaciones populares fueron algunos de sus rasgos distintivos.[3] El gobierno de Velasco llevó a la práctica gran parte del programa de reformas de la izquierda peruana hasta ese momento; esto explica la ambigüedad y desconcierto de ésta durante esos años. Algunos sectores colaboraron con el gobierno, mientras que otros lo cuestionaron por su carácter reformista y no revolucionario.[4] Hacia mediados de 1975, se hicieron evidentes los costos de la crisis internacional del petróleo y el creciente malestar de los sectores más conservadores de las fuerzas armadas, lo que produjo un nuevo golpe de Estado. Velasco fue depuesto y el poder fue asumido por el general Francisco Morales Bermúdez (1975-1980). Este gobierno enfrentó la crisis aplicando políticas de ajuste ortodoxo y, en lo político, protagonizó lo que varios autores han llamado el inicio de un proceso de "desmontaje" de las reformas implementadas por Velasco.[5]

Lo que es importante resaltar acá es que, como consecuencia de estas políticas, se desarrolló un vigoroso movimiento de protesta social, liderado por la izquierda asentada en los principales gremios populares. ¿Cómo se explica este momento, que resultaría uno de los más grandes momentos de protesta en la historia peruana reciente? No cabe aquí hacer un análisis exhaustivo, basta decir que, si consideramos las principales variables explicativas de la acción colectiva y de la aparición de movimientos sociales, encontramos que todas las variables invocables como pertinentes por la teoría estuvieron presentes: así, encontramos fortaleza organizativa (impulsada por el velasquismo), existencia de recursos invertibles en la movilización (dado que la crisis recién empezaba), presencia de grupos de apoyo externos fuertes (partidos de izquierda), la percepción de que se vivía un momento en el que el sistema político se cerraba ante las demandas populares, después de un intenso periodo de apertura, por lo que el momento era propicio para movilizarse y evitar que ese camino continuara, y un ambiente cultural propicio para la movilización, después de años de una retórica gobiernista con énfasis en derechos, justicia social y reivindicación de lo popular.[6]

De este modo, la izquierda se encontró por primera vez en su historia a la cabeza de un amplio movimiento de masas protestando contra las políticas del gobierno militar. Son hitos fundamentales los paros nacionales de 1977 y 1978, contra la política económica y por la constitución de un "gobierno popular" (ver Gráfica 9.1).

GRÁFICA 9.1
NÚMERO DE HUELGAS Y TRABAJADORES AFECTADOS, 1970-2001

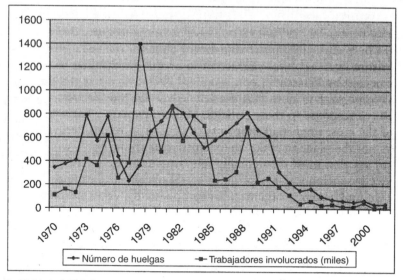

Fuente: Ministerio de Trabajo

El gobierno militar no sólo enfrentó el rechazo del movimiento popular organizado, también el de las élites empresariales y de la sociedad en general. Este aislamiento abrió un proceso de negociaciones con los actores políticos y, finalmente, un proceso de transición a la democracia se hizo posible gracias a acuerdos básicos establecidos entre el gobierno y el APRA. Así se convocó a una Asamblea Constituyente para 1978 y a una elección presidencial y de congreso para 1980. Los partidos de izquierda dudaron sobre si participar o no, pero finalmente todos los partidos lo hicieron, con dos excepciones importantes: el maoísta Partido Comunista del Perú (PCP) Patria Roja y un grupo pequeño, extremadamente dogmático, sectario y fundamentalista, el Partido Comunista del Perú Sendero Luminoso (PC del P-SL). No sólo eso, anunciaron su pase a la clandestinidad para iniciar la lucha armada contra el sistema, despertando entonces sólo ironías.

Pese a que toda la izquierda (otra vez, con la excepción de SL y, más tarde, del Movimiento Revolucionario Túpac Amaru —MRTA—) ingresó al sistema político, y aceptó implícitamente las reglas de la democracia liberal (también Patria Roja desde 1980), siempre se trató de una relación conflictiva. En la Asamblea Constituyente la izquierda, fuertemente ideologizada, entendió su participación básicamente para aprovechar un espacio y convertirlo en un foro de denuncia y agitación política. De manera sorpresiva, la izquierda tuvo un impresionante éxito electoral dentro de la "democracia burguesa". La suma de los votos obtenidos por las cinco listas de izquierda en 1978 llegó al 29.4%, por encima del 23.8 por ciento obtenido por el Partido Popular Cristiano (PPC, de derecha), aunque por debajo del APRA (35.3 por ciento) (ver Tabla 1). Así, en 1978, por primera vez en su historia, el conjunto de la izquierda ya aparecía como la segunda fuerza política del país.

Tabla 1
Porcentaje de votos válidos de los principales
actores políticos (1978-1995)

	AP	PPC	(AP+PPC) Fredemo	APRA	Izquierda Unida (IU)	Independientes
1978(C)[7]	NP	23.8	(23.8)	35.3	29.4	11.5
1980(P)	45.4	9.6	(55.0)	27.4	14.4	3.2
1980(M)	35.8	11.1	(46.9)	22.5	(23.3)	7.4
1983(M)	17.5	13.9	(31.4)	33.1	(29.0)	6.7
1985(P)	7.3	11.9	(19.2)	53.1	(24.7)	3.0
1986(M)	NP	14.8	(14.8)	47.6	(30.8)	7.8
1989(M)	—	—	31.2	20.4	20.2	28.2
1990(P)	—	—	32.6	22.6	13.0	31.8
1990(P)	—	—	37.5	NP	NP	62.5
1992(C)	NP	9.7	(9.7)	NP	5.5	84.8
1993(M)	11.6	5.7	(17.3)	10.8	3.9	64.7
1995(P)	1.64	NP	(1.64)	4.11	0.57	93.7

La Izquierda Unida (¿jamás será vencida?)[8]

Como decía, la izquierda en la Constituyente tuvo un desempeño signado por un discurso ideológico de denuncia y no participó realmente en las discusiones sobre los temas principales; finalmente, la izquierda en su conjunto se negó a firmar la nueva Constitución en el momento de su promulgación.[9] Esta izquierda que desconfiaba de las "instituciones de la burguesía", sin embargo, vivía la paradoja de que *dentro* de ella lograba avances importantes. Desde las elecciones de presidente y congreso de 1980 se abrió la posibilidad de llegar al poder por esa vía, en una suerte de sorpresiva reedición de la vía chilena al socialismo de la Unidad Popular. Lo que sucedía con los adversarios políticos alentaba esa lectura. En cuanto al APRA, vivía una profunda crisis: su líder máximo, Víctor Raúl Haya de la Torre, falleció en 1979 y las luchas sucesorias pusieron al partido al borde la división; en cuanto a la derecha, también había división: Acción Popular (AP), que no había participado en las elecciones de 1978, anunció su participación en 1980, con su candidato Fernando Belaunde, el presidente depuesto en 1968; era claro que AP competiría en el mismo espacio político con el PPC, dividiéndose así el voto de la derecha. De este modo, para que la izquierda ganara las elecciones, parecía bastar la unidad, juntar el voto de sus distintos grupos. Así, hacia la segunda mitad de 1979, se dio inicio a un proceso de unificación, la construcción de un frente que permitiera una sola candidatura de izquierda. Ese frente de hecho se formó, con el nombre de ARI (Alianza Revolucionaria de Izquierda), lo que despertó muchas expectativas. Para muchos sectores de la izquierda, el país vivía una "situación pre-revolucionaria" y ARI se podía convertir en el gran referente político de los sectores populares. Sin embargo, poco antes de la fecha de inscripción de candidaturas ante el Jurado Nacional de Elecciones, la ARI I se rompió y la izquierda finalmente se presentó a esas elecciones dividida en cinco candidaturas, al no lograrse un acuerdo ni sobre la candidatura presidencial ni sobre las candidaturas al congreso.

Las consecuencias de la ruptura de ARI fueron muy fuertes para la izquierda, constituyéndose en un suceso traumático. Los militantes quedaron decepcionados por la conducta de sus dirigentes y éstos quedaron deslegitimados, apareciendo como motivados por intereses personales o estrechamente partidistas antes que por los más amplios de la izquierda en su conjunto, del país y de la revolución. Después de la ruptura, se produjo una agria polémica por establecer la responsabilidad de ésta, que tuvo importantes consecuencias electorales. Después del 29.4 por ciento obtenido en 1978 por el conjunto de partidos de izquierda, la suma de los votos de los cinco candidatos de izquierda en 1980 alcanzó sólo el 14.4 por ciento, donde el candidato más votado, Hugo Blanco del trotskista Partido Revolucionario de Trabajadores (PRT), obtuvo apenas el 3.9 por ciento de los votos válidos totales.[10] Aprovechando la ruptura de la izquierda y los problemas internos del APRA, Fernando Belaunde volvió al poder del que fue desalojado por la fuerza en 1968. Desde entonces, el fantasma de la división y del fracaso constituyó un poderoso elemento que ayudó a que la izquierda se uniera luego y se mantuviera unida durante casi toda la década de los años ochenta, pese a las tensiones que la atravesaron. La unidad se entendió casi como un imperativo moral y por ello nadie quiso aparecer como "rupturista". Esto ayuda a entender la conducta de los actores cuando la división finalmente se produjo, entre enero y octubre de 1989.

El trauma de la división dio lugar a una recomposición en las fuerzas de izquierda. Hugo Blanco y los sectores trotskistas aparecieron como los responsables del fracaso de ARI y quedaron aislados, lo que permitió a los demás partidos encontrar el camino de la unidad, constituyéndose la Izquierda Unida (IU) en septiembre de 1980, con miras a participar en las elecciones municipales de noviembre de ese mismo año.[11] El relativo equilibrio de fuerzas entre los partidos fue resuelto mediante la apelación a una figura "independiente" a cada uno de ellos y, de este modo, un personaje hasta entonces sin mayor trascendencia se erigió en el coordinador, vocero oficial y también candidato a la Municipalidad de Lima por IU, Alfonso Barrantes.

La unidad tuvo rápidos efectos positivos. En las elecciones municipales de noviembre de 1980, la izquierda recuperó gran parte del espacio ganado en 1978 y perdido en la elección presidencial y de congreso de mayo. Especialmente importante resultó el liderazgo de Alfonso Barrantes. A diferencia de otros líderes de izquierda, éste se reveló como poseedor de un particular carisma, que reivindicaba una identidad provinciana. Esto lo convirtió rápidamente en una figura nacional, que concitó la simpatía de una opinión pública que encontró una personalidad de izquierda afable, capaz de despertar adhesión y confianza sobre bases no ideológicas, a diferencia de los líderes tradicionales de izquierda, que manejaban un perfil confrontacional e ideológico.

El éxito de la IU se basó en la confluencia entre un caudillo carismático, partidos disciplinados y movimientos populares; pese a las tensiones entre las lógicas de cada componente, se logró una suerte de juego de suma positiva entre ellas. El liderazgo de Barrantes permitió una convocatoria amplia, que se tradujo en éxito electoral; la IU se convirtió en la segunda fuerza nacional durante casi todos los años ochenta (ver Tabla 1). En las elecciones municipales de 1983 la IU ganó la alcaldía de Lima y convirtió a Alfonso Barrantes en "el primer alcalde marxista de la ciudad"; la IU obtuvo el 29 por ciento de los votos a nivel nacional, constituyéndose en la segunda fuerza política nacional después del APRA.[12] En la elección presidencial y de congreso en 1985 la IU quedó nuevamente detrás del APRA, consolidándose como segunda fuerza. El avance de la izquierda no sólo fue electoral: en el parlamento mostró un trabajo relativamente eficiente y, sobre todo, también en muchos de los gobiernos locales que le tocó administrar. Para ello supo convocar a un gran número de profesionales progresistas sin partido, así como ganar la adhesión de una gran parte de la intelectualidad y el mundo de la cultura peruanas.

Este liderazgo tenía en su base fuerzas organizadas y movilizadas. Ya habíamos visto cómo desde los años setenta la izquierda había desplazado al APRA de la hegemonía en la mayoría de las organizaciones sindicales y movimientos sociales. En el mundo de los sindicatos en el sector industrial, en el sector minero, en el mundo campesino, entre los empleados públicos, los maestros, el movimiento de pobladores, las organizaciones de mujeres, la hegemonía de la izquierda era bastante clara. Los partidos de izquierda crecieron y se desarrollaron estrechamente ligados a las organizaciones sociales; por lo general, los dirigentes sociales eran a la vez militantes de los partidos, y solían responder a las orientaciones partidarias.[13]

Si bien los partidos que formaron IU fueron muy ideológicos y tuvieron siempre dificultades para asumir plenamente los valores de la democracia liberal-representativa ("burguesa"), en la práctica la IU jugó dentro de los márgenes del sistema y se avino al pacto político expresado en la Constitución de 1979, pese a que sus representantes en la Asamblea Constituyente rehusaron firmarla. Este hecho es más significativo si consideramos que la IU tuvo que coexistir con Sendero Luminoso y el MRTA,[14] fuerzas que aumentaban las tensiones y la ponían entre la necesidad de deslindar con la vía armada, de un lado, mientras que del otro la represión, la militarización del país y la crisis del Estado la empujaban también a la radicalidad.

En la segunda mitad de los años ochenta la polarización del país hizo que el juego de suma positiva entre las distintas posiciones dentro de la IU se volviera cada vez más difícil, como veremos.

La polarización, la ruptura y la desaparición de la izquierda (junto con todo el sistema de partidos)

El APRA resolvió el problema de liderazgo del partido después de la muerte de Haya con la consolidación de Alan García. Éste le imprimió al partido una imagen renovada, activa, con un perfil socialdemócrata. El carisma de García le permitió al APRA llegar al gobierno por primera vez en su historia, en julio de 1985. Una vez electo presidente, García desarrolló una retórica reformista y revolucionaria, de justicia social, a favor de los más pobres, de los trabajadores, de los excluidos; discurso respaldado con una reactivación de la economía y la disminución de la inflación.[15] Todo ello permitió que García gozara de niveles altísimos de popularidad entre 1985 y mediados de 1987, lo que dejó a la izquierda en una posición incómoda, que hizo aumentar las tensiones y aflorar sus contradicciones.

De un lado se ubicaron quienes proponían una relación de "colaboración crítica" con el APRA, con la idea de consolidar una hegemonía socialdemócrata-socialista en el país y evitar la reconstitución de la derecha, duramente golpeada en las elecciones de 1985 (ver Tabla 1). Esta estrategia llevaba a privilegiar la arena electoral, persuadiendo al ciudadano promedio que buscaba opciones de centro izquierda, limitar estrategias de confrontación. La cabeza visible de esta postura fue el propio Barrantes, muy amigo y cercano a Alan García. Esa estrategia asumía que la IU sucedería al APRA en el gobierno, para lo cual era necesario asegurar la continuidad constitucional; esto a su vez requería deslindar claramente con Sendero Luminoso, para superar un veto militar. De otro lado se ubicaron quienes, por el contrario, proponían una oposición frontal al APRA, buscaban hacer evidentes los límites de una estrategia reformista, reafirmar una identidad revolucionaria alternativa preparándose para la posibilidad de diversas formas de situaciones pre-revolucionarias a mediano plazo. Desde este punto de vista, lo que correspondía era fortalecer los aparatos partidarios y su inserción en los movimientos sociales, especialmente aquéllos ubicados en sectores "estratégicos".

Estas tensiones llegaron a niveles mayores cuando Barrantes perdió la reelección a la alcaldía de Lima frente al candidato del APRA en la elección del 9 de noviembre de 1986, en medio de graves denuncias de fraude. Los crecientes conflictos con el APRA hicieron cada vez más difíciles los intentos de "colaboración crítica" y pusieron en agenda la necesidad de marcar distancias. Posiciones más duras frente al gobierno se hacían más razonables para la izquierda porque para la primera mitad de 1987 ya había terminado la "luna de miel" de la sociedad con Alan García y empezaban a escucharse diversas voces críticas. El 14 de noviembre de 1986 la IU convocó a un mitin para protestar por el supuesto fraude. En éste Barrantes fue largamente abucheado por los manifestantes al iniciar su discurso con frases complacientes frente al APRA. Meses más tarde, el 27 de mayo de 1987, en el acto de inauguración del IX Congreso del Partido Comunista Peruano, Barrantes fue nuevamente abucheado por las juventudes comunistas. Estos y otros incidentes revelan un clima que hizo que el 31 de mayo de 1987 Barrantes renunciara a la presidencia de IU (mas no a su "liderazgo", en sus propios términos). Acusó a quienes lo cuestionaban de haberse "propuesto su liquidación política", desde una "indisimulada posición proterrorista". La dirección de IU pasó desde entonces a ser colegiada. Las tensiones internas en la IU aumentaron entre 1987 y 1988, cuando el gobierno de García empezó a perder la capacidad de manejo económico, entrando el país en un régimen de alta inflación y el colapso de las finanzas públicas.[16]

De otro lado, el escenario del conflicto armado interno también daba muestras de un proceso de creciente crisis estatal. En 1988 la conflictividad expresada en acciones subversivas y número de muertos aumentó de manera clara después de una ligera caída en 1987 (ver Tabla 2). Todo esto exacerbó las tensiones que atravesaba la IU.

TABLA 2

PERÚ, DINÁMICA DE LA VIOLENCIA POLÍTICA (1980-1994)

Año	Acciones subversivas registradas por la Policía Nacional	Número de víctimas por violencia política
1980	219	3
1981	715	4
1982	891	170
1983	1,123	2,807
1984	1,760	4,319
1985	2,050	1,359
1986	2,549	1,268
1987	2,489	697
1988	2,415	1,986
1989	3,149	3,198
1990	2,779	3,452
1991	2,785	3,180
1992	2,995	3,101
1993	1,918	1,692
1994	1,195	652

En medio de esta agitada coyuntura política, quedaron en evidencia las indefiniciones y los problemas que IU tenía que encarar. En primer lugar, estaba el asunto de la conducción política. Después de la renuncia de Barrantes a la presidencia de IU, la dirección del frente pasó a una instancia colegiada, el Comité Directivo Nacional (CDN), integrado por los Secretarios Generales de los partidos miembros, con un "Coordinador de turno", cargo rotativo cada dos meses. La situación era insostenible. Es en este contexto que la IU convocó a su Primer Congreso Nacional que se realizó en enero de 1989, donde se definiría la estructura organizativa del frente, un plan de acción inmediato, la estrategia y la táctica para los años siguientes, de cara al proceso electoral de 1990 y se elegiría una nueva dirección nacional, que superara el esquema de representantes de cada uno de los partidos.

La convocatoria al Congreso reavivó a una IU relativamente paralizada, generó grandes expectativas y la hizo crecer notablemente. Así, en julio de 1988, al concluir el proceso de empadronamiento de los militantes de IU, se llegó a la cifra de 130 mil inscritos que superó por mucho todas las expectativas. Diversas encuestas de opinión mostraron a lo largo de 1988 y hasta enero de 1989 que la IU, con Barrantes como candidato presidencial, estaba por encima de Mario Vargas Llosa como candidato del Frente Democrático (Fredemo) en la intención de voto presidencial para la elección presidencial de 1990. Sin embargo, en enero de 1989, en el Congreso mismo, la IU inició un largo y tortuoso proceso de división que progresivamente fue minando sus posibilidades electorales y políticas en general. La tensión entre "reformistas" y "vanguardistas-militaristas" desencadenó la ruptura.[17] La ruptura se desencadenó por desacuerdos en la acreditación de delegados para la elección de las autoridades del frente y sobre el papel que desempeñaría Alfonso Barrantes. Sobre la división me interesa destacar un aspecto, a mi juicio poco resaltado y fundamental para entender lo que sucedió: lo que realmente destruyó las posibilidades electorales y la credibilidad en general de la izquierda no fue tanto la división en sí; a final de cuentas, hasta podría haber sido mejor para cada parte seguir más consistente y coherentemente su propio camino sin interferencias. El verdadero problema fue la manera en que la división se produjo: confusamente, en medio de descalificaciones mutuas y llamados a la unidad que empezaron en enero de 1989, y que se consumaron recién en octubre del mismo año,[18] cuando la IU registró a Henry Pease como su candidato presidencial y Alfonso Barrantes se registró como candidato de la recién creada Izquierda Socialista (is).

¿Por qué una división tan tortuosa y complicada? Creo que hubo dos factores principales. El primero es el mito de la unidad, en el sentido de una idea fundadora para la izquierda, que tuvo su origen en el trauma de la ruptura del ari; ninguna de las partes quería aparecer como la responsable de la ruptura, por lo que el asunto resultó especialmente confuso para la militancia y aún más para el ciudadano promedio. De otro lado, la ruptura fue larga y compleja porque ambas partes enfrentaban presiones cruzadas que las llevaban simultáneamente a la unidad y a la ruptura. Del lado de la is, se tenía al candidato (Barrantes), se tenía una buena carta para jugar en la arena electoral, pero faltaban vínculos con los principales partidos y los movimientos sociales, con el "movimiento popular".[19] Entre enero y octubre de 1989 la is trató de convencer al Partido Comunista Peruano (pcp) de unirse a los disidentes de iu, en tanto este partido hegemonizaba el principal gremio de trabajadores del país, la Confederación General de Trabajadores Peruanos (cgtp). Sin embargo, el pcp también vivía las tensiones que vivía la iu, y un alineamiento con Barrantes podría significar una ruptura dado que la mayoría de su militancia rechazaba a éste. Del lado de la iu, por el contrario, su relación con los partidos más fuertes y el "movimiento popular" estaba firme, pero hacía falta el caudillo que pudiera competir eficazmente en la arena electoral. De allí que Pease, junto a los sectores "moderados" de la iu (incluida la dirigencia del pcp), buscaran hasta el final la aceptación de Barrantes de la candidatura presidencial dentro de iu. Sin embargo, Barrantes no consideraba aceptable encabezar un frente político tan heterogéneo y con sectores tan radicalizados.[20]

Al final, como sabemos, pesaron más las tendencias centrífugas, siendo los individuos incapaces de superarlas. Cada una de las partes tenía algunas razones para ver el futuro con cierto optimismo. Para la iu, era importante la relación con los movimientos sociales, clave de su identidad y, aun con la ruptura, Henry Pease podía afirmar que "en las filas de Izquierda Unida están básicamente todos los destacamentos del movimiento popular organizado". Lo que los sectores dentro de iu no percibían era la profunda debilidad y aislamiento al que habían llegado los sectores organizados en el país y su desconexión respecto de la sociedad en general. Por eso, pese a contar ciertamente con el apoyo de "todos los destacamentos del movimiento popular organizado", ello apenas alcanzó para obtener un magro 8.2 por ciento de la votación presidencial de 1990. De otro lado, para Barrantes y la IS, cabía abrigar ciertas esperanzas, ya que las encuestas a lo largo de 1989, incluso después de consumada la división de IU en octubre, indicaban que Barrantes era el candidato favorito para entrar a la segunda vuelta con Mario Vargas Llosa, pese a la tendencia declinante en su intención de voto desde finales de 1988. El liderazgo de Barrantes, sin embargo, se erosionó fuertemente a lo largo de la campaña y, particularmente, en el tramo final; Barrantes fue visto como uno de los responsables de la ruptura y terminó obteniendo aún menos votos que Pease (apenas un 4.7 por ciento). Las elecciones de 1990 tuvieron resultados desastrosos para la izquierda, si pensamos en las expectativas existentes en enero de 1989. Pero su "derrota estratégica" vendría después, entre 1991 y 1995.

El gran ganador de las elecciones de 1990 no fue tampoco el Fredemo de Vargas Llosa, sino un *outsider*, Alberto Fujimori, quien inesperadamente se benefició de la división de la izquierda y de los errores de la campaña de Vargas Llosa. Sorpresivamente, un sistema político que tenía un agudo problema de polarización ideológica y de gobernabilidad, terminó generando un problema de representación, en el que la izquierda terminó quedando del lado de las fuerzas "tradicionales": sistema contra antisistema.

Fujimori constituyó, en los primeros meses de su gobierno, un Consejo de Ministros multipartidario (julio 1990-febrero 1991) bajo la conducción de Juan Carlos Hurtado. Varios conspicuos técnicos provenientes tanto de la IU como de IS, identificados con posiciones social-demócratas, participaron en ese gabinete que no tuvo más opción que lanzar un durísimo programa de ajuste en agosto de 1990.[21] La percepción de la inevitabilidad del ajuste permitió que, según una encuesta de Apoyo publicada el 14 de agosto tomada en Lima Metropolitana, un 49 por ciento de los encuestados respaldara las medidas económicas y no se produjera el temido "caracazo" en la ciudad de Lima.

La izquierda sólo pasó a ser una oposición clara al gobierno de Fujimori después de la salida de Hurtado Miller y la entrada de Carlos Boloña como Ministro de Economía (febrero 1991 – enero 1993). Hurtado había planteado el ajuste sólo porque, en ese momento, prácticamente no había ninguna alternativa; por el contrario, Boloña era un personaje identificado con una ideología neoliberal y planteó un conjunto de reformas estructurales frente a las cuales la izquierda pasó a ser una oposición abierta. A lo largo de 1991, la izquierda reformista, excluida del gobierno, perdió un protagonismo que fue recuperado por la izquierda más radical y movimientista. Estos sectores de izquierda apostaron a la movilización en las calles para detener las reformas estructurales. En estos conflictos, en muchos momentos a lo largo de 1991, pareció que el derrotado iba a ser Fujimori. Es que la oposición a Fujimori congregaba no sólo a la izquierda y al APRA, que cuestionaban las reformas neoliberales, sino también a los partidos del Fredemo, que cuestionaban sobre todo el carácter autoritario del gobierno.

Sin embargo, al final, Fujimori logró imponerse a la oposición y la clave de su éxito estuvo en que logró estabilizar la economía, pese a todos los problemas, cosa que se hizo evidente a lo largo de la segunda mitad de 1991. Esto le permitió erigirse como el garante de la estabilidad del país, contrariamente a los partidos "tradicionales" dentro de los cuales quedaba también la izquierda. Esto le permitió contar también con el respaldo de las Fuerzas Armadas, decisivo para el autogolpe de abril de 1992. ¿Por qué la movilización de la izquierda y los movimientos sociales no lograron vencer al gobierno? A lo largo de 1991 se reveló que la dinámica *movimientista* había perdido la centralidad que tuvo en los años ochenta. A la base de esto se ubicaron profundos cambios estructurales, cuyas consecuencias políticas recién se hicieron evidentes en la década de los años noventa. Desde 1998, con los ajustes de los últimos años del gobierno del APRA, se produjo una brusca caída en los sueldos y salarios que redujo los recursos movilizables para acciones de protesta; por otra parte, la creciente informalización de la economía aisló a los gremios y organizaciones, debilitando las conexiones entre el "movimiento popular organizado" y la sociedad en general, expresada en una opinión pública que pasó a apoyar al fujimorismo, privilegiando el control de la inflación sobre cualquier otra consideración.

En suma, la izquierda, en su enfrentamiento al tipo de reestructuración económica, política y estatal que impulsaba el fujimorismo, terminó del lado del orden institucional de 1979, formando parte del sistema político que Fujimori se propuso destruir, junto con los demás partidos de la década de los años ochenta. La izquierda terminó siendo parte del sistema que un *outsider* como Fujimori rechazaba en bloque, y el éxito de éste la afectó como al conjunto del sistema político. Fujimori dio el golpe de Estado en abril de 1992, golpe que fue ampliamente respaldado por la ciudadanía; su consolidación implicó la consolidación de un discurso antipartido, antipolítico, que terminó liquidando también a la izquierda, vista como parte del *establishment.*

Los años noventa, el nuevo siglo y la desaparición de la izquierda: entre la marginalidad y la subordinación política

Después del autogolpe de abril de 1992, debido a presiones internacionales, el fujimorismo se vio obligado a convocar nuevamente a un congreso con funciones simultáneas de Asamblea Constituyente: el Congreso Constituyente Democrático (CCD). Las fisuras de la izquierda se volvieron a hacer evidentes: un sector decidió participar en las elecciones de noviembre de ese mismo año, formándose el Movimiento Democrático de Izquierda (MDI), sobre la base del Movimiento de Afirmación Socialista (MAS), el Partido Mariateguista Revolucionario (PMR)[22] y otros. Este sector, heredero de los sectores reformistas de la IU, apostó por no perder visibilidad en el espacio público y político y por luchar dentro de los espacios democráticos abiertos. Entre tanto, los partidos de izquierda más fuertes, más ideológicos, más vinculados a organizaciones sociales, apostaron a boicotear las elecciones (el PCP, el UNI, el PUM), afirmando una conducta principista y ciertamente también, evitando el riesgo de exponerse a una derrota estrepitosa[23]; y apostar por "atrincherarse" en el movimiento social. El resultado es que ninguna de esas estrategias tuvo éxito. En las elecciones del CCD el MDI obtuvo apenas el 5.5 por ciento de los votos y 4 escaños en un congreso de 80 miembros. Entre 1992 y 1995 el MDI logró una importante visibilidad pública por medio de importantes denuncias[24] y por su oposición en el Congreso al proyecto de Constitución de la mayoría fujimorista; sin embargo, la identidad de izquierda se perdió en medio de la lucha en contra del autoritarismo fujimorista, dentro de banderas de respeto a la legalidad institucional. Por el lado de la izquierda movimientista, tampoco tuvo éxito en reconstituirse sobre la base de la protesta social que, como puede verse en la Tabla 2, descendió abrumadoramente en medio de la reestructuración económica y política que marcó el fujimorismo.

Para luchar contra la propuesta de nueva Constitución redactada por la mayoría en el CCD, sometida a referéndum en octubre de

1993, se formó el "Comando por el No", que reunió a importantes líderes de izquierda, pero como parte de un conjunto amplio de fuerzas "democráticas" que luchaban por el Estado de derecho y en contra del autoritarismo de Fujimori (en las cuales participaron figuras provenientes del APRA, el PPC y AP). En el referéndum, la nueva Constitución fue aprobada por un estrecho margen (el sí obtuvo un 52.25 por ciento y el no un 47.75 por ciento), en medio de graves denuncias de fraude nunca aclaradas convincentemente. Este resultado hizo que se pensara que un candidato único de oposición, en las elecciones de 1995, podría vencer a Fujimori. De hecho, algunas encuestas de opinión sugerían que el ex secretario general de las Naciones Unidas, Javier Pérez de Cuéllar, podría ser una opción de institucionalización democrática exitosa. Esa candidatura efectivamente se dio y se conformó la Unión por el Perú (UPP).

Es interesante ver que frente a las elecciones generales de 1995 se reprodujeron en la izquierda las líneas divisorias presentes a finales de los años ochenta: esta vez no como drama sino como comedia, retomando la frase de Marx en el *18 Brumario*. Un sector de la izquierda optó por mantenerse en una coalición de centro, apostando a una posibilidad más viable de poder, y se integró a la UPP. Sin embargo, la UPP resultó un conglomerado de personajes muy disímiles, esa incoherencia la debilitó como alternativa electoral y, finalmente, los personajes de izquierda dentro de UPP quedaron como personajes aislados, sin posibilidad de imponer una agenda de izquierda en esa organización política. Al mismo tiempo, los sectores de izquierda más movimientistas y basistas se propusieron la resucitación política de IU. Éstos criticaron la candidatura de Pérez de Cuéllar por su carácter conservador, y plantearon la constitución de una opción "popular". En octubre de 1994, la IU inscribió ante la autoridad electoral una fórmula presidencial con Alfonso Barrantes como candidato a la presidencia. La IU apostó al principismo ideológico en nombre del enfrentamiento al fujimorismo neoliberal, pero en la práctica contribuyó a la dispersión del voto opositor, lo que facilitó el triunfo de Fujimori en primera vuelta. Pero aún peor: en enero de 1995 Barrantes renunció a la candidatura presidencial, en medio de controversias y conflictos por la elaboración de la lista de candidatos al congreso. La IU vivió en 1989 la tragedia de la división en un contexto crítico; en 1995 la IU se volvió a dividir, en una suerte de comedia de equivocaciones, cuando ya era un actor político insignificante. En las elecciones, el candidato finalmente inscrito,

Agustín Haya, obtuvo apenas el 0.58 por ciento de los votos y la lista de iu al congreso, el 1.67 por ciento. iu logró ubicar dos congresistas: Javier Diez Canseco (pum) y Rolando Breña (Patria Roja), aunque perdió su registro legal, por obtener menos del 5 por ciento de los votos.[25]

Entre 1995 y 2000 la izquierda como tal prácticamente desapareció del escenario político peruano. En la medida en que la dinámica política estuvo signada por una lucha contra el autoritarismo fujimorista, levantando banderas de defensa de las instituciones democráticas, la izquierda y sus demandas tradicionales quedaron relativamente descolocadas frente a las liberales. Esto tuvo una expresión muy clara en las elecciones de 2000 y 2001.

En las elecciones de 2000, nuevamente tuvimos la presencia de diversos personajes de centro izquierda en organizaciones como upp, Somos Perú o Solidaridad Nacional, así como en movimientos como el Foro Democrático, entre otros, mientras que personajes identificados con la izquierda radical no lograron ubicación política.[26] La elección de 2000 mostró nuevamente una debilidad extrema de todos los partidos que conformaron el sistema de partidos de la década de los años ochenta: Abel Salinas, candidato presidencial del apra, obtuvo apenas el 1.38 por ciento de los votos válidos; Víctor Andrés García Belaunde, de Acción Popular, obtuvo el 0.38 por ciento. La competencia tuvo como protagonistas principales a candidatos que reivindicaban su carácter no partidario, como Fujimori, Alejandro Toledo, Alberto Andrade. En cuanto al Congreso, el apra obtuvo el 5.52 por ciento de los votos válidos y ap el 2.44 por ciento.

Con la caída del fujimorismo y el establecimiento del gobierno de transición de Valentín Paniagua, las cosas cambiaron un poco (aunque no para la izquierda) abriéndose espacios para la recuperación de mayores niveles de competencia política. Esto permitió el regreso al país de Alan García, exiliado desde 1992, y su postulación como candidato presidencial en las elecciones de 2001. En ellas, si bien Alejandro Toledo de Perú Posible ganó al final (con el 36.51 por ciento en primera vuelta y 53.08 por ciento en la segunda), expresión de la persistencia de la desconfianza frente a los partidos más programáticos e ideológicos, Alan García obtuvo un sorprendente 25.78 por ciento en primera vuelta y un 46.92 por ciento en la segunda, y Lourdes Flores, de Unidad Nacional,[27] el 24.3 por ciento. En el Congreso, el apra obtuvo el 19.71 por ciento de los votos, Unidad Nacional el 13.8 por ciento, y Acción Popular el

4.14 por ciento. Llama la atención la relativa recuperación de algunos de los partidos del sistema de partidos de la década de los años ochenta y el que la izquierda, en cualquiera de sus variantes, no haya podido siquiera presentar candidatos propios. En las elecciones de 2001 el país apoyó candidatos identificados con las causas democráticas y orientados al centro, lo que nuevamente descolocó a la izquierda.

Respecto a la izquierda durante el proceso de transición y al gobierno de Alejandro Toledo, observamos la repetición de un patrón similar al visto en la década de los años noventa. Muchos personajes provenientes de la izquierda reformista "llegaron al poder" sobre la base de sus competencias técnicas y experiencia profesional, pero sin capacidad ni voluntad de articular una propuesta de izquierda, quedando subordinados a políticas de centro-derecha. Así, durante el gobierno de Paniagua, tuvimos a Marcial Rubio como ministro de Educación; a Diego García como ministro de Justicia; a Susana Villarán, como ministra de la Mujer; Alberto Adrianzén fue el asesor del presidente; entre otros. Con el gobierno de Toledo, junto a Perú Posible llegaron a posiciones de poder personajes como Nicolás Lynch, como ministro de Educación; Cecilia Blondet como ministra de la Mujer; Diego García como ministro de Relaciones Exteriores; Fernando Rospigliosi como ministro del Interior; Fernando Villarán como ministro de Trabajo. Muchos otros personajes ocuparon también posiciones clave: Juan de la Puente fue asesor del presidente, Henry Pease fue presidente del Congreso y presidente de la Comisión de Constitución; estuvieron también Oscar Dancourt y Gonzalo García en el directorio del Banco Central de Reserva.

La generalizada presencia de personajes provenientes de la izquierda reformista en el gobierno de Toledo puede tener varias lecturas. De un lado, podría decirse que es parte de un proceso de maduración de la izquierda que abandonó visiones maximalistas e ideológicas y pasó a hacer política "real", a enfrentar problemas concretos, aportando soluciones prácticas, y cuya presencia es expresión de la calidad técnica y profesional de sus integrantes. Sería una suerte de apuesta reformista llevada a la práctica. Como diría Edward Bernstein, es el camino lo que cuenta y no la meta final. Pero, por el contrario, desde una posición más ortodoxa, podría también decirse que se trata de una expresión de dispersión y fragmentación, de la claudicación de los ideales de cambio, de una presencia política inocua, que no logra imponer una perspectiva de izquierda, consecuencia de llegar al gobierno sin tener el poder. Así, durante el gobierno de Toledo, si bien se dieron avances importantes en cuanto a institucionalización democrática, se impuso la continuidad en cuanto a la política económica neoliberal.

Pero el problema de la dispersión y fragmentación también afectó a la izquierda más radical, y expresa los límites de las estrategias puras de confrontación. Con los gobiernos de Paniagua y Toledo se produjo una apertura del sistema político, una mayor receptividad para atender demandas sociales, así como la aparición de múltiples espacios de diálogo y concertación con organizaciones sociales que buscaron institucionalizar la participación de la sociedad civil en la formulación de políticas;[28] además, el gobierno convocó a elecciones de gobiernos regionales (noviembre de 2002) e inició un proceso de descentralización, que incentivó la movilización por demandas provincianas.[29] Esto generó incentivos que permitieron la reactivación de la vida de muchas organizaciones populares de base y acciones de protesta, que todavía son lideradas, en gran medida, por personajes que tuvieron militancia de izquierda, en sus partidos más radicales. Así, reaparecieron en la escena pública, después de muchos años, liderando manifestaciones de protesta, la Confederación General de Trabajadores del Perú (CGTP), el Sindicato Único de Trabajadores de la Educación Peruana (SUTEP), así como algunos movimientos regionales de protesta en los que tiene cierta presencia el partido Comunista Patria Roja. En los años ochenta, la IU permitía dar proyección política nacional y coherencia programática a las demandas de los gremios pero, en los últimos años, éstos aparecieron protagonizando protestas aisladas, puramente reivindicativas, fuertemente particularistas, que carecen una propuesta alternativa de país. Si bien las protestas durante el gobierno de Alejandro Toledo no fueron muy contundentes (mucho menos que las registradas en países vecinos como Ecuador o Bolivia en los mismos años), tuvieron cierta visibilidad e importancia porque confrontaban a un gobierno con niveles extremadamente bajos de aprobación ciudadana.

La reactivación de la protesta social, que se reveló desde el inicio mismo del gobierno de Toledo, hizo que los sectores más vinculados a la izquierda radical evaluaran que era posible una vuelta al protagonismo político; sin embargo, ello no ocurrió. En las elecciones regionales y municipales de noviembre de 2002, por ejemplo, la única lista nacional que reivindicó una identidad de izquierda fue el Movimiento Nueva Izquierda (MNI, que en realidad es un nuevo membrete con el que actúa el maoísta Partido Comunista del Perú-Patria Roja). En esas elecciones, el MNI obtuvo apenas el 2.8 por ciento de los votos en las regiones, el 1.9 por ciento en las provincias y el 1.7 por ciento en los distritos del país. Algunos líderes de movimientos regionales, que tenían una lógica de confrontación con el gobierno, postularon también pero tampoco tuvieron éxito.[30] Muchos otros candidatos provenientes de diversas tradiciones de izquierda participaron en las elecciones y ganaron cargos, ya sea dentro de otras organizaciones políticas o encabezando listas "independientes". Nuevamente, estamos ante personalidades con cierta legitimidad, pero que no articulan una propuesta de izquierda.[31]

Frente a las elecciones generales de 2006, los diversos sectores de izquierda trabajaron con el objetivo de lograr su vuelta al escenario político nacional. El gobierno de Alejandro Toledo avanzó al lograr mayores niveles de institucionalización democrática, para lo cual la reconstrucción de un sistema de partidos era un objetivo central. En 2003 se aprobó una ley de partidos con la esperanza de construir un sistema con organizaciones políticas más representativas. En principio, las agrupaciones políticas con más tradición y asentamiento territorial nacional parecían tener ventaja sobre las organizaciones nuevas surgidas en la década de los años noventa; desde esta perspectiva, junto con el APRA, el PPC y AP, para la izquierda se perfilaba una nueva oportunidad. Además, en la región corrían nuevos vientos, marcados por el agotamiento de las políticas asociadas al "consenso de Washington", por lo que la izquierda peruana abrigaba grandes expectativas. En algún momento, antes del inicio de la campaña electoral por las elecciones de 2006, podía especularse sobre la posibilidad de una suerte de reconstitución del sistema de partidos de la década de los años ochenta, sobre la base del APRA, que acababa de lograr una votación importante en las elecciones de 2001 con Alan García relegitimado después del exitoso gobierno de transición de Valentín Paniagua, el PPC y el frente Unidad Nacional, liderado por Lourdes Flores y nuevos partidos de izquierda.

Dos grandes tendencias se perfilaron dentro de la izquierda nuevamente: de un lado, algunos sectores levantaron un perfil más moderado, de carácter social-demócrata, y se expresaron en el Partido de la Democracia Social (PDS),[32] que finalmente postuló a las elecciones en el marco de una alianza, Concertación Descentralista (CD). Del otro lado, los sectores que provenían de la tradición más radical intentaron procesos de unificación, pero finalmente dieron lugar a dos organizaciones: el MNI y el Partido Socialista (PS), formado sobre la base de sectores antes vinculados al pum. Estos grupos mantuvieron un discurso más clasista, antiimperialista, cercano a los gobiernos de Cuba y Venezuela, y estatista tradicional. Los resultados electorales fueron desastrosos: CD obtuvo apenas el 0.62 por ciento de los votos en la elección presidencial, el PS el 0.49 por ciento y el MNI el 0.27 por ciento, con sus candidatos Susana Villarán, Javier Diez Canseco y Alberto Moreno, respectivamente. En el congreso, el PS obtuvo el 1.24 por ciento, el MNI el 1.23 por ciento y CD el 0.85 por ciento, y no lograron elegir ningún representante. Como consecuencia de estos resultados, todos estos grupos perdieron su registro electoral. El mal desempeño de los partidos de izquierda contrasta con el desempeño de los otros partidos tradicionales. En la primera vuelta presidencial de 2006, Alan García del APRA obtuvo el 24.32 por ciento de los votos válidos; Lourdes Flores, de UN, el 23.81 por ciento; y Valentín Paniagua, del Frente de Centro (FC, alianza liderada por AP), el 5.75 por ciento. En el congreso, el APRA obtuvo el 21 por ciento de los votos, UN el 15 por ciento, y el FC el 7 por ciento.

¿Es que en Perú no se expresó para nada, en las elecciones de 2006, el descontento que se registra en otros países de la región con el sistema político y el orden imperante, y el avance de la izquierda? La respuesta es que sí, pero no se expresó a través de la izquierda, no al menos de la izquierda tradicional. En las elecciones de 2006 el voto contrario al sistema imperante y el malestar por las políticas neoliberales se expresó principalmente en la candidatura de Ollanta Humala, candidato por Unión por el Perú (UPP). ¿Quién es Ollanta Humala? Humala es un comandante del ejército peruano que, en octubre de 2000, encabezó una pequeña insubordinación en contra del entonces presidente Fujimori, junto con su hermano, el mayor Antauro Humala. Ambos hermanos fueron amnistiados en diciembre de 2000, durante el gobierno transitorio de Valentín Paniagua. Antauro Humala fundó entonces el movimiento "Etnocacerista", dado a conocer a través de un semanario, "Ollanta".[33] A finales de 2004 Ollanta Humala fue pasado a retiro y, a inicios de 2005, anunció su voluntad de incursionar en la política.

Desde entonces, siguió una errática política de alianzas, que empezó por tomar distancia del etnocarismo. Después de muchos vaivenes, que incluyeron conversaciones para ser candidato presidencial por el MNI, y el intento fallido de inscribir a tiempo un partido propio, el Partido Nacionalista Peruano (PNP), constituyó finalmente una alianza con UPP, el partido que en 1995 postuló a Pérez de Cuéllar, pero que, diez años después, era prácticamente un membrete controlado por algunos dirigentes regionales con tradición de izquierda. Sorprendentemente, la intención de voto por Humala empezó a subir, empezando por la sierra sur y, al final, llegó a ganar la primera vuelta de las elecciones de 2006 con el 30.6 por ciento de los votos válidos, seguido por Alan García, candidato del APRA, quien obtuvo el 24.32 por ciento. Al hacerse un candidato creíble, algunas personalidades de izquierda se sumaron al humalismo y renunciaron a construir caminos propios, aunque más a título individual que como colectividades. En el congreso, la lista de UPP obtuvo el 21.15 por ciento de los votos válidos a nivel nacional, mientras que el APRA obtuvo 20.58 por ciento. En la segunda vuelta, García ganó con el 52.62 por ciento, frente al 47.37 por ciento de Humala. García logró pasar a la segunda vuelta desplazando a Lourdes Flores, acusándola de ser "candidata de los ricos" y, luego, en la segunda vuelta, se presentó como el abanderado del "cambio responsable" para así derrotar a Humala. Este último logró expresar el sentimiento antisistema, contrario al *establishment* político e institucional, y el descontento de la población frente los malos resultados de la gestión de Toledo en términos de redistribución y de combate a la pobreza, pese a tener un buen desempeño en cuanto al crecimiento de la economía. Humala ganó en casi todas las regiones del país, salvo Lima y algunas regiones de la costa, y obtuvo votaciones muy altas en las regiones más pobres del país, especialmente en el sur andino. Este resultado reveló el alto grado de desarticulación generado por el crecimiento económico de los últimos años. El discurso humalista enfatizó aspectos nacionalistas, antiimperialistas, estatistas, contrarios a los Estados Unidos, y buscó y contó con el apoyo de los gobiernos de Chávez en Venezuela y Morales en Bolivia.

Así, la izquierda no logró en las últimas elecciones salir de la marginalidad política, ni en su vertiente socialdemócrata ni en su versión radical. Dentro de las fuerzas políticas tradicionales, tanto el APRA, el PPC como AP, lograron ubicarse nuevamente como actores importantes de la política nacional y lograron representación en el congreso. Pero, por otra parte, existe un nuevo sentido común en los ciudadanos que los hace receptivos a un discurso crítico que proponga alternativas a al discurso neoliberal, que terminó capitalizando Ollanta Humala. ¿Qué pasó con la izquierda? Considero que sus dos vertientes tienen el problema de aparecer ante los electores simultáneamente como fuerzas desgastadas, parte de un orden tradicional, por lo que no pueden convocar un voto antisistema; y como fuerzas dispersas y con poca viabilidad, por lo que tampoco pueden seducir a votantes de centro. La opción reformista aparece claramente como parte del orden establecido, en tanto muchas de sus figuras representativas estuvieron asociadas, tanto por su oposición al fujimorismo, como por su apoyo a los gobiernos de Paniagua y Toledo. Al mismo tiempo, debido a que no lograron construir un perfil identitario claro, distinguible de las opciones dentro de las que participaron, aparecen al mismo tiempo como fuerzas dispersas, sin viabilidad o consistencia política, marcadas por el oportunismo. Por su parte, la opción radical aparece, debido a su asociación con gremios y organizaciones sociales tremendamente desgastadas, como parte de un orden tradicional, cerradamente corporativo; al mismo tiempo, al haberse identificado tanto tiempo con banderas de oposición desde posiciones de marginalidad política, no pueden aparecer como una opción de gobierno viable.

En otras palabras, el fracaso en los últimos quince años tanto de la opción basista, ideológica y radical, como de la opción reformista de centro, impidió que en 2006 las distintas corrientes de izquierda pudieran plantear creíblemente su reincorporación al sistema de partidos, cuestión que sus rivales de la derecha y del populismo aprista, en medio de sus limitaciones, lograron hacer.

ALGUNAS PERSPECTIVAS

¿Qué perspectivas existen para la izquierda peruana en la actualidad? Considerando el panorama frente a las elecciones generales (presidente y congreso) de 2011, parece que se repiten otra vez los caminos a los que hemos hecho referencia. Es decir, nuevamente encontramos quienes piensan que la izquierda debe continuar con la construcción de un camino propio, tanto desde una perspectiva social-demócrata (el PDS) como desde una opción de cuestionamiento del modelo neoliberal y de la globalización (el PS y el MNI), articulando sectores dispersos de izquierda tanto en el ámbito nacional como en las regiones, cuya importancia ha crecido con el proceso de descentralización impulsado desde 2001. El riesgo está en mantenerse en la marginalidad política, por lo que aparece ahora con fuerza la posición de quienes piensan que la izquierda debe asociarse con el naciente movimiento de Ollanta Humala, asumiendo que el "voto popular" se expresó a través de este candidato; corriendo una vez más el riesgo de perder perfil identitario, de no lograr realmente influir en el movimiento, de pagar los costos de los errores del humalismo y de no conseguir acumular capital político. Sinesio López lo ha formulado recientemente de manera bastante clara:

> Si la izquierda (…) ya se acabó, quienes quieren tener una fuerza de izquierda tienen dos opciones: o empiezan de cero con gente joven, o están con el humalismo. Yo creo que ahí está la novia, ahí están las masas de la izquierda. Si quiero un proyecto político, no puedo hacerlo en mi cabeza, desde una torre de marfil. Tengo que hacerlo de cara a la gente que pretendo representar. Eso está en el espacio humalista (entrevista en suplemento *Domingo* del diario *La República*, 23 de junio de 2006).[34]

Los riesgos de cada una de las opciones son considerables. Ollanta Humala es un *outsider*, sin experiencia política previa y, por lo tanto, imprevisible. Es un militar sobre el que penden graves acusaciones de violaciones a los derechos humanos cuando estuvo en actividad durante los años del conflicto armado interno, tiene una formación poco proclive al diálogo, la negociación y la formación de alianzas firmes; hasta el momento, ha seguido una lógica de alianzas y acuerdos circunstanciales y de corto plazo. Proviene de una familia (de la que supuestamente se ha distanciado) con un proyecto político extravagante, autoritario y racista, el "etnocacerismo"; y se ha movido oscilando entre un papel de oposición semileal y otro desleal frente al sistema democrático, lo que podría erosionar seriamente al régimen democrático. Cabe resaltar que, después de las elecciones presidenciales y de congreso en abril de 2006, el humalismo como movimiento, lejos de consolidarse, da muestras de precariedad extrema. Así, la bancada en el Congreso se ha dividido, al extremo de que, de los 45 representantes electos por UPP en la actualidad (abril 2009), apenas 22 responden al liderazgo de Humala. Otro indicador es que el humalismo enfrentó las elecciones regionales y locales de noviembre de 2006 a través de su propia organización, el recién inscrito Partido Nacionalista Peruano, obtuvo apenas el 8 por ciento de los votos de la elección regional y no ganó ninguna presidencia regional de las 25 en disputa; en la elección de alcaldes provinciales, el humalismo obtuvo el 6 por ciento de los votos y ganó apenas el 5 por ciento (diez) de los 195 cargos en disputa.[35]

Por otra parte, el camino de construir una opción propia para la izquierda aparece lleno de obstáculos en el corto plazo. A juzgar por los pobres resultados electorales, parece requerir de grandes dosis de renuncia en los dirigentes históricos y de renovación. Según el historiador Antonio Zapata,

> (…) correr detrás de quien tiene intención de voto parece la única solución. Pero no se han explorado otras opciones. Por ejemplo, ir detrás de los viejos principios con candidatos jóvenes que hablen el lenguaje de hoy. El socialismo no ha muerto. Se han agudizado las antiguas contradicciones del capitalismo que lo hicieron nacer. En todo el mundo reaparece la lucha por la igualdad. Por ejemplo, en Francia los partidos trotskistas han llevado como candidato presidencial a un joven de treinta años, apellidado Besancenon. Es un trabajador del correo que chatea y habla como muchacho ilustrado, pero de hoy y no de ayer. Pues bien, el resultado ha sido positivo; obtuvo un porcentaje superior al récord de los setenteros. Mejor incluso que inmediatamente después de mayo del 68. Ahí se halla una salida. Renovar los principios lanzando a los jóvenes a la palestra. Ellos se entenderán con el país y pueden salir adelante. Lo mejor es que ese hipotético éxito sería para un polo democrático y radical. En vez de desdibujarse detrás del nacionalismo y, además, lanzando nuevamente a los líderes de antaño (diario *La República*, 11 de marzo de 2009).

El éxito de la izquierda peruana en la década de los años ochenta estuvo en la confluencia entre movimientos sociales expresivos de intereses populares, los partidos y el frente político que agregaban, procesaban sus demandas y las convertían en un programa viable, y un líder carismático con capacidad de convocar al ciudadano promedio y posicionarse bien en el espacio mediático. En el momento actual, tenemos movimientos particularistas, partidos débiles y anquilosados y, en cuanto a los líderes, aquéllos con más trayectoria no pueden desprenderse de la imagen de sus errores pasados, y los más recientes todavía no logran construir imágenes creíbles. También existe la opción de sumarse al liderazgo de una figura ajena con un proyecto personalista. Con todo, existen algunas opciones abiertas para la izquierda peruana.

En el momento actual, tenemos en el gobierno al APRA, partido populista, rival tradicional de la izquierda por la inclusión de sectores excluidos. Está siguiendo una orientación de centro derecha cuando no abiertamente conservadora, con lo cual la representación del descontento social seguirá abierta.[36] García pretende evitar el mal recuerdo de su primera gestión siguiendo una política económica liberal ortodoxa que incluye, por ejemplo, la aprobación de un Tratado de Libre Comercio con los Estados Unidos. Del otro lado, el humalismo es un movimiento muy frágil y un escenario probable es que no llegue a consolidarse en el mediano plazo. ¿Logrará la izquierda ocupar el espacio vacío? ¿En cuál de sus corrientes? Cuando menos puede decirse que existe una fuerte demanda política por una fuerza que cuestione el orden vigente, que levante los intereses de los sectores populares más excluidos y marginales, de la población más pobre, rural, indígena, de las regiones que no se han beneficiado de la dinámica de crecimiento de los últimos años. El problema está en que esa demanda todavía no encuentra una oferta atractiva, por lo que puede tomar caminos inesperados.

Capítulo 10
La evolución de la izquierda mexicana
Kathleen Bruhn

La importancia de las raíces

La izquierda mexicana lleva todavía las huellas de su singular origen
como hija ilegítima de la Revolución Mexicana, criada en la sombra
del heredero legítimo, el Partido Revolucionario Institucional (PRI).
Su encarnación actual, el Partido de la Revolución Democrática
(PRD), es la convergencia de tres linajes de organización izquierdista,
todos profundamente afectados por sus relaciones con ese extraor-
dinario partido hegemónico que gobernó a México de 1929 a 2000.
A pesar de los esfuerzos de muchos de sus miembros, el PRD ha sido
dominado por caudillos populistas en parte por estas circunstancias
históricas, especialmente su larga adolescencia en un sistema sin
elecciones libres, su aislamiento de las organizaciones de masas y
una herencia intelectual ligada a la figura de Lázaro Cárdenas, uno
de los grandes populistas de América Latina.

La primera tradición que se unió en el PRD salió de los partidos
independientes de izquierda. El más viejo y más importante de
éstos era el Partido Comunista Mexicano (PCM), fundado en 1919.
Durante la mayor parte de su existencia, el PCM fue clandestino; no
podía participar en las elecciones y nunca fue aceptado abiertamente dentro de los sindicatos. La legitimidad pública de la Revolución
Mexicana socavaba el argumento de una revolución necesaria, que
era el lema tradicional de los partidos comunistas en otras partes.
De hecho, hasta los años sesenta, líderes del PCM aceptaban o hasta
cooperaban con presidentes del PRI.[1] La decisión del gobierno
mexicano de reconocer a Fidel Castro también separaba la experiencia del PCM de la experiencia de otros partidos comunistas. A
cambio del apoyo diplomático de México, Castro no metió la mano

en México. Castro fue una fuente fundamental de recursos financieros y simbólicos para los movimientos revolucionarios de América Latina; el Partido Comunista Mexicano no tuvo ese apoyo externo.

El aislamiento político llevó al PCM a preferir el cambio no violento. Buscó y tomó la oportunidad de participar en las elecciones después de las reformas de 1977, que legalizaron el partido. Los resultados inmediatos incluyeron una reducción en el número de partidos de izquierda. El PCM desapareció en 1981 para formar el Partido Socialista Único Mexicano (PSUM), junto con otros partidos.[2] En 1987 el PSUM también desapareció, absorbido en el Partido Mexicano Socialista (PMS).[3] Participar en las elecciones llevaba consigo una moderación ideológica significativa. Para 1988, la izquierda independiente había alcanzado su actual posición de centro-izquierda y había participado en tres elecciones nacionales.

Una segunda tradición de pensamiento izquierdista, identificado con Lázaro Cárdenas, sobrevivía dentro del mismo PRI. Durante su presidencia (1934-1940) Cárdenas afectó profundamente el desarrollo de la izquierda mexicana. Primero, fue Cárdenas quien integró a las organizaciones populares (sindicatos y de campesinos) dentro del PRI. A cambio de apoyo monetario, monopolios de representación y posiciones en el gobierno a través del PRI. Estas organizaciones aceptaron el control político sobre la selección de sus líderes y cierta disciplina para apoyar la agenda gubernamental. El resultado fue un sistema que buscó mantener la hegemonía política del PRI y excluir a los partidos de izquierda independientes de las organizaciones de masas. La pobreza de los vínculos entre la izquierda y estas organizaciones la dejó sin una base popular asegurada y, por ello, vulnerable a las predaciones de líderes populistas.

La segunda herencia de Cárdenas fue el *cardenismo*. La meta principal de Cárdenas de formar una alianza política entre el Estado y "el pueblo" en contra de los intereses extranjeros y los ricos es característica del populismo. El estilo político de Cárdenas también ejemplifica el padrón del liderazgo populista, del "hombre del pueblo". Se negó a vivir en el palacio presidencial, empezó por reducir su propio salario a la mitad y celebró recepciones públicas en el Palacio Nacional. Cárdenas sigue siendo, en la imaginación popular, un presidente que verdaderamente sirvió al pueblo. Su hijo Cuauhtémoc llegó a ser no solamente la figura clave en la fundación del PRD, sino también su caudillo dominante durante los primeros diez años del partido.

La tercera tradición de organización izquierdista no entró en los partidos políticos. La captura de los sindicatos y las organizaciones campesinas por el PRI sirvió como advertencia sobre los peligros de asociarse con los partidos. Las organizaciones populares también se vieron afectadas por el movimiento estudiantil de 1968 que, trágicamente, terminó con la masacre de cientos de estudiantes por el Ejército mexicano. Algunos líderes estudiantiles desilusionados por la protesta pacífica entraron en los movimientos guerrilleros. Otros, como los maoístas que pertenecían a la Organización de Izquierda Revolucionaria-Línea de Masas (OIR-LM), empezaron a organizar movimientos populares y de barrios. Su hostilidad hacia los partidos, sin embargo, seguía. Hasta 1988, relativamente pocas de estas organizaciones habían participado en las coaliciones electorales.

EL TERREMOTO POLÍTICO DE 1988

Estas tres tradiciones convergieron en torno a la candidatura presidencial de Cuauhtémoc Cárdenas en 1988.[4] La convergencia fue posible a partir de cambios internos dentro de las tres tradiciones. Para la izquierda partidista, la legalización no había dado resultados electorales muy alentadores. Empezó a buscar el apoyo de las organizaciones populares a través de coaliciones electorales, ayudado por la moderación ideológica que la había llevado más hacia el centro de la opinión pública. Al mismo tiempo, las organizaciones populares empezaron a interesarse en la participación electoral, principalmente porque percibieron que el PRI respondía cada vez menos a las formas de presión tradicional (protestas y marchas). La crisis económica de los ochenta había dejado al PRI sin los recursos con los que anteriormente podía financiar los subsidios o las obras públicas que los movimientos demandaban. El terremoto que golpeó el Distrito Federal en 1985 expuso a la luz este cambio. El gobierno federal parecía indiferente al sufrimiento de los ciudadanos: ordenó a los residentes volver a sus edificios (algunos de los cuales se colapsaron en las réplicas del terremoto), proveyó poca asistencia a los que intentaban rescatar a sus amigos y familiares de los escombros y aplicó mal los millones de dólares donados por la comunidad internacional. Los residentes del Distrito Federal se organizaron a sí mismos y empezaron a buscar nuevas maneras de mantener responsable al gobierno.

Sin embargo, el ímpetu para la convergencia tuvo su origen en el ala *cardenista* del PRI. Durante los ochenta, los *cardenistas* se sentían cada vez más marginados por los tecnócratas neoliberales. Los *cardenistas* se oponían a la dirección de las reformas económicas: privatización y libre mercado. También advirtieron que la crisis económica había minado la popularidad del PRI. Encabezado por Cuauhtémoc Cárdenas y Porfirio Muñoz Ledo (ex presidente del PRI), un grupo pequeño de priistas prominentes demandaron que el siguiente candidato presidencial del PRI respondiera a estas preocupaciones. Cuando se escogió otro candidato neoliberal tecnócrata (Carlos Salinas), Cárdenas lanzó una campaña independiente para contender por la presidencia. Los movimientos urbanos populares, particularmente en el Distrito Federal, rápidamente le proporcionaron su apoyo. Cuando la campaña entraba en su mes final —temiendo que le abandonara su base— el candidato presidencial del Partido Mexicano Socialista se retiró de la batalla y apoyó a Cárdenas. Un año después, el PMS, los *cardenistas* y algunos de los movimientos urbanos populares fundarían el PRD.

Fue así que el PRD empezó su vida independiente en 1989, como una verdadera ensalada de corrientes y tendencias unidas principalmente por su oposición férrea al PRI y la posible elección de Cárdenas como presidente. La "guerra de las tribus" ha sido una constante, a veces destructiva, en la vida interna del partido. Para prevenir la desintegración del partido, Cárdenas asumió un papel central en todas las decisiones estratégicas, especialmente la resolución de los conflictos internos. Aunque formalmente dejó de ser presidente del partido en 1993, continuó siendo el fiel de la balanza para los perredistas hasta 2000. Su influencia se ejercía informalmente, al margen de las instituciones del partido. Quizás necesario para la cohesión al principio, la centralidad de Cárdenas también retardaba la institucionalización del partido.

Otros dos aspectos de la identidad del partido también se originaron en estos primeros años. Primero, el PRD se comprometió a practicar la democracia interna. Ha experimentado con varios mecanismos de selección, pero la tendencia ha favorecido los mecanismos más abiertos a la participación, como elecciones primarias para candidaturas y elección interna de los líderes nacionales del partido. La competencia interna ha agudizado las divisiones, a veces hasta el punto de la violencia y las renuncias. Peor aún, muchos de estos procesos fueron marcados por acusaciones (frecuentemente bien fundadas) de fraude. Estos fracasos públicos mancharon la reputación del partido y le quitaron apoyo en las elecciones generales. Sin embargo, el PRD insistió en usar la elección democrática como la norma a seguir para ganar poder en el partido. Como consecuencia, es posible que los líderes más importantes del partido perdieran las batallas internas, refrenando las tendencias hacia la centralización del poder y permitiendo al partido procesar, por lo menos, algunos conflictos internos sin provocar escisiones.

El segundo aspecto ha sido la experiencia de represión y la asociación paralela del PRD con la movilización de protestas. La evidencia incontestable de un amplio fraude electoral en 1988 en contra de Cárdenas lo llevó a denunciar cualquier cooperación con el gobierno de Salinas. Nunca lo reconoció públicamente como presidente de México y condenó a quienes negociaban acuerdos con su administración. Mientras tanto, Salinas y el PRI vieron en Cárdenas y el PRD la principal amenaza a su poder. El resultado de esta hostilidad mutua fueron seis años de confrontación y represión violenta. La experiencia alentó la desconfianza hacia el Estado y las instituciones que persiste entre los veteranos del partido hasta hoy en día, y se vio reflejada en su reacción a la elección presidencial de 2006.

El año de 1994 fue otro momento decisivo para la izquierda. Cárdenas volvió a presentarse como candidato a la presidencia. Durante los primeros seis años del PRD, su influencia se basó en la convicción entre sus seguidores de que lo único que podría impedir la elección de Cárdenas sería una repetición del fraude de 1988. Para prevenirlo, el partido sólo tenía que organizarse para vigilar las casillas. Pero Cárdenas perdió (de hecho, terminó en tercer lugar) y los perredistas nunca pudieron proveer las pruebas de un nuevo fraude que volvieron a alegar. En privado, aceptaban que habían perdido y empezaron a revaluar la estrategia política que los había llevado a dos derrotas electorales consecutivas.

Ese mismo año apareció un rival a la izquierda del PRD: una insurrección armada en el estado sureño de Chiapas. El Ejército Zapatista de Liberación Nacional (EZLN) denunció el modelo neoliberal y cautivó al público mexicano e internacional. Durante los primeros dos años de la rebelión, el EZLN fue mucho más popular entre los simpatizantes de la izquierda que el propio PRD. El PRD tenía que justificar su existencia y demostrar su utilidad a través de obras públicas y resultados materiales para su base de apoyo. Era difícil ser más radical o más pintoresco que los zapatistas; además, la mayoría de los mexicanos rechazaba la violencia. El nicho natural del PRD era la política institucional, sobre todo en el campo de las elecciones.

Otro incentivo para dedicarse a la vía electoral fue un cambio en la actitud del PRI. Después de la elección de 1994, el PRD ya no parecía la amenaza más importante para el partido en el poder. El Partido Acción Nacional (PAN) tenía más votos y el EZLN más armas. El PRI estaría más abierto a aceptar la participación del PRD —y sus victorias electorales— después de 1994. El hecho de haber ganado legítimamente las elecciones de 1991 y 1994 dio al PRI un renovado sentido de seguridad que contribuyó a su disposición de negociar nuevas reformas electorales que transformaron las condiciones de competencia a favor de la oposición. La reforma más importante fue la creciente independencia de las autoridades electorales, sobre todo del Instituto Federal Electoral (IFE), creado inicialmente en 1990 y gradualmente liberado de la supervisión del gobierno priista. Para 1997, ni el PRI ni la presidencia podían ya controlar el registro de electores, el nombramiento de funcionarios de casilla, el conteo de los votos o la certificación de los ganadores. Las reformas electorales de 1996 también aumentaron enormemente el financiamiento público y el acceso a los medios de comunicación para los partidos de oposición, colocándoles en mejores condiciones para presentar su oferta a los votantes. Finalmente, el PRI aprobó una reforma en 1997 que permitió la elección directa del Jefe de Gobierno en el Distrito Federal. Cárdenas decidió presentarse como candidato.

En ese momento, el presidente del PRD era otro ex priista, hasta entonces patrocinado por Cárdenas, del estado petrolero de Tabasco. Andrés Manuel López Obrador razonaba que, para ganar las elecciones, el PRD tendría que presentarse como un partido menos contencioso y provocativo. La campaña de Cárdenas en 1997 utilizó imágenes sonrientes del candidato, *spots* de niños en playeras amarillas (el color del partido) cantando y no marchando en las calles y una operación masiva de contacto personal con los ciudadanos del Distrito Federal, para convencer al público que no había nada que temer en un gobierno del PRD. Cárdenas arrasó en el Distrito Federal y su popularidad llevó a su partido de 16.7 por ciento de la Cámara de Diputados en 1994 a 25.7 por ciento en 1997. El PRD empezó a ganar elecciones estatales y locales también. En 1994, el PRD ganó 6.6 por ciento de las elecciones municipales aunque no controlaba ninguna gubernatura. Para 1999, cuando López Obrador dejó la presidencia del PRD, el partido ganó 12 por ciento de las elecciones municipales y tenía cuatro gubernaturas. López Obrador se llevó el crédito por estos éxitos.

El lado oscuro de estos avances estaba en su asociación con una estrategia oportunista promovida por López Obrador quien proponía ofrecer las candidaturas del PRD para puestos importantes a priistas descontentos que no habían logrado obtener una candidatura en su propio partido. Por su historia en el PRI, estos candidatos tenían una red de colaboradores, recursos y nombres reconocidos que les ayudaba a ganar las elecciones generales. Conforme pasaba el tiempo, sin embargo, traducían sus victorias electorales en influencia dentro del PRD. Como perredistas-por-conveniencia, provocaban desconfianza entre los veteranos perredistas, quienes sospechaban de sus motivos y su compromiso con la democracia y la justicia social. Otra consecuencia fue aumentar el poder de López Obrador: como estos nuevos perredistas eran reclutas suyos, tendían a fortalecer la posición de López Obrador en el partido cuando empezaban a ocupar posiciones en la dirigencia.[5]

El lado positivo fue el dinero. Como el Estado mexicano proporciona financiamiento a los partidos políticos en función de su desempeño electoral en la última elección, las victorias electorales del PRD se tradujeron en una porción más grande de un pastel creciente. Con estos recursos, el PRD pudo mejorar su infraestructura organizacional y montar campañas más sofisticadas. Ganar elecciones también facilitó la consolidación de alianzas con los movimientos populares, a través de los recursos públicos y el apoyo oficial de gobiernos perredistas. Este proceso llegó más lejos en el Distrito Federal, donde el PRD ha gobernado sin interrupción de 1997 a la fecha. Activistas de los movimientos urbanos populares terminaron por dominar el PRD local. Sin embargo, el PRD no logró capitalizar estos éxitos para convertirse en un partido verdaderamente nacional. Seguía siendo un partido muy regional, con fuerza principalmente en el centro y sur del país.

CAMBIO DE GUARDIA

Las elecciones de 2000 fueron otro momento decisivo para el PRD. Andrés Manuel López Obrador ganó la elección a la Jefatura de Gobierno del Distrito Federal y Cuauhtémoc Cárdenas perdió por tercera vez una elección presidencial. Nunca más volvería a ser Cárdenas la figura decisiva de los primeros años del partido. Durante los siguientes seis años, este papel sería progresivamente ocupado por Andrés Manuel López Obrador, su otrora hijo político convertido en su rival más importante. Porque vieron en López Obrador una oportunidad para redimir el partido y ganar por fin una elección presidencial, hasta los perredistas que discrepaban de su comportamiento como Jefe de Gobierno cedieron ante él públicamente.

De las críticas internas más fuertes destaca la evaluación de López Obrador como populista. El populismo históricamente contrastaba los intereses del "pueblo" con los de una élite pequeña y rapaz. Había que arrebatar el Estado a esta élite y usarlo para beneficiar al pueblo. El pensamiento clásico comunista también propone quitar el poder a los pocos para entregarlo a las masas. Pero donde el comunismo identifica estos grupos en términos de clase, el populismo utiliza términos muy generales y pretende representar a la nación entera. El modelo económico perfilado en el comunismo está ausente o intencionalmente indefinido en el populismo. Y mientras el comunismo anticipó la dictadura del proletariado y la desaparición del Estado, el populismo ve al Estado como herramienta indispensable que debía utilizarse —muchas veces por un líder carismático— a favor del pueblo y no por el pueblo.

La administración de López Obrador en el Distrito Federal cabe dentro de este modelo en varios aspectos, empezando con su promesa de celebrar un plebiscito en el tercer año de su gobierno para determinar si permanecía en el cargo. Este "mandato revocable" intentó forjar un eslabón directo entre López Obrador y el pueblo. A través de este ejercicio, se comprometía a ser responsable ante el pueblo en primer lugar, antes que a su propio partido o las leyes que prevén un mandato de seis años para el Jefe de Gobierno del Distrito Federal. Durante su gobierno, promovió varios plebiscitos en temas como el precio del boleto de Metro o la adopción del horario de verano en el Distrito Federal. Siempre prefirió consultar el pueblo directamente en vez de someterse al proceso legislativo en la Asamblea Legislativa del Distrito Federal.

En segundo lugar, López Obrador introdujo una serie de programas sociales muy inclusivos, dirigidos a sectores amplios de la población. El programa más famoso dio una pensión pequeña (menos de 80 dólares) a cada ciudadano de más de 65 años de edad que residiera en el Distrito Federal, sin importar sus ingresos.

Trabajadores sociales iban de puerta en puerta para registrar a la gente. Para 2005, la mayoría de la población del Distrito Federal recibía la pensión o conocía a alguien que la recibía. La pensión no cubría todas las necesidades de una persona, pero confería un sentido de dignidad a un grupo —personas de la tercera edad— que se sentían como una carga para su familia. Programas parecidos apoyaban a las madres solteras, los discapacitados y los niños en edad escolar. Estos programas eran un factor muy importante en la creciente popularidad del Jefe de Gobierno. Pero eran populistas porque extendieron los servicios sociales como derechos populares en vez de programas dirigidos sólo a los más pobres y porque no eran institucionalizados. La continuación de los programas estaba ligada —implícita o explícitamente— a la continuación del PRD en el poder.[6] Las decisiones sobre cuáles grupos recibirían beneficios no se hicieron a través del debate público ni del debate legislativo, fueron iniciativas personales de López Obrador.

En tercer lugar, López Obrador inició un programa de creación de empleos por medio de obras públicas. Los dos programas más conocidos fueron la construcción del segundo nivel del Periférico para mejorar el flujo del tráfico y la restauración del Centro Histórico. Una estimación sugiere que estos proyectos (entre otros) crearon unos 658 mil nuevos empleos, contribuyendo a una tasa de crecimiento en el Distrito Federal de 3.2 por ciento anual —mucho mayor que la tasa nacional de 1.6 por ciento.[7] Aunque no específicamente "populista", la justificación de estos proyectos con un plebiscito (el segundo nivel) y referencias a la identidad nacional (el Centro Histórico) les dieron por lo menos tintes populistas. La propuesta de campaña de López Obrador de construir un tren rápido a la frontera con Estados Unidos, descartada hasta por sus asesores como poco realista (y medio chiflada), tenía cierta lógica por los empleos que crearía en la economía mexicana.

Finalmente, López Obrador quiso presentar una imagen de hombre humilde y "como tú". Vivía con sus hijos en un departamento modesto en un barrio de clase media y llegaba a su oficina en un viejo Tsuru, no en auto último modelo de lujo. Y siempre llegó temprano. La mayoría de los políticos mexicanos empiezan su jornada a las 11 horas; López Obrador era famoso por sus conferencias de prensa diarias a las 6:15 de la mañana. Grayson observa que entre el 31 de mayo de 2001 y el 10 de abril 2005, López Obrador dio 1,316 conferencias de prensa, faltando sólo 91 días. Su fama de hombre honesto y trabajador le ayudó a sobrevivir un escándalo de corrupción protagonizado por algunos de sus colaboradores más cercanos, que podría haberle tachado también de corrupto si hubiera demostrado un estilo de vida más lujoso.[8] También es clásico populismo.

Aun en los momentos en que López Obrador gozaba de su máxima popularidad, el PRD era mucho más que el estilo político o las preferencias de su persona. Siempre ha sido un partido extraordinariamente heterogéneo y faccioso. Irónicamente, la democracia interna fue uno de los estímulos más importantes al desarrollo y consolidación de las facciones. En la competencia interna, pertenecer a una facción permitió al candidato coordinar votos para mejorar sus posibilidades de ganar. Al principio, las facciones se organizaron en torno a las experiencias políticas de los miembros —ex PMT, o ex PRI por ejemplo.[9] Para 2006, la lógica de las facciones había cambiado. Aunque todavía mantenían ciertos rasgos ideológicos, eran crecientemente definidas en términos de bases de poder regionales o de los líderes que se perfilaban como posibles ganadores de una posición importante. En el Distrito Federal, por ejemplo, dos de las facciones más importantes —Izquierda Democrática Nacional y Nueva Izquierda— se basaban en relaciones clientelistas con movimientos urbanos populares en delegaciones específicas. Otra facción —Unidad y Renovación— se organizó en torno a dos líderes importantes del STUNAM, el sindicato de trabajadores de la Universidad Nacional Autónoma de México.

Para 2006, el PRD había gobernado un número importante de municipios y estados, creando nuevos líderes para nuevas facciones o alentando la fusión de las viejas. En el estado de Zacatecas, por ejemplo, Amalia García fue elegida gobernadora en 2004. Amalia recibía el apoyo y respeto de muchas mujeres en el partido por su fama de defender los derechos de las mujeres, así como el apoyo de muchos ex miembros de los partidos Comunista y Socialista por su larga historia en la izquierda comunista. Otro ejemplo sería el ex gobernador de Michoacán, foco de perredistas leales a Cuauhtémoc Cárdenas: su hijo mayor, Lázaro Cárdenas. El PRD también ha gobernado los estados de Guerrero, Baja California Sur y, por supuesto, el Distrito Federal. Cada uno de estos gobernadores tenía la oportunidad de construir o llegar a dominar una facción. A nivel municipal, el PRD ganó 445 elecciones municipales de 2004 a 2006 (20 por ciento de los municipios que celebraron elecciones en este periodo).[10] Los presidentes municipales pueden aspirar a convertir sus victorias electorales en futuras candidaturas y posiciones en la dirección del partido. Los gobernadores y el Jefe de Gobierno del Distrito Federal son posibles candidatos a la presidencia y las facciones se forman dependiendo de sus perspectivas y el desempeño de sus gobiernos. Este tipo de facción puede disolverse rápidamente también si el líder careciera de posibilidades de ganar futuras elecciones. Otros líderes seguramente surgirán para reemplazar los ejemplos aquí mencionados en un carrusel político que se parece en mucho a la rotación de las camarillas en épocas del PRI.

A pesar de estas rivalidades personales, el programa populista que defendía López Obrador es ampliamente —aunque no universalmente— aceptado. Utilizando un método desarrollado por el *Comparative Manifestoes Project*, analicé las plataformas electorales de cuatro partidos de izquierda en América Latina: el PRD (2006), el Partido de los Trabajadores (Brasil, 2002), el Partido Socialista de Chile (2001) y el partido peronista (Partido Justicialista) de Argentina.[11] La plataforma del PRD es la más izquierdista de todas. La explicación parece tener dos partes: 1) menor énfasis que el promedio de los partidos de izquierda en temas conservadores como la necesidad de evitar el déficit presupuestal, la importancia de la autoridad estatal y el orden público; y 2) mayor énfasis que el promedio de los partidos de izquierda en temas clasificados de izquierda, como el gasto social y el gasto para la educación básica. Estos son temáticas clásicas populistas. Otro rasgo populista se nota en el hecho que, de los cuatro partidos, el PRD menciona menos su apoyo a las clases que son bases tradicionales de la izquierda, como los trabajadores y los campesinos, prefiriendo enfatizar los grupos demográficos no clasistas, como las mujeres o los jóvenes. No por casualidad, también es el único partido de los cuatro que no tiene una relación orgánica con el movimiento sindical.

Esta débil relación con las organizaciones de masas también explica por qué el fuerte énfasis en la democracia y la descentralización a nivel retórico no se ha traducido en experimentos con la democracia directa, la creación de canales institucionales para que los ciudadanos se expresen directamente y tomen decisiones sobre problemas locales al margen de las legislaturas formales. Dada la penetración de la sociedad civil que había logrado el PRI, ceder la capacidad de decisión a "consejos populares" podría empoderar al PRI, o al menos así lo percibían los presidentes municipales en Michoacán que entrevisté en los noventa.[12] En Brasil, donde este tipo de experimentos ha llegado más lejos, el hecho de que la mayoría de las instituciones participativas son dominadas por organizaciones afiliadas al Partido del Trabajo (PT) disminuye este riesgo para el partido.

En cuanto a temas específicos, la plataforma electoral del PRD de 2006 puso mucho énfasis en la justicia social, el gasto social y apoyo para los grupos demográficos no económicos, seguido por apoyo para la democracia. Antes de la primera alternancia en el poder en 2000, las plataformas del PRD ponían más énfasis en la democracia y las reformas políticas (como la necesidad de fortalecer el poder de las legislaturas), temas que se habían vuelto menos candentes para 2006 aunque el conflicto que surgió en la elección presidencial de ese año las resucitó por un tiempo. Sin embargo un fuerte énfasis en el gasto social ha caracterizado casi todas las plataformas electorales del PRD. Por contraste, los peronistas argentinos en 2002 dieron como su prioridad la inversión en tecnología e infraestructura, incentivos a los empresarios, regulación del mercado y eficiencia gubernamental antes que el gasto social. La plataforma de Lula en 2002 menciona la justicia social y el gasto social como prioridades con una proporción similar a la del PRD, pero menciona el problema de aumentar la productividad cuatro veces más frecuentemente que el PRD y la necesidad de desarrollar la tecnología y la infraestructura dos veces más frecuentemente. De hecho, la plataforma del PRD casi no menciona temas macroeconómicos: sólo 14 por ciento de su plataforma toca temas macroeconómicos comparado con 36 por ciento de la plataforma de Lula y 46.8 por ciento de la plataforma peronista.[13] Irónicamente, la plataforma personal de López Obrador (promulgada independientemente del PRD) es significativamente más conservadora. Ésta subraya los incentivos económicos, la productividad, la eficiencia y la política económica y pone menos énfasis en la justicia social y el gasto social.

Este análisis es confirmado y enriquecido por una encuesta telefónica de los candidatos del PRD a diputados de mayoría relativa, realizada unas semanas antes de la elección de 2006.[14] Recibimos contactos telefónicos para 250 candidatos, 188 de ellos miembros del PRD.[15] De estos candidatos logramos entrevistar a 60, con una tasa de respuesta de 32 por ciento —respetable considerando la población y la coyuntura frenética de esos días antes de la elección. Los resultados reflejan un amplio espectro de perredistas de todo el país, no una élite basada en el Distrito Federal, porque utiliza una muestra de los candidatos con estrechos vínculos locales —los candidatos a diputados de mayoría relativa— en vez de los candidatos más conocidos que suelen ser nombrados a la lista de representación proporcional.

Los candidatos entrevistados identificaron el empleo como el problema más importante que enfrentaba México, seguido por el crimen, la pobreza y el manejo de la economía. Para resolver estos problemas, los perredistas eran más propensos a promover soluciones basadas en la acción del Estado que los candidatos del PAN (el otro partido incluido en el estudio). Al preguntarles si el gobierno debe hacerse responsable por el bienestar económico de los individuos o si los individuos deben ser responsables de su propio bienestar económico, 73 por ciento de los candidatos del PRD respondieron que el gobierno debe ser parcial o totalmente responsable por el bienestar económico de los individuos, comparado con sólo 25 por ciento de los candidatos del PAN. Los candidatos del PRD también preferían un gobierno más grande (que ofreciera más servicios del gobierno y recaudara más impuestos) y rechazaban la privatización del sector eléctrico. En cuanto a temas de política social, apoyaban posiciones liberales: 72 por ciento de los perredistas candidatos aprobaban el aborto legal en casos de violación y 83 por ciento se oponían a la pena de muerte por homicidio.

A pesar de la retórica de la campaña presidencial del PRD, con sus críticas del Tratado de Libre Comercio de Norteamérica (TLCAN), el 77 por ciento de los candidatos a diputados opinaban que las relaciones comerciales entre México y Estados Unidos debían aumentar. Eran significativamente más cautelosos que los candidatos panistas (95 por ciento de los cuales querían aumentar las relaciones comerciales con los Estados Unidos), pero compartían por lo menos el reconocimiento pragmático de que el futuro económico de México dependía sustancialmente de esta importante relación. En general, los candidatos a diputados evitaron el tema de las relaciones Estados Unidos-México en su propio discurso. Sólo uno de los candidatos (Hidalgo) dijo que ponía énfasis en el tema de la migración en su propia campaña y ninguno mencionó el TLCAN. Esta omisión se repetía en la plataforma electoral del PRD, que mencionaba a los Estados Unidos en sólo 0.6 por ciento de las frases totales —la mitad positiva y la otra mitad negativamente.

Demográficamente, el candidato típico del PRD tenía 47 años, era hombre, había pertenecido al PRD por once años, había vivido en su distrito electoral treinta años, hizo su carrera política en el ámbito local y estatal (no nacional), y se consideraba "muy" o "algo" de izquierda. La mayoría (55 por ciento) nunca había pertenecido a otro partido político antes del PRD, pero de los que sí, era probable que hubieran salido del PRI: 48 por ciento de los que habían pertenecido a otro partido venían del PRI, versus 37 por ciento que salieron de un partido político de izquierda (o varios).

La elección presidencial de 2006

Como todos esperaban, Andrés Manuel López Obrador ganó la candidatura del PRD para la presidencia en 2006. Aunque el partido había anticipado celebrar una elección primaria, fue cancelada cuando nadie se presentó para oponerse a López Obrador. Al comenzar la campaña, tenía una ventaja amplia sobre sus rivales, Roberto Madrazo (PRI) y Felipe Calderón (PAN) y la mantuvo hasta finales de marzo 2006, tan sólo tres meses antes de la elección. López Obrador inicialmente se presentó como un candidato moderado, alguien que defendía a los pobres pero que también se llevaba bien con el sector empresarial. Intentó distanciarse de los elementos más radicales de su partido y emitió su propia plataforma electoral, los *50 Compromisos*, a la vez más moderada y específica que la plataforma del PRD.

Sin embargo, la dinámica de la campaña cambió radicalmente cuando el PAN transmitió una serie de *spots* acusando a López Obrador de ser otro Hugo Chávez, un fanático peligroso que iba a causar una crisis económica, expropiar la propiedad privada y estimular la movilización violenta. Al principio, López Obrador ignoró los ataques. Cuando finalmente aceptó que su popularidad había caído, pasó al ataque, acusando a los panistas de mentir para deshacerse de la amenaza que él representaba para los ricos y los políticos corruptos. La campaña empezaba a polarizarse cada vez más, a un nivel casi maniqueo entre el bien y el mal. Su defensa vigorosa llevó a López Obrador a recuperarse en las encuestas. Sin embargo, el día de la elección, López Obrador y Calderón estaban empatados.

Al final, menos de 244 mil votos separaron a los candidatos en el conteo de los más de 40 millones de sufragios emitidos. Los dos candidatos se declararon ganadores, con el silencio inicial del IFE que dijo que no podía certificar el resultado dado lo cerrado de la votación. Unos días después, el conteo de votos del IFE dio la victoria al candidato del PAN. López Obrador se negó a aceptar el dictamen y denunció que el PAN había cometido fraude. Y así empezaron seis meses de marchas y protestas, de bloqueos y confrontaciones, al igual que peleas en el Congreso. López Obrador movilizó a medio millón de seguidores en el Zócalo (la plaza central del Distrito Federal) y ocupó la calle más importante del distrito financiero durante varios meses. Los diputados perredistas ocuparon la tribuna del Congreso, impidiendo que el presidente Fox presentara su último informe de gobierno. López Obrador se declaró "presidente legítimo de México" frente a una multitud de perredistas enardecidos y juró no reconocer a Calderón como presidente. Calderón tuvo que aceptar la banda presidencial en privado; apareció sólo unos momentos en la Cámara, provocando rechiflas y golpes entre los diputados. El desdén revelado en la denuncia provocativa de López Obrador, "al diablo con sus instituciones corruptas", llevó algunos comentaristas a pregonar un posible viraje de la izquierda mexicana a espaldas de la vida institucional y hacia una política pretoriana y caótica del tipo que ha caracterizado Bolivia, Venezuela y Ecuador en los últimos diez años.

Hacia el futuro

Hasta ahora, estos temores no se han materializado. Los diputados del PRD aceptaron sus curules en el Congreso, muy en contra del llamado directo de López Obrador a no presentarse. Han cooperado con el PAN en varias iniciativas —incluyendo una reforma fiscal previamente bloqueada— a cambio de una reforma electoral que corregía algunos de los problemas que el PRD había señalado en 2006. Mientras tanto, la influencia de López Obrador disminuía, por lo menos temporalmente, aunque otra posible candidatura en 2012 podría reavivarlo. A pesar de los deseos de López Obrador —y el apoyo público de casi todos los líderes del PRD— el partido finalmente no quiso seguirle por el precipicio de la movilización permanente.[16]

Dos factores ayudaron al partido escapar de esa trampa. Primero, era evidente que el público en general rechazaba las tácticas y los reclamos de López Obrador. La imagen de López Obrador y del propio PRD se deterioraron durante los meses de la movilización, sobre todo entre la clase media. Después de casi 20 años de vida política, el PRD había logrado posiciones importantes de poder en varias regiones y disfrutaba de amplio financiamiento público, cuadros, y recursos. Durante este tiempo de éxitos, los fundadores idealistas del partido, dispuestos a renunciar a todo por un principio moral, habían visto la entrada de nuevos perredistas más interesados en los beneficios de ejercer el poder. Sencillamente, no estaban dispuestos a renunciar a todo por un "fraude" que no podían comprobar.

Segundo, el PRD contenía el mecanismo de su propia renovación en sus estatutos. Los líderes del partido deben ser elegidos por los miembros cada tres años y no pueden reelegirse. Los líderes que habían ascendido bajo la protección de López Obrador terminaron su mandato. Cuando tuvieron la oportunidad, los miembros optaron por un viejo rival de López Obrador (y de Cárdenas), Jesús Ortega, en lugar del candidato apoyado por López Obrador. Fundador del PRD, Ortega ha llamado a "una profunda reforma para recrearnos, reformarnos, y relanzarnos con la congruencia de los principios que nos dieron origen".[17] A pesar de los costos —a veces muy altos— de las elecciones internas, también ofrecen beneficios.

Sin embargo, la "refundación" del PRD tendrá lugar sobre los mismos cimientos que han caracterizado el partido hasta ahora:

> Profunda desconfianza de las instituciones actuales dentro de un sector significativo del partido. Esto se refleja en el apoyo amplio dentro del partido para la estrategia agresiva de López Obrador, apoyo que disminuyó muy poco durante los primeros seis meses después de la elección de 2006. Antes de la elección, los candidatos del PRD estaban mucho más dispuestos que los panistas a predecir que las elecciones en su distrito no serían limpias, eran menos propensos a definir a México como "democracia" y favorecían la protesta: 64 por ciento de los candidatos del PRD dijeron que participarían en protestas si su candidato anunciaba un fraude, comparado con 48 por ciento de los panistas.[18]

Fragmentación interna y diversidad ideológica. El PRD nació de la fusión de corrientes diversas. Nunca ha tenido una doctrina específica y estable y no ha querido tenerla porque inevitablemente significaría la división del partido. Sus ambiciones electorales han tenido prioridad sobre el desarrollo de un programa político claro, hasta en el reclutamiento de candidatos potenciales que venían de otros partidos. A diferencia del PAN, el PRD no requiere de sus miembros potenciales ni un curso de estudio de la ideología del partido ni un periodo de aprendizaje; a veces, ha sido posible registrarse como miembro del partido y votar en una elección interna en el mismo día. Es más fácil para un partido pequeño e ideológicamente más homogéneo (como el PAN en sus orígenes) expandir y mantener su esencia ideológica que desarrollarla para un partido diverso y heterogéneo que nunca tuvo una ideología central y consensual. Se podría considerar la diversidad y la fragmentación del PRD como un defecto de nacimiento que difícilmente podría superarse. Adicionalmente, el sistema de elecciones internas reproduce y consolida las diversas corrientes ideológicas y políticas dentro del partido. Líderes individuales se benefician de este sistema y, por eso, aunque lo lamenten públicamente, no tienen incentivos para cambiar la situación.

Estos dos factores producen una vulnerabilidad del partido a la influencia de líderes populistas. La caída de López Obrador no libraría al partido de este riesgo. De hecho, la necesidad de un líder carismático en torno al cual las diversas corrientes puedan unificarse es la única esperanza de López Obrador para recuperar su influencia en el partido después de los sucesos de 2006. Pero si no fuera él, podría ser otro igual. La estrategia populista refleja el entorno polarizado que produce la desconfianza de muchos perredistas en las instituciones. El PRD surgió como oposición, al margen de las instituciones y en contra del PRI. Sus primeras experiencias incluyeron fraudes descarados, represión, tortura, asesinatos y amenazas. Utilizaron la protesta como única forma de expresión política posible frente a la cerrazón de las instituciones electorales. La fórmula del populismo —los poderosos en contra de los sin poder— corresponde a la experiencia del PRD. Finalmente, el aislamiento político del PRD, que lo divide de las fuerzas organizadas de los trabajadores y de los campesinos, lo hace peculiarmente propenso a utilizar el discurso anticlasista del populismo. Sus aliados populares principales (los movimientos urbanos populares) demandan servicios del estado, no una política macroeconómica específica; esto también cuadra con el populismo. Las naciones latinoamericanas que produjeron una "buena izquierda" típicamente mantienen fuertes alianzas entre el partido de izquierda y los sindicatos. Esta dinámica puede ser la clave de su trayectoria: tener una base leal y organizada libra al partido de la necesidad de tener que prometer beneficios materiales a amplios sectores a través del populismo. El PRD no tiene esta alternativa.

El problema es que el estilo político del populismo se presta a una dinámica polarizante y confrontacional más que otros modelos de izquierda, como la democracia social. Podría limitar la capacidad de la izquierda mexicana de lograr la cooperación de algunos sectores productivos y empresariales para mejorar las condiciones de vida y de trabajo de los mexicanos. Ciertamente ha contribuido al choque entre las fuerzas políticas del PRD y del PAN.

La izquierda no electoral en México es aún más antiinstitucional que el PRD. El EZLN es el ejemplo más conocido, pero no el único en su rechazo a la política institucional. En 2006, por ejemplo, un movimiento amplio se formó en apoyo a una huelga del sindicato de maestros en Oaxaca. La Alianza Popular de Pueblos de Oaxaca (APPO) participó en varias demostraciones y marchas, y el conflicto se agudizó durante el verano. La APPO ocupó la plaza central de la ciudad de Oaxaca hasta ser desalojada por la policía con el saldo de unos muertos. Otro caso tuvo lugar en San Salvador Atenco, donde un grupo de manifestantes se enfrentaron con la policía. Un joven de 14 años murió balaceado y varias mujeres se quejaron de violaciones y hostigamiento a manos de la policía. Y en noviembre de 2006, un grupo guerrillero (el Ejercito Popular Revolucionario o EPR) detonó cuarto bombas en el Distrito Federal, en el Tribunal Federal Electoral, las oficinas del PRI y dos bancos extranjeros. La amenaza de la violencia demanda la construcción de vías institucionales para procesar los conflictos políticos, pero no es claro que el PRD (o cualquier partido político actual) pueda jugar ese papel. La democracia mexicana necesita un partido de izquierda fuerte y comprometido con la acción institucional que hable por los pobres y los marginados. Puede ser un partido populista (y probablemente lo será), pero tiene que ser un partido institucional. El PRD todavía no es ese partido.

CUARTA PARTE

Prognosis

Capítulo 11
¿Y ahora a dónde vamos?
Jorge G. Castañeda

Si uno recuerda los inicios de los noventa, justo después de la caída del Muro de Berlín y el colapso de la Unión Soviética, con el socialismo desapareciendo, Cuba desintegrándose y China inmersa por completo en un modelo dinámico de capitalismo autoritario del Estado, la izquierda latinoamericana en 2010 se encuentra en gran forma. En aquel entonces, no sólo el paradigma de un camino progresivo hacia el desarrollo en la región estaba siendo destruido por sucesos que ocurrían en otras partes del mundo, sino que su opuesto —la llamada opción neoliberal de mercado libre o Consenso de Washington— parecía ser la única opción disponible. Era popular, exitosa y omnipresente: desde Menem en Argentina hasta Salinas de Gortari en México, desde la Concertación chilena hasta la coalición de centro-derecha de Cardoso en Brasil, desde Fujimori en Perú hasta los aclamados "tecnopolíticos" de las facultades de economía en las universidades estadounidenses, el único sendero parecía ser el de la derecha. En cambio, cualquier cosa que insinuara el más mínimo estatismo económico, redistribución social, subsidios y sentimiento antiglobalización era percibida como anacrónica y errónea, de buena fe o con intenciones ocultas.

La situación ahora es una contraimagen de ese pasado reciente. La autodefinida izquierda, se encuentra más fuerte que nunca en toda Latinoamérica, ya sea en el poder o en la oposición, ya sea populista, radical, autoritaria y visceralmente antinorteamericana, o socialdemócrata, moderada, globalizada y resuelta a tratar con Washington de manera pragmática. Actualmente, el paradigma neoliberal es el que se encuentra desacreditado y fallido; la erradicación de la pobreza, la disminución de la desigualdad, la redistribución y la soberanía nacional sobre los recursos naturales —en medio de un *boom* del precio de los *commodities*— son las palabras de moda y claves del desarrollo. La crisis de 2008-2009 acentuó la tendencia: la prueba del fracaso capitalista yace en la debacle económica norteamericana y la rápida recuperación china. Incluso la causa de la democracia y los derechos humanos se ha visto perjudicada: mientras que gran parte de la izquierda es democrática, en el poder o no, se muestra cada vez más renuente a criticar a aquellos de sus componentes que recurren a procedimientos autoritarios para lograr sus metas. En general, la izquierda en Latinoamérica hoy, que muchos creían que estaba al borde de la extinción al día siguiente de la caída de Berlín, se encuentra, a primera vista, gozando de muy buena salud.

Esto parece cierto desde cualquier perspectiva. Si el observador adopta el punto de vista del viejo sueño castro-guevarista cubano de propagar la revolución a través del hemisferio, hay motivos para jubilarse. Nuestros hombres de La Habana nunca habían tenido tal presencia en la región. A diferencia de los sesenta, cuando cada intento de establecer un nuevo foco guerrillero se veía derrotado en parte debido a la escasa cantidad de simpatizantes (el Che Guevara murió rodeado de menos de una docena de camaradas cubanos), hoy hay miles de doctores, instructores deportivos, maestros de alfabetización, grupos de seguridad y asesores cubanos en país tras país: en Venezuela, claro, pero también en México —en los estados de Michoacán y Coahuila— en Nicaragua, en Bolivia y Ecuador. A diferencia de los sesenta, cuando la Unión Soviética se negó a patrocinar las aventuras latinoamericanas de Cuba, hoy hay miles de millones de petrodólares venezolanos disponibles para divulgar la palabra en todo el hemisferio. Y en contraste con aquellos años en los que las armas escaseaban y tenían que ser tomadas del enemigo, o a diferencia de fines de los setenta e inicios de los ochenta en Centroamérica, donde los fusiles de asalto automáticos debían ser traídos desde Vietnam, ahora Chávez puede contar con, por lo menos, 100 mil AK-47 comprados a Moscú y, pronto, con una fábrica rusa en Maracay para producir él mismo esas armas. Además, y quizá lo más importante, el discurso cubano de hoy encaja bien con gran parte del resto de Latinoamérica: con Bush, Estados Unidos era más impopular que nunca, Obama no ha podido voltear la tortilla, y los temas de la pobreza y las políticas sociales son mucho más vistosos hoy que hace 30 años.

Visto desde una perspectiva menos geopolítica y más tradicional, populista y nacionalista latinoamericana, el curso actual de la historia también parece favorecer a la izquierda. Hasta 1994, el énfasis de la política de la región parecía recaer en la globalización, las economías abiertas, las políticas pro Estados Unidos, los derechos humanos y una renuencia a involucrarse en los ejercicios retóricos del pasado; hoy, lo opuesto es evidente. Al menos hasta el 2000, el Área de Libre Comercio de América (ALCA) constituía la idea general bajo la cual evolucionaban las relaciones internacionales hemisféricas; hoy, el ALCA es una causa perdida y un número importante de países se opone violentamente a cualquier tipo de acuerdo de libre comercio con Estados Unidos. El lenguaje nacionalista y populista del pasado resuena en Bolivia, donde Evo Morales nacionalizó las reservas de gas de su país, viéndose a sí mismo como un Lázaro Cárdenas actual; en Venezuela, donde Chávez ha nacionalizado casi todo; en Perú, donde el candidato presidencial perdedor Ollanta Humala usa su casi control del Congreso para difundir furiosas diatribas anti Chile e, incluso, intentó "invadir" a su vecino del sur y reclamar la tierra y las superficies marinas en disputa entre ambos; en México, donde Andrés Manuel López Obrador denuncia a los ricos y poderosos y jura "enviar sus instituciones al infierno"; en Ecuador, donde Rafael Correa cerró la Agencia Antidrogas (DEA, por sus siglas en inglés) y la base militar de Estados Unidos en Manta, y libra una guerra contra la plutocracia de Guayaquil y la partidocracia de Quito; e incluso en Argentina, donde los Kirchner recurrieron tanto como pudieron a las posturas y ocurrencias anti Estados Unidos de Perón, ya sea por su cuenta o invitando a otros (Chávez, Castro) como sus representantes. Y en Nicaragua y El Salvador, las dos víctimas de las guerras civiles y regionales de los ochenta, gobiernan tanto el FSLN como el FMLN, aunque de manera muy distinta.

Y finalmente, si uno ve al proceso a través del prisma de una izquierda moderada, moderna y "light", también hay, obviamente, razones para ser optimistas. En países como Chile, Brasil y Uruguay, una izquierda autodefinida como reformista ha encabezado coaliciones gobernantes que han demostrado, en la práctica, que la izquierda puede gobernar de un modo competente, responsable y a la vez distinto a los grupos centristas o de derecha. Lula garantizó la estabilidad macroeconómica en Brasil, fue reelecto y logró la expansión económica que su país necesita. Ricardo Lagos y Michelle Bachelet tomaron el liderazgo de la Concertación de Partidos por la Democracia en Chile, y demostraron que son por lo menos tan competentes para manejar la Administración como eran los Demócratas Cristianos, y más honestos y democráticos, por supuesto, que el Ejército; aunque la Concertación perdió la presidencia en 2010, Bachelet salió de La Moneda con los mismos altísimos índices de popularidad que Ricardo Lagos, y con el prestigio de su alianza intacto. Y una extraña coalición de ex tupamaros, militantes del Partido Comunista y socialdemócratas trazó un curso para Uruguay tan diferente al resto de la izquierda de la región que George Bush visitó ese pequeño país, porque es una de las pocas naciones del hemisferio donde era bienvenido, si no por los manifestantes, por lo menos por el gobierno. Este le entregó una computadora a cada niño en primaria y logró la reconducción del Frente Amplio por un… amplio margen.

Esta evolución implica que tres de las premisas básicas surgidas de los debates de inicios de los noventa respecto al futuro de la izquierda en Latinoamérica resultaron ser esencialmente acertadas. La primera era que el final de la Guerra Fría, mientras que quizá haya dejado desolada a la izquierda durante un tiempo —ideológicamente huérfana, geopolíticamente viuda— con el tiempo representaría una bendición, al eliminar la rivalidad entre súper potencias que la había tenido de rehén durante tanto tiempo. Washington ya no podría oponerse a la llegada de un gobierno de izquierda por proteger la seguridad nacional estadounidense: Nicaragua no podía convertirse en una cabeza de playa soviética, porque ya no había una Unión Soviética para la cual ser cabeza de playa. O se disiparía el antiguo argumento de la Guerra Fría, o sonaría completamente falso; de cualquier modo, la izquierda saldría ganando.

La segunda premisa que resultó ser verdad fue que la combinación de desigualdad y pobreza seculares con una plena democracia representativa inevitablemente llevaría al poder a gobiernos deseosos de gobernar en nombre de los pobres y desposeídos. Ese síndrome ya se había reflejado en las tragedias de Jacobo Arbenz en Guatemala en 1954, en el Chile de Salvador Allende en 1973, y en Uruguay bajo Liber Seregni y el Frente Amplio en 1972, pero dejó de ser la excepción y se convirtió en la regla. Bajo condiciones de democracia, la izquierda prosperó electoralmente, ganando o destacando con una notable consistencia y simultaneidad. Esto fue especialmente cierto en países donde las elecciones adquirieron una connotación de clase: en Venezuela repetidamente, en Chile en gran medida y por supuesto en Brasil. Ese año, después de más de un siglo de lo que muchos han llamado una "democracia elitista", los pobres comenzaron a votar por el candidato de los pobres —Lula— y la clase media por un candidato de la clase media. El cambio fue notorio y veloz. Hasta 1989, la primera vez que Lula se postuló a la presidencia, había obtenido muchos más votos de clase media que el ganador Fernando Collor de Mello, quien a su vez recibió la mayoría de las papeletas de los indigentes del noreste, de donde provenían ambos candidatos. La convergencia de democracia y desigualdad ha sido imbatible, como lo fue en Europa Occidental a fines del siglo XIX e inicios del XX: la izquierda ganó más y con más frecuencia.

La tercera premisa consistió en plantear que dicho éxito arrastraría diversidad y proliferación: no había una única izquierda, no había una izquierda monolítica, no había una izquierda con un mensaje único, un liderazgo, una Meca. La Habana siguió siendo una referencia, pero para muchos era más asunto de nostalgia que de afinidad política; no había un Centro, como la capital cubana y Moscú lo habían sido desde 1917 hasta 1989. Toda clase de izquierdas surgieron y se desarrollaron: radical, indígena, monotemática, ambientalista, orientada hacia el campesino, proletaria, populista o marxista, moderada o extremista. Quizá la única característica común era que, cada vez más, todas las subdivisiones de la izquierda aceptaban que la única manera de conquistar el poder era a punta de balazos. Aun así, la bendición y la solidaridad ofrecida por el Foro de Sao Paulo (una organización que vincula débilmente a todas las autoproclamadas organizaciones de izquierda de la región, incluyendo a los cubanos y a los mexicanos, además de las FARC y los socialistas chilenos) a las FARC colombianas, además del apoyo recibido a través de la región en 1994 por el levantamiento zapatista en Chiapas, muestran que la renuncia a la lucha armada podría no estar tan arraigada como se esperaba. Sin embargo, para el 2006, sólo las FARC en Colombia insistían en ella, y era más un estilo de vida que una estrategia política o ideológica. Sin embargo, fuera de eso, la izquierda en Latinoamérica es más diversa y pluralista que nunca antes, aunque es como una cápsula del tiempo: incluye todas las variedades comunes que han surgido en el último siglo, desde partidos comunistas no reformados hasta socialdemócratas centristas. Dicho esto, ha podido ser dividida en dos grandes polos, la moderada democracia globalizada y pragmática, y la populista, estadista, nacionalista y dogmática. Ambas corrientes sin embargo comparten retos semejantes.

Si la izquierda es tan exitosa hoy en día en la región y tan poderosa, potencialmente victoriosa o presente en el poder, ¿por qué sigue dejando un sabor de boca amargo a tantos, comenzando, por supuesto, con sus detractores tradicionales, pero incluyendo a sus propios partidarios? ¿Qué la sigue atormentando? ¿Por qué no está muy a gusto consigo misma, satisfecha con su pasado y con confianza en su futuro? Podría haber muchas respuestas a estas preguntas, pero cuatro sobresalen.

Primero, con algunas excepciones, la izquierda latinoamericana aún no concilia ciertas facetas del capítulo de derechos humanos y democracia representativa. Esto no quiere decir que toda la izquierda está del lado de Chávez y La Habana en este ámbito. Aún menos significa que no hay sectores importantes, en ocasiones mayoritarios, de la izquierda en Chile, en Brasil, en Uruguay y quizá en algunas otras naciones, para quienes esta cuestión ya no es asunto de debate, división y desacuerdo. Pero por cada Ricardo Lagos en la coalición chilena PPD-PS, hay un Camilo Escalona, quien cree que Chile debe apoyar a Cuba en el Consejo de Derechos Humanos de la ONU en Ginebra, que debe apoyar a Chávez en la Organización de Estados Americanos (OEA), que debe ser solidario con las FARC en Colombia, y que nunca debe olvidar que hay derechos humanos y derechos humanos: los fundamentales, pero también los sociales, y los últimos no son más importantes que los primeros.

Por cada Amalia García —ex presidenta del PRD en México y actual ex gobernadora de Zacatecas— en las filas de la izquierda mexicana, hay un Subcomandante Marcos, quien, al menos en apariencia, se levantó en armas contra el gobierno en 1994, y todavía rechaza su legitimidad y legalidad. Por cada Cuauhtémoc Cárdenas, quien se negó a tomar el poder por la fuerza en 1988, cuando las elecciones presidenciales casi con certeza le fueron robadas, hay un López Obrador, quien sacó su batalla a las calles en el 2006, cuando las elecciones casi con certeza no le fueron robadas, y por cada Mauricio Funes de El Salvador, que se negó a entrar al ALBA, la semiorganización encabezada por Chávez y los Castro, hay un Daniel Ortega en Nicaragua que atropella los derechos humanos y la exigua democracia imperante en su país.

En México, en Centroamérica, en Colombia, e incluso en las tres naciones del Mercosur donde la izquierda ha ido más lejos en esta materia, la idea de que estos asuntos se encuentran por encima de la soberanía nacional y el principio de no intervención aún es ajena. Aún estamos muy distantes de la aceptación por la izquierda europea, en los setenta y los ochenta, del Tribunal de Derechos Humanos, del espacio judicial único, del rechazo al gobierno de Haider por sus inclinaciones neonazis. Mercosur tiene una cláusula democrática en su tratado fundador; sin embargo, nadie vio la inclusión de Venezuela a través de este prisma, aunque fuera para decir que la cláusula era válida y aplicable, mas no relevante, porque los derechos humanos y la democracia se mantenían intactos en ese país. El asunto fue visto de manera diferente: interferir en los asuntos internos de Venezuela no era el estilo latinoamericano, a pesar de la cláusula democrática. Así que hay cierta naturaleza superficial en el compromiso de muchos de la izquierda con estos temas, y aquellos que están comprometidos saben bien que muchos de sus camaradas no lo están. Los "demócratas" están bien conscientes del hecho de que varios de sus colegas, a la hora de la verdad, creen que Chávez, Morales, Correa, Ortega, o incluso los Kirchner, sin mencionar a los hermanos Castro, no deben renunciar al poder que han conquistado simplemente por perder una elección; mejor no hacerla que perderla. Esta tensión persiste dentro de la izquierda latinoamericana, y aunque es claro que ha disminuido mientras la vieja guardia desaparezca, y crezca, el apego a las prácticas democráticas permanecerá en el firmamento del subcontinente.

La segunda razón de la ambivalencia de la izquierda frente a sus propios logros es la ambivalencia de sus electores. El desempeño electoral de los partidos y candidatos de la izquierda en Latinoamérica desde 1999 ha sido poco menos que asombroso, independientemente del significado exacto de "izquierda" en cada caso, o la explicación precisa de cada actuación. Pero en encuestas de salida realizadas después de cada elección, así como en encuestas nacionales sucesivas como la serie de Latinobarómetro de Chile, muestran un patrón inquietante. Los votantes de la izquierda no se ven como parte de la izquierda; el electorado de la izquierda no se ve como izquierdista; y en temas específicos, la opinión pública en general, y el cuerpo de apoyo de los candidatos de izquierda en particular, no coinciden mucho con principios típicos de la izquierda, con la posible excepción del ser anti norteamericanos.

Incluso en este tema, una encuesta realizada por Latinobarómetro a fines de 2006 —justo antes de uno de los periplos del presidente Bush por la región— mostró que en algunos países (Venezuela, por supuesto, y Argentina, Brasil, Ecuador y Uruguay) éste era menos popular que Hugo Chávez, pero en otros (Colombia, Costa Rica, El Salvador, Honduras, México, Nicaragua, Panamá y Perú) obtenía mayores índices de aprobación que su azote latino.

En términos más generales, de todos los electores de la región encuestados por Latinobarómetro en el 2007, y que *votaron* por la izquierda (definido como votar por partidos políticos de izquierda en cada país, es decir, el PT en Brasil, el PRD en México, el Partido Socialista en Chile, el Polo Democrático en Colombia, para mencionar algunos ejemplos), sólo el 31 por ciento se definía como "izquierdista", el 53 por ciento se identificaba con de "centro" y el 15 por ciento se consideraba de "derecha". Éste es un porcentaje más alto para la izquierda en muchos años, aunque dos terceras partes del electorado de la izquierda no se consideran izquierdistas. Y lo que es aún más desconcertante y frustrante para la izquierda es que la distribución del electorado de la izquierda en estas tres categorías es muy similar en general a la de todos los electores.

El elector de izquierda en Latinoamérica hoy en día, a diferencia de los votantes del Partido Comunista en Chile y Uruguay hace 40 años, o en España, Francia e Italia durante la mayor parte del siglo XX, no pertenece a un segmento distinto del electorado, con su propia autoidentificación (y también su propio gueto ideológico, por supuesto), su propia geografía, y sus propias actitudes sobre asuntos específicos, claramente diferentes al resto de la sociedad. No es, por lo menos ahora, lo que los académicos franceses definieron como una "contrasociedad" en referencia a los electores del Parti Communiste Français (PCF) desde fines de los años 20 hasta finales de los setenta.

En temas y actitudes, la situación es similarmente incontrovertible: el 58 por ciento de los encuestados por Latinobarómetro en 2007 que votaron por la izquierda cree que su país es gobernado en beneficio de los poderosos, una opinión bastante lógica; pero el 42 por ciento cree que es gobernado en beneficio de la gente en su conjunto —una postura que difícilmente se esperaría de los electores de izquierda. Un enorme 73 por ciento de los sufragantes de izquierda cree que una economía de mercado es el único camino hacia el desarrollo para su país; el 40 por ciento cree que la privatización de compañías paraestatales ha sido buena para su país: el 70% considera que la iniciativa privada es indispensable para el desarrollo del país; el 46 por ciento se siente satisfecho con la manera en que funciona el mercado en su país, y finalmente, como se vio antes con Bush y Chávez, la mitad de todos los electores de izquierda guardaba una opinión positiva de Estados Unidos, y esto en el momento de la mayor impopularidad del gobierno estadounidense en la región y el mundo desde la Guerra de Vietnam.En muchos casos la izquierda postula mejores candidatos que sus rivales; muchas veces sus políticas a nivel gobierno funcionan bien (la *Bolsa Família* de Lula, por ejemplo); esto es, en gran medida, la razón por la que gana elecciones hoy en día. Sin embargo, en la mayoría de los ejemplos —las verdaderas excepciones, comparadas con las puramente retóricas, sólo se han producido en Venezuela y, en menor grado, en Argentina— sus políticas son difíciles de distinguir de las de sus predecesores inmediatos, y no parecen explicar sus victorias en las urnas. Los ejemplos más obvios de esta paradoja muy estudiada son Lula y Fernando Henrique Cardoso en Brasil, y el cambio dentro de la Concertación chilena de un liderazgo Demócrata Cristiano entre 1989 y el 2000, al liderazgo socialista hasta 2010. De hecho, aunque los dos casos distan mucho de ser idénticos, se puede argumentar que el éxito relativo de ambas naciones resulta de la continuidad de casi 20 años ya del gobierno de Concertación en Chile, y lo que serán 16 años del gobierno PSDB-PT en Brasil. Si resulta difícil para los académicos detectar las diferencias que separan a Lula de Cardoso o Lagos y Bachelet de Aylwin y Frei, no sorprende que los electores tampoco lo puedan hacer, y así expresan las contradicciones mostradas arriba en el sondeo de Latinobarómetro. La

GRÁFICA 11.1
DISTRIBUCIÓN IDEOLÓGICA EN AMÉRICA LATINA, 2007

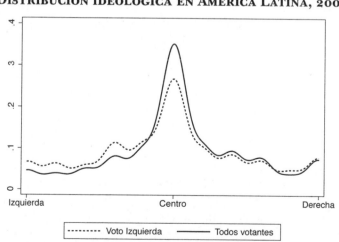

Fuente: Latinobarómetro, 2007

izquierda ha estado ganando o avanzando, siempre y cuando sus candidatos, campañas y competencia en el poder sean superiores a los de la derecha, pero no porque sus políticas de gobierno no sean realmente diferentes.

Esto lleva directamente a la tercera paradoja. La izquierda en el poder —nacional, regional y local— generalmente se ha visto obligada a escoger entre dos opciones desagradables: el regreso populista, nacionalista, estatista al pasado —lo que Roberto Mangabeira Unger ha llamado la izquierda "arrojada y fanfarrona"— o la administración del presente, competente, generalmente honesta y responsable, y humanizada, la llamada "izquierda bien portada". Ninguna de las dos izquierdas debería sentirse feliz con su propio desempeño, y un segmento creciente de izquierdistas de Latinoamérica lo sabe. La izquierda arrojada y fanfarrona ofrece una variedad de iniciativas de bienestar social, estímulos para el consumo y los salarios, concesiones *ad hoc* a intereses comerciales y vaguedades nacionalistas. Tiene éxito, aparentemente y durante cierto tiempo, cuando arriba al poder después de un desastre económico y puede aprovechar los ahorros y la capacidad ociosa (Argentina) o cuando puede recurrir a una riqueza petrolera aparentemente ilimitada (Venezuela). Es casi idéntica en su retórica, sus políticas y su estilo a sus íconos del pasado: Perón, Cárdenas o Vargas. La izquierda "bien portada" combina la responsabilidad fiscal, al igual que intentos para ganarse la confianza del capital nacional y extranjero, con una política activa en el bienestar social, la vivienda, la salud, la educación. Las dos izquierdas cuentan cada vez más con la opción de parecerse a los otros colores del espectro político o de progresivamente asemejarse a una caricatura de sí mismos: Morales imita a Chávez, quien imita a los Castro y los cubanos, quienes invocan a mentores cada vez más desconocidos. Hasta la fecha, nadie ha podido realmente cuadrar el círculo: ser verdaderamente diferente a los demás y al pasado, al centro y a la derecha, y a la alternativa hipernacionalista, socialmente subsidiada y con una economía planificada.

Un cuarto factor de inquietud surge del problema perenne representado por Estados Unidos. Ya ausente la Guerra Fría, la dimensión geopolítica de la lucha de la izquierda por el poder no es tan crucial como en el pasado: Estados Unidos no siente la necesidad de sistemáticamente oponerse a la izquierda en Latinoamérica, haga lo que haga o sea lo que sea. No obstante, existen suficientes conflictos en el mundo donde Estados Unidos se ve involucrado para proporcionar municiones abundantes a los sentimientos antiestadounidenses de la izquierda latinoamericana, y suficientes errores en las políticas de Washington hacia Latinoamérica para que esos sentimientos parezcan justificados. Y el antiamericanismo en la opinión pública, aunque no es abrumador, como ya vimos, es lo suficientemente amplio y profundo para alimentar la popularidad de quienes constantemente lo atizan. Por otro lado, esa misma opinión pública, las comunidades empresariales, las élites profesionales y las familias migrantes en muchos países (no todos, por supuesto) poseen un interés propio en que su gobierno —de izquierda, derecha, o del centro— mantenga relaciones apropiadas con Estados Unidos. Allí es adonde exportan, viajan, estudian, venden petróleo y de donde reciben remesas, reproducen estilos de vida, etcétera. El problema es que la ideología y el respeto reverencial por la soberanía nacional hacen que sea difícil que todos estos objetivos contradictorios sean simultáneamente compatibles.

De ahí, una vez más, las paradojas: Lula no sólo le da la bienvenida a George Bush en su hogar en Brasilia y lo abraza durante una visita a una planta de biocombustible de Petrobras en São Paulo, sino que también recorre Camp David en un carrito de golf con el mismo hombre a quien el PT —el partido de Lula— quema en efigie en todo Brasil por sus políticas en Irak. Dirceu resume la paradoja de manera bastante elocuente: está en el interés nacional de Brasil trabajar con Estados Unidos sobre el etanol y los biocombustibles, sea quien esté en la Casa Blanca y sean cuales sean sus políticas en otras partes del mundo. Salvo que este enfoque es el menos izquierdista y el más políticamente incorrecto que se pueda encontrar en los anales de la izquierda latinoamericana, particularmente si conduce, como pasa, casi inevitablemente y casi siempre, a desacuerdos con La Habana o Caracas. Poco después del cortejo mutuo de Lula y Bush, Fidel Castro dedicó una de sus columnas ya regulares en el órgano del Partido Comunista cubano a censurar el etanol y los combustibles alternativos y Chávez, lógicamente, hizo lo mismo. Así que los izquierdistas brasileños tuvieron que escoger —cierto, en un tema un poco retorcido— entre Lula, Bush y Brasil, por un lado, y Fidel, Chávez y sus sentimientos profundos, por el otro.

No hay izquierda pragmática posible en Latinoamérica que no acepte un hecho inamovible: Estados Unidos no desaparecerá, es una potencia mundial, y en ocasiones —la mayoría de las veces, aunque no siempre— sus intereses fundamentales son diferentes de o contrarios a los de Latinoamérica, vistos desde la izquierda. Cualquier postura o negociación pragmática casi siempre huele a traición nacional o entrega de la soberanía: esta última es, por definición, no negociable. Simultáneamente, sin embargo, la negociación y el buscar puntos de encuentro, junto con el contener desacuerdos y no llevarlos a extremos, constituye la única manera de reconciliar metas contradictorias. Se trata de una situación incómoda por no llamarla de otra manera.

Y por último, sigue presente la disyuntiva eterna: reforma o revolución. La izquierda latinoamericana no fue siempre revolucionaria; de hecho, en sus versiones comunistas o populistas, fue eminentemente reformista, pacífica, electoral, algunos dirían electorera y acomodatrera, hasta que Fidel Castro y el Che Guevara la transformaron radicalmente a partir de 1959. La Revolución Cubana volvió revolucionaria a una parte de la izquierda latinoamericana. Esto llevó a divisiones profundas dentro de sus filas (Guevara subestimó esas diferencias y pagó el error con su vida), al igual que reunificaciones subsecuentes. Todos los estudiosos de la izquierda en la región conocen la anécdota (probablemente verídica) de Castro colocando un AK-47 sobre la mesa donde se hallaban sentados los cinco comandantes del FMLN salvadoreño en 1980 y exclamando que les entregaría el arma si, y sólo si, se unían.

Para aquéllos que siguieron el camino cubano de la revolución, la lucha armada, el socialismo y el antiimperialismo radical, el rompimiento con el pasado y el costo de su metamorfosis no fueron un asunto menor. No obstante, apenas unas breves décadas después, el mundo quería que renunciaran a esas convicciones adquiridas reciente y dolorosamente, y abandonaran la idea misma de la revolución —tampoco un asunto sencillo. De ahí la opción desgarradora: aceptar el reformismo con resignación, acogerlo con entusiasmo, o simplemente disfrazar las creencias y el fervor revolucionarios bajo una fachada moderada. Andrés Manuel López Obrador, agitador mexicano y simultáneamente defensor de los monopolios mexicanos, lo expresó mejor que nadie, tal vez, cuando fustigó a Felipe González de España, tras una conversación larga y substantiva: "¡Eres un vil reformista socialdemócrata!" Huelga decir que López Obrador tenía razón, pero que González a su vez se sentía sumamente satisfecho de sus credenciales reformistas, habiendo conducido a su país de un régimen autoritario a una democracia europea y a la prosperidad durante más de una década. Para uno, el reformismo era casi un insulto; para el otro, un motivo de orgullo.

Para muchos miembros de la izquierda —en Nicaragua, en México, en El Salvador, en Brasil y Argentina, obviamente en Venezuela, en Bolivia, en Ecuador y en Colombia— la revolución, el asalto al Palacio de Invierno siguen trayendo gratos recuerdos. No son tontos ni poco realistas y saben muy bien que las posibilidades de una revolución son remotas, en el mejor de los casos. Peor aún, reconocen —en privado, por lo menos— que definir la palabra "revolución" es arduo, si no imposible: ¿qué aspecto les gustaría que mostrara su país si, gracias a algún milagro, una revolución sí tuviera lugar? ¿Cuba, con o sin el apoyo soviético? ¿Venezuela, con o sin el petróleo? Y, sin embargo, persiste el estigma del reformismo y la atracción del sueño revolucionario perdura.

El problema consiste, por supuesto, en el tercio excluido. En algunos países, la alternativa es inmediata y explícita: el exitoso Polo Democrático de Colombia sólo prosperó mientras estableció y profundizó su distancia frente a las FARC. Asimismo, muchos analistas piensan que Cuauhtémoc Cárdenas perdió la elección presidencial de 1994 en México a causa de su foto amplia y maliciosamente publicitada con el Subcomandante Marcos y él juntos en Chiapas. Para otros, la opción es más abstracta; o son verdaderamente reformistas, y un día la gente votará por ellos, o son verdaderamente revolucionarios, y se dan cuenta de que una revolución es un suceso eminentemente violento y autoritario, para bien o para mal, pero que rara vez —o nunca— se logra en las urnas o con el consentimiento de una mayoría del pueblo. Lenin tenía razón. Pero eso no hace que el dilema sea más cómodo o fácil de abordar.

No hay respuestas a la incomodidad de la izquierda más que la práctica, el tiempo y la reflexión. Éste no es el lugar indicado para soluciones; sólo pueden emerger en el trabajo diario de miles de activistas e intelectuales de izquierda, en sus partidos, gobiernos municipales, parlamentos y universidades. Pero algunas ideas podrían venir al caso, simplemente para fijar ciertos puntos de referencia para discusiones futuras.

La región enfrenta un doble reto en los años venideros y está casi en puerta. El déficit educativo, producto de malas políticas y dramáticos cambios demográficos en el pasado, significa que aún hay millones de niños y jóvenes en toda Latinoamérica actualmente en escuelas, universidades e institutos técnicos quienes no están siendo educados o capacitados para la economía global, que es donde trabajarán, les guste o no. Al mismo tiempo, estos países también enfrentan un reto diferente, pero igualmente crucial, derivado del hecho de que su población ha envejecido de forma precipitada y su red de seguridad social —que depende, como en Europa Occidental, Estados Unidos y Canadá, casi totalmente del empleo—, está hecha trizas y excluye a grandes mayorías de la población. Como consecuencia, las sociedades de Latinoamérica, en gran medida, necesitan educar a sus jóvenes y a la vez edificar un sistema de protección social para sus ancianos —pero también, y de igual importancia, para aquella mayoría de la gente que carece de seguro médico, de vivienda, de capacitación profesional, de una pensión en el futuro, y de un ingreso mínimo en el presente. Éste es el primer desafío que la izquierda debe abordar.

A propósito de ambos temas, incorporamos elementos de lo que Roberto Mangabeira Unger, el ex secretario de Planeación de Lula, y Carlos Ominami, ex vicepresidente socialista del Senado chileno, han sugerido en años recientes. Darle a la educación una plena prioridad nacional significa insistir en mínimos de inversión por niño y de desempeño por escuela; desarrollar mecanismos para la redistribución de recursos y personal entre las partes más ricas y las más pobres de cada país; crear procedimientos para una intervención correctiva localizada y una reorganización en sistemas escolares cuando estos mínimos no se cumplan. Significa involucrar a las familias en la vida de las escuelas y designar a un maestro o un miembro de la comunidad para que acompañe el progreso —y las tareas— de cada niño cuya familia no puede hacerlo. Implica abandonar una orientación de enseñanza que en el pasado ha sido caracterizada por un enfoque de cobertura superficial e información pasiva y reemplazarla con "aprender a aprender". Entraña darle a cada maestro una computadora en su casa y a cada alumno una computadora simplificada en la escuela conectada a una red educativa nacional. Obliga a identificar a los alumnos pobres estudiosos y dotados en cada etapa de la educación y colmarlos de apoyos especiales y oportunidades extraordinarias, para que se conviertan en una meritocracia capaz de competir con las élites de los herederos y protegidos que continúan dominando a muchos países latinoamericanos.

Por el lado de la protección social, y específicamente por el lado de las pensiones y de la salud, ser diferente sin ser populista implica crear un sistema único de pensiones garantizadas y del cuidado de la salud para ancianos (del tipo no contributivo y financiado por un fondo fiscal central), que complementaría la pensión de capitalización individual, y un seguro de salud privado para quienes lo tienen. Pero el cambio decisivo debe radicar en garantizar el bienestar de las personas mayores, quienes tuvieron una vida distinta a la de sus contemporáneos en los países ricos: desvinculados del empleo al grado que a menudo conforman una mayoría. Esto debe ser financiado por impuestos etiquetados, para que cada contribuyente sepa a dónde se destina su contribución específica: para abordar el reto de una población en rápido envejecimiento desprovista de los instrumentos de protección social que otras sociedades han edificado en el transcurso de los años.

Una segunda zona para la construcción de diferencias en el seno de la izquierda radica en erigir la legislación, la regulación y la aplicación de políticas antimonopólicas tristemente ausentes en la mayoría de las economías y sociedades latinoamericanas. Monopolios públicos y privados en los negocios; monopolios sindicales en el trabajo, tanto en los sectores públicos como los privados en muchos países; monopolios de partidos políticos de la representación electoral en la mayor parte de los países: todas estas concentraciones excesivas de poder y de oportunidades se han convertido en obstáculos inevitables al crecimiento y la distribución. No se puede esperar que la derecha y el centro actúen contra los intereses con los cuales están tan entrelazados; pero la izquierda tradicionalmente —en Latinoamérica— ha descuidado la regulación antimonopólica. Primero, porque creía en los monopolios públicos y pensaba que los privados eran un producto inevitable y pasajero del capitalismo monopólico; y segundo, porque se beneficiaba inmensamente de los monopolios sindicales en el sector público: maestros, empleados gubernamentales, los grandes sindicatos en el sector industrial paraestatal de la economía (petróleo, minería, acero, energía eléctrica, ferrocarriles, etcétera). Es hora de que la izquierda con vocación de la diferencia emprenda una vigorosa estrategia antimonopólica, introduciendo elementos de competencia donde sea necesaria, a sabiendas de que esto no eliminará el "capitalismo" (una izquierda reformista no busca ni cree en esa meta), sino que hará que sea más eficiente y, consecuentemente, mejorará los niveles de vida de la gente y la distribución de sus beneficios, cualesquier que sean.

Tercero y último en esta breve lista, la izquierda latinoamericana debe construir una agenda internacional, que hoy en día le hace gran falta, dada la contradicción entre los sentimientos antiestadounidenses y las prácticas proestadounidenses. La izquierda debería abandonar sus últimos vínculos nostálgicos con el mantra de la soberanía y la no intervención, y convertirse en una fuerza motriz, nacionalmente y en el extranjero, para la edificación de un nuevo orden legal regional e internacional, con principios, valores y metas supranacionales. Nada puede nivelar el terreno de juego marcadamente inclinado que representa un mundo de una sola superpotencia tan bien como un régimen legal intruso, ambicioso y detallado; ninguna región en el mundo se beneficiaría más de ello que Latinoamérica. En los derechos humanos y la democracia; en el comercio y el medioambiente; en los derechos laborales —donde, por ejemplo, Latinoamérica tiene tanto para ganar al defenderse contra la labor infantil en Paquistán como para perder al aceptar los estándares estadounidenses en Acuerdos de Libre Comercio— y los derechos de los pueblos indígenas; en los derechos de género y la lucha contra la corrupción y el tráfico de drogas; en el tráfico de armas pequeñas y las armas químicas; en prácticamente cualquier tema, un fuerte orden legal regional e internacional cuadra el círculo para la izquierda. Tiene que incluir a Estados Unidos, pero puede enmarañar a Washington en acuerdos que a la larga lo amarrarán. No descuida el nacionalismo de la izquierda, pero lo eleva a un nivel superior, donde ya no se ve ni se siente introvertido y arcaico sino, al contrario, donde transforma sus pasiones en leyes y principios aplicables. Y, sobre todo, reconoce que en un mundo globalizado, lo que no es supranacional funciona con cada vez menos eficacia.

Éstas son algunas de las metas que la izquierda latinoamericana podría proponerse si realmente quisiera salir del clóset y de la angustia que la aqueja, pese a sus éxitos. Son reales, pero también lo es aquélla. Este libro ha descrito algunos de sus avances y desafíos, según el país o el tema, y este capítulo ha intentado enlazar estas partes; el lector juzgará.

AUTORES

$\mathbf{D}$AVID ALTMAN es profesor asociado del Instituto de Ciencia Política de la Pontificia Universidad Católica de Chile y editor de la *Revista de Ciencia Política*. Trabaja en política comparada con especial énfasis en las relaciones entre los ejecutivos y legislativos en América Latina, calidad de la democracia y mecanismos de democracia directa. Ha recibido premios de la Comisión Fulbright, la Fundación Internacional para Sistemas Electorales, el Instituto Kellogg para Estudios Internacionales. Ha sido miembro del Grupo de Estudio de Ciencias Políticas del Fondo Nacional de Desarrollo Científico y Tecnológico de Chile (Fondecyt), Vicepresidente de la Asociación Chilena de Ciencia Política y ganador del Junior Postdoctoral Scholars in the Study of Democracy Competition del Woodrow Wilson International Center for Scholars y la Ford Foundation. Sus artículos más recientes han aparecido en *PS-Political Science and Politics, Electoral Studies, Party Politics, The Journal of Legislative Studies, Nordic Journal of Latin American and Caribbean Studies, International Review of Public Administration, Democratization, Política y Gobierno, Colombia Internacional, Revista de Ciencia Política, Revista Uruguaya de Ciencia Política* y *Cuadernos del* CLAEH.

GIANPAOLO BAIOCCHI es profesor asociado de Sociología y Estudios Internacionales en *Brown University*. Su más reciente libro se titula *Militants and Citizens: The Politics of Participation in Porto Alegre* (Stanford University Press, 2005).

KATHLEEN BRUHN es profesora asociada de Ciencia Política en la Universidad de California-Santa Barbara. Sus intereses de investigación incluyen movilización social, partidos políticos y democratización.

Su libro más reciente, *Urban Protest in Mexico and Brazil* (Cambridge University Press, 2008), discute las causas de las protestas y las implicaciones de las mismas para las victorias de la izquierda. Es también autora de *Taking on Goliath* (Penn State University Press, 1997) sobre la formación del PRD en México y ha publicado dos ediciones de *Mexico: The Struggle for Democratic Development* (University of California Press, 2001/2006) con Dan Levy.

ROSSANA CASTIGLIONI es directora de la Escuela de Ciencia Política en la Universidad Diego Portales e investigadora del Instituto de Investigación en Ciencias Sociales de la Universidad Diego Portales en Santiago, Chile. Además, es miembro del Grupo de Estudios de Ciencias Políticas y Jurídicas de Fondecyt. Sus principales áreas de investigación son política social comparada, democracia, calidad de la democracia e instituciones y política comparada latinoamericana. Ha publicado en diversas revistas académicas, como *Instituciones y desarrollo, Latin American Politics and Society, Revista de Ciencia Política, Electoral Studies, The Developing Economies*, entre otras. Su más reciente libro es *The Politics of Social Policy Change in Chile and Uruguay: Retrenchment versus Maintenance, 1973-1998* (Routledge, 2005).

JORGE G. CASTAÑEDA es profesor global distinguido de Política y Estudios Latinoamericanos y Caribeños en la Universidad de Nueva York. Fue secretario de Relaciones Exteriores de México entre 2000 y 2003. Ha sido profesor en la Universidad Nacional Autónoma de México (UNAM), Princeton y Berkeley. Entre sus varios libros se encuentran la *Utopía Desarmada* (Vintage, 1993), *Vida en Rojo: una biografía del Che Guevara* (Alfaguara, 1997), *La herencia: arqueología de la sucesión presidencial en México* (Alfaguara, 1999), *Somos muchos: ideas para el mañana* (Planeta, 2004), *La diferencia: radiografía de un sexenio* (Grijalbo, 2007, con Rubén Aguilar, 2007) y *Ex-Mex: From Migrants to Immigrants* (New Press, 2008). Es columnista del periódico *Reforma* y de *Newsweek International*.

SOFIA CHECA es estudiante doctoral en sociología en la Universidad de Massachussets, Amherst y sus principales intereses se centran en movimientos sociales, partidos políticos y cambio social, especialmente en América Latina y el Sur de Asia.

JUAN PABLO LUNA es profesor asociado del Departamento de Ciencia Política en la Pontificia Universidad Católica de Chile. Su investigación se enfoca en la calidad de la representación y en los vínculos entre votantes y partidos en la América Latina contemporánea. Ha sido ganador del Junior Postdoctoral Scholars in the Study of Democracy Competition del Woodrow Wilson International Center for Scholars y la Ford Foundation. Es autor de *Desde el Llano: Conversaciones con militantes barriales* (Ediciones Banda Oriental, 2004) y sus artículos han aparecido en *Comparative Political Studies, Revista de Ciencia Política, Revista Uruguaya de Ciencia Política, Cuadernos del* CLAEH, *Latin American Politics and Society* y *Política y Gobierno.*

JOSÉ MERINO es candidato a doctor en Ciencia Política por la Universidad de Nueva York, especializándose en economía política y metodología. Es profesor adjunto del Instituto Tecnológico Autónomo de México (ITAM). Actualmente, es Coordinador Cuantitativo de la Unidad de Inteligencia del periódico *El Economista* y editor del sitio de noticias laloncheria.com.

MARCO A. MORALES es candidato a doctor en Ciencia Política por la Universidad de Nueva York, especializándose en comportamiento electoral, opinión pública y metodología cuantitativa. Ha sido profesor adjunto en la Universidad de Nueva York y en el Instituto Tecnológico Autónomo de México. Antes de iniciar sus estudios doctorales, fungió en diversos cargos en la Cámara de Diputados, la Secretaría de Economía y la Secretaría de Relaciones Exteriores de México.

PATRICIO NAVIA es profesor de culturas globales en el Programa de Estudios Generales y profesor adjunto en el Centro de Estudios Latinoamericanos y del Caribe en la Universidad de Nueva York. Es también profesor de Ciencia Política en la Universidad Diego Portales en Chile. Ha sido profesor visitante en Princeton, New School University y la Universidad de Chile. Ha publicado artículos académicos sobre democratización, reglas electorales e instituciones democráticas en América Latina. Es columnista para el periódico *La Tercera* y la revista *Capital* en Chile. Sus libro más reciente es *El díscolo: conversaciones con Marco Enríquez-Ominami* (Debate, 2009).

RAÚL SÁNCHEZ URRIBARRI es candidato a doctor en Ciencia Política en la Universidad de Carolina del Sur, especializado en política comparada. Sus intereses se encuentran en el área de política judicial comparada, con énfasis en América Latina. Tiene una Licenciatura en Derecho por la Universidad Católica Andrés Bello (Venezuela) y una Maestría en Derecho por la Universidad de Cambridge (Reino Unido). Antes de comenzar sus estudios doctorales fungió como abogado al servicio de la Suprema Corte de Venezuela y dio cátedra sobre Derecho en diversas universidades venezolanas.

MARTÍN TANAKA es investigador principal del Instituto de Estudios Peruanos y profesor asociado del Departamento de Ciencias Sociales de la Pontificia Universidad Católica del Perú. Ha sido investigador visitante en el Hellen Kellog Institute for International Studies en la Universidad de Notre Dame y Profesor Visitante en la Maestría en Ciencia Política en la Universidad de Los Andes (Colombia).

AGRADECIMIENTOS

Este proyecto se llevó a cabo en paralelo a un curso de posgrado sobre la Izquierda en América Latina desarrollado en *The New York University* (NYU) entre 2005 y 2007. Muchas de las preguntas que este volumen busca atender tomaron forma en las discusiones en el salón de clases. Los agudos comentarios de los estudiantes siempre representaron un reto interesante y nos obligaron a pensar sobre el surgimiento de la izquierda en América Latina —y sus consecuencias— desde distintos ángulos.

El contenido de este libro ha sido alimentado por varias manos. Nuestra deuda de gratitud para los jóvenes académicos que aceptaron participar en este proyecto y que siempre respondieron con entusiasmo al contribuir con su experiencia y sus investigaciones —en algunas ocasiones inclusive recolectando nuevos datos— para mejorar nuestra comprensión de la izquierda en América Latina. Nuestra gratitud es especialmente grande para Patricio Navia y su habilidad inigualable para crear títulos.

Agradecemos también al Centro de Estudios Latinoamericanos (CLACS) de NYU que siempre nos proveyó con un muy completo respaldo para la enseñanza y un ambiente lleno de oportunidades para realizar actividades extracurriculares.

Sobra señalar que esta tarea hubiese sido tediosa en extremo si no fuese por las incontables horas de entretenimiento provistas por los ingeniosos líderes de la izquierda en América Latina. Nuestra eterna gratitud para ellos... y para los votantes —más no las armas— que los han llevado al poder.

Notas

Capítulo 1

[1] Castañeda: 1993.

[2] Para que esto sucediera, la izquierda en Chile o en Uruguay tendrían que perder la presidencia en las elecciones próximas y ninguna de estas alternativas es segura en estos momentos.

[3] Uruguay tuvo elecciones en octubre de 2009, pero cualquiera que sea el partido que gane la elección asumirá el poder en marzo de 2010. Bolivia, Brasil y Ecuador tendrán elecciones en 2010, Nicaragua y Perú en 2011 y Venezuela en 2012.

[4] De hecho sería su segundo periodo completo dado que la nueva Constitución entró en vigor en 2000. Pero había fungido como presidente por dos años luego de haber sido elegido en 1998 por primera vez.

[5] Resultados oficiales del Consejo Nacional Electoral de Venezuela.

[6] Resultados oficiales del Tribunal Superior Eleitoral de Brasil.

[7] Resultados oficiales del Servicio Electoral de Chile.

[8] Resultados oficiales de la Dirección Nacional Electoral del Ministerio del Interior de Argentina.

[9] Resultados oficiales de la Corte Electoral de Uruguay.

[10] Resultados oficiales de la Corte Nacional Electoral de Bolivia.

[11] Resultados oficiales del Consejo Supremo Electoral de Nicaragua.

[12] Resultados oficiales de la Oficina Nacional de Procesos Electorales de Perú.

[13] Resultados oficiales del Tribunal Supremo Electoral de Ecuador.

[14] Resultados oficiales del Tribunal Superior de Justicia Electoral de Paraguay.

[15] Resultados oficiales del Tribunal Supremo Electoral de El Salvador.

[16] Castaneda: 2006.

[17] Schamis: 2006.

[18] Uno de los ejemplos más claros de esta preferencia puede encontrarse en Corrales (2006b).

[19] Weisbrot: 2006.

[20] Álvarez Herrera: 2006.

[21] Ésta no es una perspectiva muy popular en este debate, donde la mayoría de los argumentos se sustentan en resultados inmediatos. Para visiones alternativas, ver Stiglitz (2006) y Cardoso (2006).

[22] Cleary: 2006.

[23] Inclusive aquellos que critican a las versiones más moderadas de la izquierda en América Latina reconocen la emergencia de un nuevo tipo de izquierda —no sólo en América Latina— inclusive cuando se cree que es encabezada por el socialismo del siglo XXI de Chávez (Raby: 2006).

[24] Para la visión opuesta, ver el artículo de Maílson Da Nóbrega (*Tendencias Weekly*, 20 de junio de 2006).

[25] Puede también argumentarse que López Obrador casi ganó la elección, pero esto es una función del número efectivo de candidatos compitiendo por la presidencia. Si hubiese existido una elección en segunda vuelta entre Calderón y López Obrador,

hubiésemos observado un reacomodo de votos provenientes de aquellos candidatos excluidos de esta nueva elección. Sin embargo, debemos señalar que también en 1994 y 2000 existieron tres candidatos principales en la elección y Cárdenas nunca estuvo tan cerca como López Obrador de ganar la elección.

[26] Borón: 2006.

Capítulo 2

[1] Para evitar los problemas derivados de definir a la izquierda usando criterios "objetivos", los gobiernos de izquierda serán simplemente aquéllos que dicen serlo, como sugieren Castañeda y Navia (2007).

[2] Para una discusión detallada de los efectos de resultados electorales derivados de un cambio en la posición de los candidatos *vis-à-vis* cambios en la posición del electorado, ver la discusión de Fiorina (2006) sobre el caso estadunidense.

[3] Es importante notar las limitaciones en la comparación entre algunas gráficas: la EMV usa escalas de 10 puntos, mientras que Latinobarómetro utiliza escalas de 7 puntos con fraseos ligeramente similares. A pesar de estas limitaciones, éstas son las mejores fuentes de datos disponibles y aun pueden considerarse como una guía general para las tendencias ideológicas en América Latina.

[4] Panizza: 2005b; Castañeda: 2006; Weintraub: 2006.

[5] Benoit y Laver: 2006.

[6] A partir de este punto, toda aseveración sobre cambios ideológicos en un país o en la región están sustentados en pruebas t para evaluar diferencias de medias con un nivel de significancia estadística de 0.5 o mayores. Esto es, cada vez que se señale un "cambio ideológico" en el texto, existe una prueba estadística que rechaza la hipótesis nula de medias iguales, y la dirección del cambio se evalúa de la misma manera. Por limitaciones de espacio, los resultados de las pruebas estadísticas no se incluyen pero pueden ser solicitados al autor.

[7] Donde es posible, se muestra el año más cercano a la elección más reciente.

[8] Agradezco a John Jost por haberme señalado este punto. Bonanno y Jost: 2006; Jost 2006; Jost *et al.*: 2007.

[9] Jost *et al.*: 2003a, 2003b.

[10] Los efectos de este último fenómeno, la crisis de 2008-2009, no se reflejan en los datos disponibles al momento de escribir estas líneas. Será interesante comprobar si, en consonancia con el argumento, vuelve a observarse una reorientación hacia la derecha en 2008 y 2009 en América Latina.

[11] Inglehart:1997.

[12] Cleary: 2006.

[13] Panizza y Yáñez: 2005.

[14] p.e. Alesina y Rodrik: 1994; Llavador y Oxoby: 2005.

Capítulo 3

[1] Bobbio: 1997.

[2] Carles Boix:1998: 2.

[3] Carles Boix:1998: 11.

[4] Carles Boix:1998: 12.

[5] *v.g.* Huber y Stephens: 2001, Iversen: 2005, Rodrik: 1998.

[6] Véase: López Moctezuma: 2007.

[7] Vilas: 2005.

[8] Jorge Castañeda: 2006.

[9] Franco: 2006, Paramio: 2006.

[10] Bovero: 2006b.

[11] Castañeda: 2006.

[12] Keefer, Philip: 2005. DPI2004. Database of Political Institutions: Changes and Variable Definitions. DC: Development Research Group. The World Bank. Keefer clasifica los gobiernos siguiendo cinco pasos: 1) usar el nombre del partido; 2) complementar la información con el sitio agora.stm.it/elections/parties que clasifica las orientaciones de los partidos usando etiquetas de una palabra; 3) Verificar con las series de Longman Current Affairs; 4) Donde haya evidencia de que el ejecutivo se desvió considerablemente de la plataforma de su partido, usar la orientación del Jefe de Estado; y 5) Comparar su clasificación con el de Inglehart y Huber basado en plataformas de partido, para revisar y en su caso corregir.

[13] Ver Apéndice 1 para conocer la totalidad de casos y aquéllos reclasificados en los datos de Keefer.

[14] Aunque algunos análisis consideran al gobierno de Fernando Henrique Cardoso en Brasil y los gobiernos liberales en Colombia como ejemplos de administraciones de derecha, sus partidos se declaran como de izquierda y no consideré la orientación de los presidentes como contrastante con los postulados de sus partidos.

[15] La única excepción a esta regla es el gobierno de Itamar Franco en Brasil entre 1993 y 1994, quien llegó al poder luego del juicio contra Fernando Collor de Mello, pues aunque fue clasificado como un "independiente" por Keefer, era de hecho miembro del Partido de Reconstrucción Nacional al momento de asumir el cargo.

[16] Los casos de derecha son: Guatemala (1992-95); Colombia (2003-06); Ecuador (1997); y Perú (1991-01). Los casos de izquierda son: Bolivia (2004-06); Ecuador (1998-06), y Venezuela (1999-06).

[17] Los datos fueron agregados a partir de cuatro fuentes diferentes: El Fondo Monetario Internacional (FMI); la Comisión Económica para América Latina y el Caribe (CEPAL); los indicadores de desarrollo del Banco Mundial (BM); y datos de la Organización de Naciones Unidas (ONU). Para una descripción detallada de los datos y sus fuentes, por favor dirigirse al Apéndice 2 al final del capítulo.

[18] Todos los datos de la CEPAL vienen de: ECLAC. 2006. "Social Panorama of Latin America, 2005. Chile: United Nations". Las medidas de gasto social como porcentaje del PIB y per capital excluyen a El Salvador y Colombia, donde no se encontraron datos en el periodo; la medida como porcentaje del gasto gubernamental total también excluye a Costa Rica.

[19] Seguridad social y asistencia incluye el gasto público en educación, ciencia, tecnología, cultural, religión y recreación, dependiendo de la disponibilidad de información en los países.

[20] Esta gráfica excluye a El Salvador, Perú, Colombia y Nicaragua, por carecer de información.

[21] Nótese que no hay información sobre Ecuador.

[22] Al explorar la interacción entre gasto y desempeño sociales (eficiencia en gasto), confirmamos la mayoría de estas conclusiones. Primero, no hay una ventaja clara por parte de los países con años de izquierda respecto a aquellos sin años de izquierda. Segundo, la distancia más significativa ocurre entre casos de izquierda populista y casos con años de izquierda populista, donde los primeros siempre superan en desempeño a los segundos; con la excepción de las mejoras mostradas por Ecuador en mortalidad infantil y pobreza. Tercero, donde dicha comparación fue posible, los casos con años populistas de derecha tendieron a mostrar mejor desempeño que aquellos con años populistas de izquierda (con las excepciones ya mencionadas).

[23] Esta gráfica excluye a la República Dominicana, para la que no se encontró información.

[24] Desafortunadamente, debido a la disponibilidad de datos los periodos son más cortos, esto por supuesto excluye alguna variabilidad en los casos ideológicos o populistas. Nótese también que en el caso del ratio de ingreso, no tenemos datos para la República Dominicana, El Salvador, Guatemala, Ecuador y Uruguay; para el índice de Gini se carece además de datos para Nicaragua.

[25] A menos, claro, que asumamos que el Partido Liberal en Colombia no es un partido de izquierda, algo que ya justificamos anteriormente.

[26] Los resultados para el ratio de ingreso (el lado derecho de la gráfica 12) reflejan estas mismas conclusiones.

[27] Estos datos fueron obtenidos de: CEPAL. 2006. "Social Panorama of Latin America", 2005. Chile: United Nations. Todos los grupos de edad excluyen información de la República Dominicana, El Salvador, Guatemala, Nicaragua, Paraguay y Perú. Replicamos este análisis para atención escolar en primaria, secundaria y preparatoria y se asemejan a los resultados obtenidos para el 20 por ciento más pobre. Aunque ahí la izquierda pareció tener una ventaja sobre la derecha, generada por los incrementos inmensos en Brasil. En todos los casos, si excluimos a Brasil, el promedio para los casos de izquierda y derecha son casi los mismos. La diferencia más notoria ocurrió entre países sin años populistas y países con alguna expe-

riencia populista, donde los primeros tuvieron sistemáticamente un mejor desempeño, especialmente entre casos de izquierda.

[28] Debido a la disponibilidad de datos, el periodo llega hasta 2002, ello excluye casos recientes de la "ola de izquierda populista'. Nótese también que dado que los datos se basan en reportes hechos por los propios países, algunos casos aparecen sospechosos respecto a sus reportes en 1990 (*v.g.* Ecuador y Bolivia).

[29] Los datos contenidos en la gráfica provienen de mediciones de la ONU relativos a los Objetivos de Desarrollo del Milenio y muestran la tasa de mortalidad por cada 100 mil nacimientos.

[30] Al hacer una comparación similar con la expectativa de vida, los resultados son similares a los de mortalidad maternal, con información para todos los países en todos los años, los incrementos promedio para los casos populistas son muy similares para ambos grupos ideológicos, 4.5 años para los casos de derecha y 4.9 para los países con al menos 4 años de izquierda. Comparar los casos populistas en este tema fue más complejo debido a sus expectativas de vida iniciales de modo que, aunque los casos de derecha tuvieron un mejor desempeño que los de izquierda (6.7 contra 4.5), ello pudo deberse al hecho de que tenían comparativamente una expectativa de vida inferior al inicio del periodo.

[31] De nueva cuenta, los periodos están definidos por la disponibilidad de datos. Los datos en mortalidad infantil incluyen a todos los países de la región, mientras que los datos en prevalencia de bajo peso excluyen a Nicaragua, Guatemala, Panamá y Perú.

[32] Como en los casos anteriores, comparar promedios entre grupos ideológicos asume que la distribución inicial de datos es similar entre grupos ideológicos y, de hecho, para la mayoría de los indicadores así es.

[33] En estos casos, las tasas iniciales en 1990 pudieron jugar un papel preponderante.

[34] Nótese que para estos indicadores en estos tres países de hecho hay incrementos en el periodo (Argentina 3.5, Costa Rica 2.3 y Paraguay 1.3).

[35] Estos datos excluyen a Uruguay.

[36] Nótese que para 2001 Chile tenía únicamente 2 años de izquierda, por ello Chile fue incluido en el promedio de países con un sesgo de derecha, junto con Perú, Nicaragua y la República Dominicana que tenían un solo año de izquierda en el periodo.

[37] La mayoría de las comparaciones en este capítulo se basaron en síntesis del periodo, de modo que en los casos con una distribución similar de años de izquierda y derecha no es claro a qué grupo ideológico darle la responsabilidad de los resultado; desafortunadamente la disponibilidad de datos no permitió un análisis estadístico más amplio y sofisticado basado en datos anuales. No obstante, los resultados contrastantes entre países con una mayoría de años de derecha y aquéllos con un número significativo de años de izquierda revela la existencia de patrones potenciales por ideología (o la falta de ellos).

[38] El caso ecuatoriano no se encuentra demasiado atrás, dado que solo mostró resultados superiores en algunos indicadores de pobreza y salud.

[39] Los únicos indicadores en los que los casos con experiencias populistas mostraron mejores resultados que casos de izquierda populista fueron aquéllos relacionados con la salud infantil, un resultado generado por el caso ecuatoriano.

CAPÍTULO 4

[1] Castañeda: 1993.

[2] *idem.*

[3] Moreno:1999.

[4] Moreno: 1991: 121.

[5] Lomnitz: 2006.

[6] Shifter: 2005, Valenzuela: 2005, Hakim: 2006.

[7] Ver Morales en este volumen, por ejemplo.

[8] Castañeda: 1993.

[9] Lomnitz: 2006.

CAPÍTULO 5

[1] Baiocchi: 2003b, 2003c, Goldfrank & Schneider: 2003, Macaulay & Burton: 2003.

[2] Branford & Kucinski: 1995: 9-10.

[3] *Ibid.* p. 47.

[4] Guidry: 2003: 90.

[5] Branford & Kucinsky: 1995: 48.

[6] Keck: 1992: 104-105.

[7] Ahmad: 2006.

[8] Guidry: 2003: 91.

[9] Ahmad: 2006.

[10] Branford & Kucinski: 1995: 7.

[11] La obra (ahora clásica) en inglés sobre la fundación y evolución del PT es *The Working Party and Democratization in Brazil,* de Keck. En portugués, véase *Partido dos Trabalhadores* (1989), escrito por Rachel Menguelo.

[12] Kowarick & Singer: 1991: 240-247.

[13] Simões: 1992.

[14] Bittar: 1992.

[15] Utzig: 1996: 210.

[16] Vacarezza, *et al.*: 1989.

[17] Machado: 1993.

[18] Couto: 1996.

[19] La frase es de Paul Singer, viene de su recolección del gobierno de Erundina.

[20] Muchas instancias del presupuesto participativo permiten a los ciudadanos actuar como representantes de movimientos o grupos similares en reuniones temáticas o sectoriales (*v.g.* un encuentro sobre salud), pero la mayor parte de la participación y la inversión sucede a través de foros organizados geográficamente, donde los ciudadanos participan como individuos. La mayoría también tiene reglas que disminuyen la proporción de representantes de locales que traen muchos representantes a una junta, con el fin de proteger a los barrios menos organizados.

[21] Véanse, por ejemplo, las interesantes descripciones que Silva (2003) hace del presupuesto participativo en las municipalidades cerca de Porto Alegre. El multicitado estudio de Silva et al. (2006) revela patrones similares en todo Brasil.

[22] Magalhães, *et al.*: 1999.

[23] Gaglietti: 1999, Novaes: 1993, Singer: 2001.

[24] La literatura que documenta esto es vasta. Entre esas obras, véanse las compiladas en Baiocchi (2003a) y las de Abers (2000), Avritzer, Guidry (2003), Nylen (2003), y Wampler (2004).

[25] Silva, *et al.*: 2006.

[26] Singer: 2001.

[27] Partido dos Trabalhadores: 1999: 13.

[28] Hunter & Power: 2005, Sader: 2005, Soares de Lima & Hirst: 2006.

[29] Partido dos Trabalhadores: 1989.

[30] Soares de Lima & Hirst: 2006.

[31] Soares de Lima & Hirst: 2006, Hunter & Power: 2005, Inter Press Service: junio 15, 2004.

[32] Soares de Lima & Hirst 2006: 27.

[33] Inter Press Service: octubre 7: 2003.

[34] *The Guardian*: julio 13: 2006.

[35] Soares de Lima & Hirst: 2006: 36.

[36] Inter Press Service: diciembre 21: 2006.

[37] Sader: 2005.

[38] Hunter & Power: 2005.

[39] SINDP: 2003.

[40] *Gazeta Mercantil*: agosto 20: 2003.

[41] *Idem.*

[42] *Gazeta Mercantil*: octubre 23: 2003.

[43] *Gazeta Mercantil:* agosto 20: 2003.

[44] *Brazzil Magazine*: septiembre 16: 2003.

[45] Marques & Nakatani: 2007.

[46] Stedile: 2007.

[47] Las estadísticas oficiales sobre el programa y sus resultados están disponibles en: brasil.serpro.gov.br/pais/indicadores/cat_assist/categoria_view

[48] Hall 2006: 689.

[49] Suplicy: 2006.

[50] Soares, *et al.*: 2006: 4.

[51] Soares, *et al.:* 2006.

[52] Hall: 2006.

[53] Hall: 2006: 705.

[54] Hall: 2006, Suplicy: 2006.

[55] Hall 2006: 705.

[56] *Brasil de Fato*: octubre 10: 2006.

[57] *Brasil de Fato*: octubre 27: 2006.

Capítulo 6

[1] Castañeda: 2006, Corrales: 2006b, Navia: 2006b.

[2] Corrales: 2006a, Shifter y Jawahar: 2005, Shifter: 2006, Schamis: 2006.

[3] Domínguez y Shifter: 2003; Valenzuela: 2005.

[4] Latinobarómetro: 2007.

[5] Angell y Pollack: 1990, Constable y Valenzuela: 1991.

[6] Boeninger: 1997, Drake y Jaksic: 1995.

[7] Ensalaco: 1994, Loveman: 1991.

[8] Godoy: 1994, Navia: 2005[a].

[9] Garretón: 1995.

[10] Engel *et al.*: 2000.

[11] Garretón: 2000, Fontaine Talavera: 2000.

[12] Ottone y Vergara: 2006.

[13] Navia: 2004.

[14] Funk: 2006, Alcántara Sáez y Ruiz-Rodríguez: 2006.

[15] Fazio: 2006, Fazio *et al.*: 2006, Claude: 2006.

[16] Funk: 2006, Alcántara Sáez y Ruiz-Rodríguez: 2006, Angell y Reig: 2006.

[17] Insunza y Ortega: 2005.

[18] Insunza y Ortega: 2005, Navia: 2006[a].

[19] Navia: 2006a, Siavelis: 2006.

[20] Navia: 2005b, Siavelis: 2002.

[21] Siavelis: 2000, Baldez y Carey: 1999.

Capítulo 7

[1] El presente estudio fue financiado por el Proyecto Fondecyt #1050749 y #1090294. Agradecemos al Decanato de la Facultad de Ciencias Sociales e Historia de la Universidad Diego Portales por su apoyo a este proyecto.

[2] Altman y Castiglioni: 2006.

[3] Castañeda: 2006.

[4] Altman *et al.*: 2006.

[5] Pivel Devoto :1942.

[6] En términos generales, los partidos uruguayos son extremadamente difíciles de subsumir en una categoría única. Los llamados partidos "tradicionales" no son los clásicos partidos de masas *Duvergerianos* (Duverger: 1954), tienen estructuras débilmente institucionalizadas de selección de líderes del partido, trayectorias estables o seguridad de carrera. Aunque estos partidos fueron definidos notoriamente como laxamente estructurados e informalmente organizados (Gillespie: 1991: 5), han sobrevivido por más de 160 años (Sotelo Rico: 1999). Usando las categorías de Kirchheimer (1966), estos han sido definidos como partidos *catch-all* (Bottinelli: 1993, Gillespie: 1991, González: 1991). Y últimamente, a lo menos en los partidos tradicionales, es posible identificar algunas características de partidos cartel, tales como subvenciones y estratarquía (Katz y Mair:1995).

[7] Diversos especialistas consideran 1942 como el año en el cual el sistema electoral uruguayo alcanzó su maduración en términos políticos (Bottinelli: 1993, Buquet: 1997, Buquet *et al.*: 1998; Caetano *et al.*: 1987).

[8] Fragmentado se refiere al número de partidos en el sistema, fraccionado alude al número de fracciones dentro de los partidos.

[9] Todas las elecciones en Uruguay estaban vinculadas y eran simultáneas. Vinculadas significa que el votante debe emitir un voto por el mismo partido para todos los puestos disputados. Los votantes eligen seis niveles de gobierno: (1) presidente y vicepresidente, (2) senadores, (3) diputados, (4) intendentes departamentales, (5) ediles, y (6) cortes electorales departamentales.

[10] Existe una confusión en cuanto a si usar el concepto de "fracción" o "facción" en el contexto del sistema de partidos uruguayo. Algunos autores han denominado a estas unidades políticas facciones (Coppedge: 1999: 199, Mainwaring y Shugart: 1997: 425). Siguiendo a Sartori (1976), no utilizaremos el término "facción" debido a que tiene connotaciones peyorativas: se lo considerada como un grupo político proclive a un *facere* destructivo y dañino. También estimamos esta definición engañosa debido a que los sublemas son más permanentes que las facciones (como los circunstanciales grupos "ins" y "outs" formados en los partidos venezolanos, Coppedge: 1994). Además, una importante parte de las identidades políticas partidarias es dirigida a sublemas más que a partidos políticos. Para más información sobre este tema, ver Buquet (1997). Sobre faccionalismo también ver Mershon (2001) y Druckman (1996).

[11] Un partido puede presentar varias fórmulas asociadas a diferentes fracciones. Aunque el Poder Ejecutivo en Uruguay está compuesto por el presidente, el vicepresidente y el gabinete de ministros, la fórmula representa sólo a los candidatos a la presidencia y vicepresidencia.

[12] Buquet y Chasquetti: 2004, Buquet *et al.*: 1998.

[13] Morgenstern: 2001.

[14] Moraes y Morgenstern: 1995.

[15] Altman: 2000, Buquet: 1997, Buquet y Castellano: 1995, Chasquetti: 2003, Gon-

310

zález: 1991, Moraes: 2004, Morgenstern: 1996, 2001.

[16] Altman: 2000.

[17] Asamblea Uruguay, Espacio 90 (Partido Socialista, Corriente Popular y Movimiento Socialista), Democracia Avanzada (Partido Comunista y FIDEL); Vertiente Artiguista (Izquierda Democrática Independiente y Artiguismo y Unidad); MPP (Movimiento de Liberación Nacional-Tupamaros e independientes); Izquierda Abierta. Sin representación parlamentaria: UNIR (Movimiento 26 de marzo, Corriente de Unidad Frenteamplista, Movimiento Pregón y Unión Popular); Movimiento Popular Frenteamplista; Partido Socialista de los Trabajadores; Partido Obrero Revolucionario (trotkista); Partido por la Victoria del Pueblo; y Movimiento 20 de Mayo.

[18] González y Queirolo: 2000.

[19] Garcé y Yaffé: 2004.

[20] Lanzaro: 2004.

[21] Luna: 2007.

[22] González: 1995.

[23] Altman *et al.*: 2006.

[24] Domingo Ramos, agente colorado en Tacuarembó, entrevista personal en Luna (2004).

[25] Ver CEPAL (2006d). Según las estimaciones de CEPAL el país está ubicado, junto con Costa Rica, como el menos desigual en la región. Aunque la pobreza ha incrementado como resultado de la crisis, el país se mantiene entre aquellos que presentan los indicadores más favorables en la región. Finalmente, Uruguay también se encuentra entre los países de la región que gastan más en provisiones sociales (como porcentaje del PIB).

[26] Castiglioni: 2005.

[27] Altman: 2002.

[28] Castiglioni: 2005.

[29] Castiglioni: 2005.

[30] Altman y Castiglioni: 2006.

[31] *La República*: julio 26 de 2004.

[32] Buquet y Chasquetti: 2005.

[33] En varias ocasiones, los líderes de fracciones no intentaron cambiar las reglas y procedimientos de sus propios partidos y fracciones con el propósito de minimizar el desacuerdo interno o para ganar disputas internas, sino que trataron de cambiar el sistema electoral completo y el régimen de gobierno para cumplir sus deseos políticos. Usualmente los cambios en el sistema electoral o en el régimen de gobierno se produjeron mediante coaliciones de fracciones pertenecientes a diferentes partidos y, al mismo tiempo, son enfrentadas por una contra-coalición de diferentes fracciones de los mismos partidos (Altman: 2000, Chasquetti: 2003, Morgernstern: 1996, 2001, 2004).

[34] Altman: 2000.

[35] Este modo de distribuir el gabinete ha alcanzado su máxima expresión en Chile, mediante lo que Rehren (1992, 1998) denominó integración horizontal.

[36] Ver PANES at: http://www.mides.gub.uy/panes/index.html

[37] Midaglia y Antía: 2007: 144.

[38] Midaglia y Antía: 2007: 144.

[39] Senatore: 2008: 278.

[40] REDIU: 2008: 27.

[41] Midaglia y Antía: 2008: 148.

[42] Amarante y Vigorito: 2008.

[43] Busquets y Setaro: 2008: 284, Chasquetti: 2008: 388.

[44] Amarante y Vigorito: 2008: 52 53.

[45] Luna: 2002.

[46] *New York Times*: septiembre 12 de 2006.

[47] ver Castañeda y Morales en la introducción de este volumen.

[48] Juan Castillo, Secretario General del PIT-CNT y líder del Partido Comunista (Octubre 7, 2005, entrevistado en BRECHA). A diferencia del de 2005, la plataforma del PIT-CNT de mayo 1, 2006, también se caracterizó por su intento de confrontar al gobierno por mejores concesiones para los obreros.

CAPÍTULO 8

[1] Especialmente el Movimiento al Socialismo (MAS) y La Causa R.

[2] Human Rights Watch: 2008.

[3] Véase: Karl: 1995, Levitsky & Way: 2002, Wigell: 2008; respecto a Venezuela véase: Corrales & Penfold: 2006.

[4] Boudin *et. al.*: 2006.

[5] Corrales: 2006.

[6] Por ejemplo, López Maya: 2005, McCoy: 2006, Ellner: 2009.

[7] Lo más impresionante es la velocidad pasmosa a la que se están gestando los cambios en Venezuela. Cuando este artículo fue escrito en su versión original, a mediados de 2007, el tema más importante en el tapete era la reforma constitucional propuesta por Chávez que, entre otros asuntos, pretendía declarar el carácter socialista del sistema político, establecer la reelección indefinida, reconfigurar la división políticoterritorial del Estado y constitucionalizar los programas sociales del Ejecutivo denominados misiones. Aunque esa reforma fue rechazada por un pequeño margen el (fecha), muchas transformaciones propuestas por Chávez han sido creadas e implementadas por medio de decretos o por vía legislativa.

[8] Castañeda: 2006.

[9] La expresión "hiperliderazgo" fue acuñada por un teórico español con nexos importantes con el chavismo, Juan Carlos Monedero, quien dijo la infidencia en un encuentro de intelectuales progobierno celebrado recientemente en Caracas. Otros intelectuales han criticado este aspecto del régimen, el cual fue muy debatido recientemente, de cara al referéndum para permitir a Chávez optar de nuevo por la reelección presidencial en 2012 y en los períodos venideros.

[10] Véase: Weyland: 2001.

[11] Véase: Lyne: 2009.

[12] Véase: Corrales & Penfold: 2006.

[13] Monaldi *et. al.:* 2004.

[14] Rodríguez: 2008.

[15] En la versión original de este artículo se incluyó una discusión bastante amplia de la relación entre la izquierda y el gobierno de Chávez con anterioridad a la llegada al poder; así como una mención breve sobre las causas que condujeron al deterioro del sistema político democrático anterior. Estos temas merecen especial atención para cualquiera que desee comprender profundamente el cambio político que operó en Venezuela en los últimos años. Para ello, invitamos al lector a dirigirse al artículo original o, de otro modo, consultar diversos trabajos interesantes en la materia, tales como: para ampliar la lectura sobre la izquierda en Venezuela con anterioridad a la llegada de Chávez al poder, léase: Ellner:

1993, López Maya: 1998, 2004, 2005; Hernández Márquez: 2004. Sobre el deterioro del bipartidismo en Venezuela y sus causas, véase: Hellinger: 2003, McCoy: 2006, Molina: 2004, Molina y Pérez: 2004; Kelly y Palma: 2004). Véase, por ejemplo: Ellner: 2009.

[16] Weyland: 1996.

[17] Chávez dictó 49 decretos que regularon áreas muy importantes, tales como hidrocarburos líquidos y gaseosos; propiedad y tenencia de la tierra; telecomunicaciones y organización del estado. Estos decretos fueron fuertemente rechazados por diversos sectores, especialmente por el empresariado y la clase política opositora y dieron pie al escalamiento de las acciones opositoras contra Chávez.

[18] 30 de enero de 2005, en: Balza Guanipa: 2009.

[19] Las "misiones" han sido alabadas por diversas organizaciones internacionales, analistas y estudiosos del chavismo, especialmente aquéllas que han generado cambios importantes en la calidad de vida de sus destinatarios (por ejemplo, *Barrio Adentro*). Sin embargo, su uso como una remuneración o retribución a cambio de apoyo político ha sido duramente cuestionado (Penfold: 2006). Más de veinte misiones han sido creadas e implementadas hasta el momento. La primera misión fue *Barrio Adentro*, creada en abril de 2003, cuyo objetivo fue la creación de clínicas de atención médica inmediata en las comunidades menos favorecidas (*barrios*). Posteriormente, *Barrio Adentro* fue extendido a lo largo de Venezuela a través de las *Misiones Barrio Adentro 2* y *3*, convirtiéndose así en un sistema de salud paralelo que coexiste con el sistema nacional de salud previamente existente. En el plano educativo, la *Misión Robinson I* (de alfabetización); la *Misión Robinson II* (educación primaria); la *Misión Ribas* (educación secundaria) y la *Misión Sucre* (educación superior) han sido muy populares, aunque sus críticos señalan que la educación impartida es de un nivel muy pobre y que, en realidad, han servido de fachada a un sistema de repartición de becas y dádivas a la población a cambio de apoyar al presidente. La *Misión Identidad* se propuso facilitar el registro e identificación de los

ciudadanos venezolanos y residentes extranjeros en Venezuela, a través del otorgamiento expedito de tarjetas de identidad, las cuales son requisito indispensable para votar. La oposición ha denunciado este mecanismo y señalado que, en realidad, es un esquema para abultar el registro electoral y, una vez más, garantizar la creación de un contingente de votantes chavistas. Aunque no contamos con suficiente espacio para discutir las implicaciones e importancia de las misiones, hay un consenso entre los analistas: la creación e implementación de estas misiones en el 2003 y 2004 influyó de forma decisiva en el triunfo de Chávez en el referéndum revocatorio de agosto de 2004. Asimismo, a la fecha las misiones continúan siendo los programas más populares del gobierno, hasta el punto que en la fallida reforma de 2007 se propuso su incorporación a la Constitución.

[20] Véase: Parker: 2009.
[21] Levitsky & Way: 2002.
[22] Véase: López Maya: 2009.
[23] Dieterich: 2006.
[24] Véase: MINCI: 2007.
[25] Véase: MINCI: 2007: 17.
[26] Véase: Rivero y García Soto: 2006.
[27] Véase: Ellner: 2005.

Capítulo 9

[1] Véase: Vilas: 1994.
[2] Sobre el desarrollo de la ideología "clasista" en los sectores populares organizados ver Balbi, 1989, entre otros. Cabe señalar además que la extensión del discurso clasista de la izquierda dificultó el desarrollo de movimientos étnicos como los que se registraron en Ecuador o Bolivia; sobre este punto véase: Tanaka: 2003.
[3] Sobre los gobiernos autoritarios en América Latina véase: Collier, ed.: 1979; sobre el velasquismo vñease McClintock y Lowenthal, comp.; 1989, Stepan: 1978, Lynch: 1992, Pease: 1979, entre otros.
[4] Un testimonio de las discusiones de la izquierda sobre el velasquismo puede verse en Lauer: 1977.
[5] Sobre las políticas de ajuste desde los años setenta hasta los noventa véase Iguíñiz

et.al.: 1993; sobre la segunda fase del gobierno militar véase: Pease: 1981.
[6] Sobre la literatura teórica de los movimientos sociales véase: Foweraker: 1995, y McAdam et.al.: 1996, entre otros.
[7] La letra (C) alude a elecciones de asamblea constituyente; la letra (P) alude a elección presidencial; la letra (M) alude a elecciones municipales.
[8] Gran parte del análisis de la IU se basa en Tanaka, 1998.
[9] Véase: Sanborn: 1991.
[10] Peor aún, por efectos de los mecanismos de asignación de escaños, la izquierda sólo obtuvo 19 de 240 escaños en el Congreso, es decir, el 7.9 por ciento. Tuvo sólo diez diputados de 180 y nueve senadores de 60. Sobre la división de ARI véase: Nieto: 1983.
[11] La IU estuvo conformada la mayor parte del tiempo por los siguientes partidos: Partido Comunista Peruano (PCP), Partido Socialista Revolucionario (PSR), Unión Nacional de Izquierda Revolucionaria (UNIR), Partido Unificado Mariateguista (PUM), Partido Comunista Revolucionario (PCR), Frente Obrero Campesino Estudiantil y Popular (FOCEP) y Acción Política Socialista (APS). Generalmente, se formaba un "bloque radical" entre el PUM, el UNIR y el FOCEP, uno "reformista" con el PSR y el PCR, quedando en el centro el PCP, APS y los independientes sin partido.
[12] El APRA pasó a partir de 1982 por un proceso de recomposición bajo el liderazgo de Alan García, superándose el trauma posterior a la muerte de Haya de la Torre.
[13] Véase: González y Samamé: 1991.
[14] No es posible de hacer un análisis de Sendero Luminoso, dado su carácter extrasistémico. Baste mencionar que se trató de una organización particularmente dogmática, sectaria y sanguinaria, que no buscó en ningún momento alianzas con otros grupos de izquierda, a los que tildaba de "revisionistas". El Movimiento Revolucionario Túpac Amaru fue un movimiento de corte guevarista que, al igual que Sendero, recurrió sistemáticamente a acciones terroristas; inició sus acciones en 1984, y, pese a la espectacularidad de algunas de sus acciones, nunca llegó a tener la fuerza de Sendero. Sobre

ambos grupos véase: Comisión de la Verdad y Reconciliación: 2003.

[15] 1985 cerró con una inflación de 158 por ciento; en 1986 ella bajó a 62.9 por ciento; en cuanto a la tasa de crecimiento del PBI, este fue de 2.3 por ciento en 1985, y saltó a un 8.7 por ciento en 1986.

[16] 1987 cerró con un 114.5 por ciento de inflación; 1988 cerró con 1,722.3 por ciento; 1989, con 2,775.3 por ciento.

[17] Los "moderados" eran liderados por el PCP; los "radicales" eran el bloque formado por el PUM, el UNIR y el FOCEP. Sobre el proceso de ruptura de IU véase: Taylor: 1990 y Cameron: 1994.

[18] Fecha en la que venció el plazo de inscripción de candidaturas presidenciales y de congreso para las elecciones de abril.

[19] Durante los años ochenta el Perú había vivido una dinámica "movimientista": es decir, el poder se construía sobre la base de la capacidad de movilizar grupos organizados en sectores estratégicos. Sobre el punto véase: Tanaka: 1998a. La dinámica movimientista se revelaría agotada a lo largo de 1991, como veremos.

[20] Un testimonio muy interesante de todo este proceso, desde el punto de vista de uno de los líderes del PCP, puede verse en Herrera: 2002.

[21] Según la Nota Semanal del BCR, publicada el 5 de agosto de 1990, las reservas Internacionales Netas eran de 150 millones de dólares, y el déficit fiscal estaba cerca del ocho o nueve por ciento del PIB. El gobierno peruano tenía además enormes atrasos en los pagos del servicio de la deuda externa y cerradas las fuentes de financiamiento. La inflación de los últimos doce meses de gobierno aprista, medidos entre julio de 1989 y julio de 1990, registró un 3 039.8 por ciento, según el Instituto Nacional de Estadística. La presión tributaria era de apenas 6.5 por ciento del PIB a fines de 1989 (en 1985 fue de 12.5 por ciento). El programa de ajuste del 8 de agosto de 1990 se basó en el aumento de las tarifas públicas, siendo el déficit fiscal el problema principal a enfrentar y elevó el nivel de inflación de ese mes a 397 por ciento. Sobre el tema véase: Iguíñiz *et.al.*: 1993.

[22] El PMR fue una escisión del PUM.

[23] También boicotearon la elección partidos como el APRA y Acción Popular.

[24] Como la denuncia de la participación de un comando de aniquilamiento paramilitar en la masacre de diez estudiantes y un profesor de la Universidad La Cantuta, perpetrado en julio de 1992.

[25] Para ser justos, recordemos que la candidata presidencial del APRA, Mercedes Cabanillas, obtuvo el 4.11 por ciento de los votos y el de Acción Popular, Raúl Diez Cansecom, 1.64. El APRA obtuvo el 6.53 por ciento de los votos para el congreso, y obtuvo 8 representantes; AP obtuvo el 3.43 y obtuvo cuatro; el PPC sólo presentó lista al congreso, obtuvo 3.09 por ciento y tres representantes.

[26] Por ejemplo, Gustavo Mohme entró al congreso por Somos Perú; Henry Pease, Gloria Helfer y Daniel Estrada fueron electos por la UPP. De otro lado, por ejemplo, Javier Diez Canseco no logró ser patrocinado por ninguna lista, pese a su voluntad manifiesta de reelegirse.

[27] Unidad Nacional (UN) es una alianza en la que el PPC es el componente más importante.

[28] Por ejemplo, con la creación de Mesas de Concertación de Lucha contra la Pobreza, el Consejo Nacional del Trabajo, el Acuerdo Nacional, entre muchos otros. Véase: Remy: 2005.

[29] Sobre el punto véase: Tanaka: 2002.

[30] Por ejemplo, la candidatura de Washington Román, coordinador nacional de los frentes regionales, quien obtuvo apenas dos por ciento de los votos en su postulación a la presidencia de la región Cusco.

[31] Es el caso, por ejemplo, de los presidentes de las regiones Apurímac, Lambayeque, Puno, Loreto, Moquegua, Cusco y Huancavelica. Véase: Meléndez: 2002.

[32] Inspirado gruesamente en planteamientos de "tercera vía" o "camino alternativo". Al respecto véase: Bresser *et.al.*: 1993, Giddens: 1998, Gomes y Unger: 1998, Castañeda *et.al.*: 1998.

[33] El "etnocacerismo" responde a postulados elaborados tanto por Antauro Humala como por su padre, Ulises Humala, de un nacionalismo exacerbado, en ocasiones realmente estrambóticos. Debe su nombre a

una reivindicación nacionalista y étnica (de la raza "cobriza"), que tiene como emblema a Andrés Avelino Cáceres, militar que luchó resistiendo la invasión chilena durante la Guerra del Pacífico y que luego fue Presidente de la República (1886-1890 y 1894-1895).

[34] Cabe señalar que López, quien podría ser calificado como un "intelectual orgánico" de izquierda, fue director de la Biblioteca Nacional del Perú durante el gobierno de Alejandro Toledo.

[35] Véase: Tanaka y Vera: 2007.

[36] Tanaka: 2008.

CAPÍTULO 10

[1] Carr: 1985: 10.

[2] De estos grupos, los más importantes eran el Movimiento de Acción Popular (MAP), el Movimiento de Acción y Unidad Socialista (MAUS), el Partido del Pueblo Mexicano (PPM) y el Partido Socialista Revolucionario (PSR). Martínez Verdugo:1985, Bruhn:1997.

[3] El PMS también incluyó el Partido Patriótico Revolucionario (PPR), el Movimiento Revolucionario Popular (MRP), el Partido Mexicano de los Trabajadores (PMT) y Unidad de Izquierda Comunista (UIC). Sólo el PMT tenía el registro legal como partido cuando se formó el PMS (Bruhn 1997, pp. 319-324).

[4] Para una historia más completa de este proceso, véase: Bruhn: 1997.

[5] El presidente del PRD de 2003 a 2006 es ejemplo de esto. Leonel Cota Montaño fue reclutado por López Obrador para ser candidato a gobernador de Baja California Sur. Ganó la elección y, posteriormente, subió a la presidencia nacional del partido.

[6] Críticas de partidos rivales acusaron al PRD de amenazar *explícitamente* a los votantes durante las campañas de que dejarían de recibir sus beneficios de ganar la oposición; lo cierto es que muchos así lo interpretaron.

[7] Grayson: 2006: 221.

[8] El escándalo involucró a uno de sus ayudantes, exhibido en un video aceptando paquetes de dinero en efectivo a manos de un empresario argentino que tenía varios contratos con el gobierno de la ciudad para construcción. El ayudante insistió que sólo recibía contribuciones (legales) para la campaña de López Obrador, pero renunció al PRD y pasó cierto tiempo en la cárcel. López Obrador negó haber sido enterado de las acciones de su ayudante y acusó a sus rivales políticos de intentar difamarle.

[9] Bruhn:1997.

[10] De un total de 2,211. Datos del Instituto Nacional de Estadística y Geografía (INEGI), http:www.inegi.gob.mx/est/contenidos/espanol/retinas/ept.asp?t=mgob06&c=1902.

[11] Este método utiliza análisis de contenido para colocar las plataformas en una escala de izquierda a derecha. Los analistas clasifican cada frase según su contenido y la asignan a una de 56 categorías. Los datos se expresan en porcentajes de la plataforma para cada categoría. Las frases clasificadas pueden agruparse según el tipo de tema, o sumado para crear varias escalas cubriendo dimensiones diferentes (por ejemplo, izquierda-derecho, o mercado-estado). Budge y Robertson (1987) construyen su escala de izquierda-derecha a base de 13 "temas de derecha" y 13 "temas de izquierda," utilizando las plataformas políticas de partidos europeos. Para calcular la posición de un partido, se suman los porcentajes de temas de derecha y se restan los porcentajes de temas de izquierda. Números positivos indican un partido más conservador, mientras números negativos indican un partido más de izquierda. El *Comparative Manifestoes Project* generosamente me mandó los libros para entrenar los analistas y aprobé el examen de consistencia entre codificadores antes de empezar el proyecto. Quisiera agradecer al Project y, sobre todo, a su director Andrea Volkens por su apoyo y ayuda.

[12] De un total de 2,211. Datos del Instituto Nacional de Estadística y Geografía (INEGI), http:www.inegi.gob.mx/est/contenidos/espanol/retinas/ept.asp?t=mgob06&c=1902.

[13] El PRD parece más consciente de estos temas que el Partido Socialista chileno, que menciona la macroeconomía en sólo 7 por ciento de su plataforma —quizás porque en 2001 todos ya entendían el tipo de política macroeconómica que iba— como partido en el poder, a implementar.

[14] Bruhn y Yanner: 1995.

[15] En 2006, el PRD iba en coalición con dos partidos pequeños (PT y Convergencia), y nombró otros candidatos independientes (sin partido).

[16] El único que se atrevió a criticarle públicamente fue Cuauhtémoc Cárdenas, su otrora padrino y ahora peor enemigo. Fue escoriado por el partido por su "falta de lealtad".

[17] http://www.prd.org.mx/portal/, consultado febrero 9, 2009.

[18] Coinvestigadores principales Kathleen Bruhn y Kenneth F. Greene. El proyecto fue financiado por la Universidad de Texas-Austin y la Universidad de California, Santa Bárbara.

BIBLIOGRAFÍA

ABERS, Rebecca. 2000. *Inventing Local Democracy: Grassroots Politics in Brazil.* Boulder: Lynne Rienner Publishers.

AHMAD, Aijaz. 2006. "Radical Promise, Neoliberal Policy." *Frontline* 23(7): 127-133.

ALCÁNTARA SÁEZ, Manuel y Leticia Ruiz-Rodríguez, eds. 2006. *La política chilena: entre la rutina, el mito y el modelo.* Barcelona: Bellaterra.

ALESINA, Alberto y Dani Rodrik, 1994. "Distributive Politics and Economic Growth." *Quarterly Journal of Economics* 109(2): 465-490.

ALTMAN, David. 2000. "The Politics of Coalition Formation and Survival in Multiparty Presidential Democracies: The Case of Uruguay 1989-1999." *Party Politics* 6(3): 259-283.

ALTMAN, David. 2002. "Popular Initiatives in Uruguay: Confidence Votes on Government or Political Loyalties?" *Electoral Studies* 21(4): 617-630.

ALTMAN, David y Rossana Castiglioni. 2006. "The 2004 Uruguayan Elections: A Political Earthquake Foretold." *Electoral Studies* 25(1): 147-154.

ALTMAN, David, Daniel Buquet, y Juan Pablo Luna. 2006. "Constitutional Reforms and Political Turnover in Uruguay: Winning a Battle, Losing the War." Presentado en la Reunión Annual de la American Political Science Association, agosto 31-septiembre 3, Filadelfia, Pensilvania.

ÁLVAREZ HERRERA, Bernardo. 2006. "A Benign Revolution." *Foreign Affairs* 85(4): 195.

ANGELL, Alan y Benny Pollack. 1990. "The Chilean Elections of 1989 and the Politics of the Transitions to Democracy." *Bulletin of Latin American Research* 9(1): 1-23.

ANGELL, Alan y Cristóbal Reig. 2006. "Change or Continuity? The Chilean Elections of 2005/2006." *Bulletin of Latin American Research* 25(4): 481-502.

AVRITZER, L. 2003. "O orçamento participativo e a teoria democrática: um balanço crítico." En *A inovaçao democrática no Brasil: o orçamento participativo*, ed. Leonardo Avritzer y Zander Navarro. Sao Paulo: Cortez.

Bacigalupe, Juan y Jorge Marius. 1998. *Sistema electoral y elecciones uruguayas 1925-1998*. Montevideo: Fundación Konrad Adenauer.

Baiocchi, Gianpaolo, ed. 2003a. *Radicals in Power: The Workers' Party (PT) and Experiments in Urban Democracy in Brazil*. Nueva York: Zed Books.

Baiocchi, Gianpaolo. 2003b. "Radicals in Power." En *Radicals in Power: The Workers' Party (PT) and Experiments in Urban Democracy in Brazil*, ed. Gianpaolo Baiocchi. Nueva York: Zed Books.

Baiocchi, Gianpaolo. 2003c. "The Long March through Institutions: Lessons from PT in Power." En *Radicals in Power: The Workers' Party (PT) and Experiments in Urban Democracy in Brazil*, ed. Gianpaolo Baiocchi. Nueva York: Zed Books.

Balbi, Carmen Rosa. 1989. *Identidad clasista en el sindicalismo: su impacto en las fábricas*. Lima: DESCO.

Baldez, Lisa y John M. Carey. 1999. "Presidential Agenda Control and Spending Policy: Lessons from General Pinochet's Constitution." American Journal of Political Science 43(1): 29-55.

Benoit, Kenneth y Michael Laver. 2006. *Party Policy in Modern Democracies*. Londres: Routledge.

Bittar, Jorge, ed. 1992. *O modo petista de governar*. Sao Paulo: Fundaçao Perseu Abramo.

Bobbio, Norberto. 1997. *Left and Right: The Significance of a Political Distinction*. Chicago: University of Chicago Press.

Boeninger, Edgardo. 1997. Democracia en Chile. *Lecciones para la gobernabilidad*. Santiago: Editorial Andrés Bello.

Boix, Carles. 1998. *Political Parties, Growth and Equality. Conservative and Social Democratic Economic Strategies in the World Economy*. Cambridge: Cambridge University Press.

Bonanno, George A. y John T. Jost. 2006. "Conservative Shift among High-Exposure Survivors of the September 11th Terrorist Attacks." *Basic and Applied Social Psychology* 28(4): 311-323.

Borón, Atilio. 2006. "Vargas Llosa y la democracia: breve historia de una relación infeliz." Disponible en www.iade.org.ar/modules/noticias/article.php?storyid=754 /accessed December 27, 2006).

Bottinelli, Oscar. 1993. "Estructura y funcionamiento de los partidos políticos en Uruguay." En *Estructura y funcionamiento de los partidos políticos: una reforma posible*, ed. Klaus Bodemer y María Elena Laurnaga. Montevideo: FESUR.

Boudin, Chesa, Gabriel González, y Wilmer Rumbos. 2006. *The Venezuelan Rovolution: 100 Questions-100 Answers*. Nueva York: Thunder's Mouth Press.

Bovero, Michelangelo.2006. "La izquierda, la derecha, la democracia." *Nexos* 348: 25-32.

Branford, Sue y Bernardo Kucinski, 1995. *Brazil-Carnival of the Oppressed. Lula and the Brazilian Workers' Party*. Nueva York: Latin America Bureau.

BRESSER-PEREIRA, Luiz Carlos, José María Maravall, y Adam Przeworski. 1993. *Economic Reforms in New Democracies: A Social-Democratic Approach.* Nueva York: Cambridge Univesity Press.

BRUHN, Kathleen. 1997. *Taking on Goliath: The Emergence of a New Left Party and the Struggle for Democracy in Mexico.* University Park, Pensilvania: Penn State Press, 1997.

BUDGE, Ian y David Robertson. 1987. "Do Parties Differ, and How? Comparative Discriminant and Factor Analyses." En *Ideology, Strategy and Party Change: Spatial Analyses of Postwar Election Programmes in 19 Democracies,* ed. Ian Budge, David Robertson, and Derek Hearl. Cambridge: Cambridge University Press.

BUQUET, Daniel. 1997. "Partidos políticos y sistema electoral: Uruguay 1942-1994." Facultad Latinoamericana de Ciencias Sociales (FLACSO), México.

BUQUET, Daniel y Ernesto Castellano. 1995. "Representación proporcional y democracia en Uruguay." *Revista Uruguaya de ciencia política* 8: 107-123.

BUQUET, Daniel y Daniel Chasquetti. 2004. "Presidential Candidate Selection in Uruguay (1942-1999)." Presented at the Pathways to Power: Political Recruitment and Democracy in Latin America conference, April 3 and 4, Winston-Salem, Carolina del Norte.

BUQUET, Daniel y Daniel Chasquetti. 2005. "Elecciones Uruguay 2004: descifrando el cambio." *Revista de ciencia política* 25(2): 143-152.

BUQUET, Daniel, Daniel chasquetti, y Juan Andrés Moraes. 1998. *Fragmentación política y gobierno en Uruguay: ¿Un enfermo imaginario?* Montevideo: Facultad de Ciencias Sociales.

CAETANO, Gerardo, José Rilla, y Roméo Pérez. 1987. "La partidocracia uruguaya. Historia y teoría de la centralidad de los partidos políticos." *Cuadernos del CLAEH* 44(4): 37-62.

CAMERON, Maxwell. 1994. *Democracy and Authoritarianism in Peru. Political Coalitions and Social Change.* Nueva York: St Martin's Press.

CANACHE, Damarys. 2004. "Urban Poor and Political Order." En *The Unraveling of Representative Democracy in Venezuela,* ed. Jennifer L. McCoy and David J. Myers. Baltimore, MD: Johns Hopkins University Press.

CARDOSO, Fernando Henrique. 2006. "Populism and Globalization Don´t Mix." *New Perspectives Quarterly* 23(2): 63.

CARR, Barry. 1985. *Mexican Communism, 1968-1983: Eurocommunism in the America?* Research Report Series No. 42. La Jolla: Center for U.S.-Mexican Studies.

CASTAÑEDA, Jorge G. 1993. *Utopia Unarmed: The Latin American Left after the Cold War.* Nueva York: Vintage Books.

CASTAÑEDA, Jorge G. 2006. "Latin America's Left Turn." *Foreign Affairs* 85(3): 28-43.

Castañeda, Jorge G. y Patricio Navia. 2007. "New Leaders, New Voices." *Americas Quarterly* 1(1): 41-51.

Castañeda, Jorge G. y Roberto Mangabeira Unger. 1998. "Después del neoliberalismo: un nuevo camino." *Nexos* 243: 57-64.

Castiglioni, Rossana. 2005. *The Politics of Social Policy Change in Chile and Uruguay: Retrenchment versus Maintenance 1973-1998.* Nueva York: Routledge.

Chasquetti, Daniel. 2003. "Producción parlamentaria: el declive del Parlamento en el 'cuarto año.'" Observatorio Político: Informe de Coyuntura 4: 41-48.

Chávez Frías, Hugo. 2005. *Understanding the Venezuelan Revolution. Hugo Chávez Talks to Marta Harnecker.* Nueva York: Monthly Review Press.

Claude, Marcel. 2006. *El retorno de Fausto. Ricardo Lagos y la concentración del poder económico.* Santiago: Ediciones Política y Utopía.

Cleary, Matthew R. 2006. "Explaining the Left's Resurgence." *Journal of Democracy* 17(4): 35-49.

coha. 2005. "The Lagos Legacy and Chile's Upcoming Elections." Available at http://www.coha.org/2005/10/11/the-lagos-legacy-and-chiles-upcoming-elections (accessed December 4, 2006).

coha.2006. "Uruguay's Tabaré Vázquez: Pink Tide or Political Voice of the Center?" Available at www.coha.org/2006/03/04/uruguay%e2%80%99s-tabare-vazquez-pink-tide-or-political-voicwe-of-the-center (accessed December 4, 2006).

Collier, David, ed. 1979. *The New Authoritarianism in Latin America.* Princeton: Princeton University Press.

comisión de la verdad y reconciliación. 2003. *Informe final.* Lima: Comisión de la Verdad y Reconciliación.

Constable, Pamela y Arturo Valenzuela. 1991. *A Nation of Enemies. Chile under Pinochet.* Nueva York: Norton.

Coppedge, Michael. 1994. *Strong Parties and Lame Ducks: Presidential Partyarchy and Factionalism in Venezuela.* Stanford: Stanford University Press.

Corrales, Javier 2006a. "Hugo Boss." *Foreign Policy* 152: 32-40.

Corrales, Javier 2006b. "The Many Lefts of Latin America." *Foreign Policy* 157: 44-45.

Couto, Cláudio G. 1996. *Qual PT? Resenha do livro um governo de esquerda para todos: Luiza Erundina na prefeitura de Sao Paulo.* Sao Paulo: Editora Brasileira de Ciências.

Desai, Manali. 2002. "The Relative Autonomy of Party Practices: A Counterfactual Analysis of Left Party Ascendancy in Kerala, India. 1934-1940." *American Journal of Sociology* 108(3): 616-657.

Dieterich, Heinz. 2006. "El socialismo del siglo XXI." Available at http://www.rebelion.org/dieterich/dieterich070802.pdf (accessed November 6, 2007).

DOMÍNGUEZ, Jorge y Michael Shifter, eds. 2003. *Constructing Democratic Governance in Latin America*. Second ed. Baltimore: Johns Hopkins University Press.

DORNBUSCH, Rudiger y Sebastian Edwards. 1991. "The Macroeconomics of Populism." En *The Macroeconomics of Populism in Latin America*, ed. Rudiger Dornbusch and Sebastian Edwards. Chicago, IL: University of Chicago Press.

DRAKE, Paul e Iván Jaksic, eds. 1995. *The Struggle for Democracy in Chile*. 1982-1990. Revised ed. Lincoln: University of Nebraska Press.

DRUCKMAN, James N. 1996. "Party Factionalism and Cabinet Durability." *Party Politics* 2(3): 397-407.

DUVERGER, Maurice. 1954. *Political Parties*. Londres: Methuen.

ECLAC. 2002. "Boletín demográfico no.69. América Latina y Caribe: estimaciones y proyecciones de población. 1950-2050." Santiago, Chile: ECLAC.

ECLAC. 2006a. Estudio económico de América Latina y el Caribe 2005-2006 (estadística). Santiago, Chile: Economic Commission for Latin America and the Caribbean.

ECLAC. 2006b. Panorama social de América Latina y el Caribe. Santiago, Chile: Economic Commission for Latin America and the Caribbean.

ECLAC. 2006c. Panorama de la inserción internacional de América Latina. Santiago, Chile: Economic Commission for Latin America and the Caribbean.

ECLAC. 2006d. Balance preliminar de las economías de America Latina y el Caribe, 2006. Santiago: ECLAC.

ECLAC. 2006e. Statistical Yearbook for Latin America and the Caribbean, 2005. Santiago: Naciones Unidas.

EIU. 2006. Argentina, Bolivia, Brazil, Chile, Uruguay and Venezuela Country Reports. Economist Intelligence Unit, Londres.

EIU. 2007. Argentina, Bolivia, Brazil, Chile, Uruguay and Venezuela Country Reports. Economist Intelligence Unit, Londres.

ELLNER, Steve. 2005. "Revolutionary and Non-Revolutionary Paths of Radical Populism: Directions of the *Chavista* Movement in Venezuela." *Science and Society* 69: 160-190.

ELLNER, Steve y Daniel Hellinger, eds. 2003. *Venezuelan Politics in the Chavez Era: Class, Polarization and Conflict*. Boulder, Colorado: Lynne Rienner Publishers.

ENGEL, Eduardo, Ronald Fischer, y Alexander Galetovic. 2000. "The Chilean Infrastructure Concessions Program: Evaluation, Lessons and Prospects for the Future." En *La transformación económica de Chile*, ed. Fernando Larraín and Rodrigo Vergara. Santiago: CEP.

ENSALACO, Mark. 1994. "En with the New, Out with the Old? The Democratising Impact of Constitutional Reform in Chile." *Journal of Latin American Studies* 26(2): 409-429.

Fazio, Hugo.2006. *Lagos: el presidente "progresista" de la Concertación.* Santiago: LOM Ciencias Humanas.

Fazio, Hugo, Magaly Parada, Hugo Lattore, Manuel Riesco, Gabriel Salazar, Felipe Portales, Horacio Brum, Rafael Otano, Claudia Lagos, y Gonzalo Villarino. 2006. *Gobierno de Lagos, balance crítico.* Santiago: Ediciones LOM.

Florina, Morris (with Samuel J. Abrams y Jeremy C. Pope). 2006. *Culture War? The Myth of a Polarized America.* Second ed. Nueva York: Pearson Longman.

Fletcher, Sam. 2003. "PDVSA Workers Oppose Takeover of PDVSA by Chavez." *The Oil and Gas Journal* 101(3): 29-31.

Foweraker, Joe. 1995. *Theorizing Social Movements.* Londres: Pluto Press.

Funk, Robert, ed. 2006. *El gobierno de Ricardo Lagos: La nueva vía chilena hacia el socialismo.* Santiago: Universidad Diego Portales.

Gaglietti, Mauro. 1999. PT: *Ambivalências de uma militância.* Porto Alegre: Dacasa Editora/Unicruz.

Garcé, Adolfo y Jaime Yaffé. 2004. *La era progresista.* Montevideo: Editorial Fin de Siglo.

García-Guadilla, María Pilar. 2003. "Civil Society: Institutionalization, Fragmentation, Autonomy." En *Venezuelan Politics in the Chávez Era: Class, Polarization and Conflict,* ed. Steve Ellner and Daniel Hellinger. Boulder, Colorado: Lynne Rienner Publishers.

Garretón, Manuel Antonio. 1995. "The Political Opposition and the Party System under the Military Regime." En The *Struggle for Democracy in Chile. 1982-1990,* ed. Paul Drake and Ivan Jaksic. Lincoln: University of Nebraska Press.

Giacalone, Rita. 2006. "La Comunidad Sudamericana de Naciones: ¿Una alianza entre izquierda y empresarios?" *Nueva sociedad* 202: 74-87.

Giddens, Anthony. 1998. *The Third Way. The Renewal of Social Democracy.* Cambridge: Polity Press.

Gillespie, Charles G. 1991. *Negotiating Democracy: Politicians and Generals in Uruguay.* Cambridge: Cambridge University Press.

Gilligan, Michael. 1997. *Empowering Exporters.* Ann Arbor, Michigan: University of Michigan Press.

Godoy, Oscar. 1994. "Las elecciones de 1993." *Estudios públicos* 54: 301-337.

Goldfrank, Benjamin y Aaron Schneider. 2003. "Restraining the Revolution or Deepening Democracy? The Workers' Party in Rio Grande do Sul." En *Radicals in Power: The Workers' Party (PT) and Experiments in Urban Democracy in Brazil,* ed. Gianpaolo Baiocchi. Nueva York: Zed Books.

Gomes, Ciro y Roberto Mangabeira Unger. 1998. *Una alternativa práctica al neoliberalismo.* México: Océano.

González, Luis E. 1991. *Political Structures and Democracy in Uruguay.* Notre Dame: University of Notre Dame Press.

González, Luis E. 1995. "Continuity and Change in the Uruguayan Party System." En *Building Democratic Institutions: Party Systems in Latin America*, ed. Scott Mainwaring and Timothy Scully. Stanford: Stanford University Press.

González, Luis E. y Rosario Queirolo. 2000. "Las elecciones nacionales del 2004: posibles escenarios." En *Elecciones 1999/2000*, ed. Gerardo Caetano. Montevideo: Ediciones Banda Oriental-Instituto de Ciencia Política.

Gourevitch, Peter. 1986. *Politics in Hard Times: Comparative Responses to International Crisis.* Ithaca, Nueva York: Cornell University Press.

Grayson, George, with Óscar Aguilar Ascencio. 2006. *Mesías mexicano: biografía crítica de Andrés Manuel López Obrador.* Mexico City: Random House Mondadori.

Guidry, John. 2003. "Faith in what will Change: The PT Administration in Belém." En *Radicals in Power: The Workers' Party (PT) and Experiments in Urban Democracy in Brazil,* ed. Gianpaolo Baiocchi. Nueva York: Zed Books.

Hakim, Peter. 2006. "Is Washington Losing Latin America?" *Foreign Affairs* 85(1): 39-53.

Hall, Anthony. 2006. "From *Fome Zero to Bolsa Família*: Social Policies and Poverty Alleviation under Lula." *Journal of Latin American Studies* 38(4): 689-710.

Hernández Márquez, Janeth. 2004. "Movimiento al socialismo: su origen y evolución." En *Los partidos políticos venezolanos en el siglo XXI*, ed. Jesús Enrique Molina Vega and Ángel Eduardo Álvarez Díaz. Valencia: Vadell Hermanos Editores.

Herrera, Guillermo 2002. *Izquierda Unida y el Partido Comunista.* Lima: Termil.

Huber, Everyn y John Stephens. 2001. *Development and Crisis of the Welfare State.* Chicago: University of Chicago Press.

Huber, John y Ronald Inglehart. 1995. "Expert Interpretations of Party Space and Party Locations in 42 Societies." *Party Politics* 1(1): 73-111.

Hunter, Wendy y Timothy Power. 2005. "Lula's Brazil at Midterm." *Journal of Democracy* 16(3): 127-139.

Iguíñiz, Javier, Rosario Basay, y Mónica Rubio. 1993. *Los ajustes. Perú 1975-1992.* Lima: Fundación Friedrich Ebert.

IMF. 2006. Balance of Payments Statistics CD-Rom. Washington, DC: IMF.

IMF. 2007. World Economic Outlook Database. Washington, DC: IMF.

Inglehart, Ronald. 1997. *Modernization and Postmodernization.* Princeton, Nueva Jersey: Princeton University Press.

Insunza, Andrea y Javier Ortega. 2005. *Bachelet. La historia no oficial.* Santiago: Debate.

Iversen, Torben. 2005. *Capitalism, Democracy and Welfare.* Cambridge: Cambridge University Press.

Jost, John T. 2006. "The End of the End of Ideology." *American Psychologist* 61(7): 651-670.

Jost, John T., Jack Glaser, Arie W. Kruglanski, y Frank J. Sulloway. 2003a. "Political Conservatism as Motivated Social Cognition." *Psychological Bulletin* 129(3): 339-375.

Jost, John T., Jack Glaser, Arie W. Kruglanski, y Frank J. Sulloway. 2003b. "Exceptions that Prove the Rule. Using a Theory of Motivated Social Cognition to Account for Ideological Incongruities and Political Anomalies: Reply to Greenberg and Jonas (2003)." *Psychological Bulletin* 129(3): 383-393.

Jost, John T., Jamie L. Napier, Hulda Thorisdottir, Samuel D. Gosling, Tibor P. Palfai, y Brian Ostafin. 2007. "Are Needs to Manage Uncertainty and Threat Associated with Political Conservatism or Ideological Extremity?" *Personality and Social Psychology Bulletin* 33(7): 989-1007.

Katz, Richard S. y Peter Mair. 1995. "Changing Models of Party Organization and party Democracy: The Emergence of the Cartel Party." *Party Politics* 1(1): 5-28.

Kaufman, Robert y Barbara Stallings. 1991. "The Political Economy of Latin American Populism." En *The Macroeconomics of Populism in Latin America,* ed. Rudiger Dornbusch and Sebastian Edwards. Chicago, IL: University of Chicago Press.

Keck, Margaret. 1992. *The Workers' Party and Democratization in Brazil.* New Haven: Yale University Press.

Keefer, Philip. 2005. *DPI2004. Database of Political Institutions: Changes and Variable Definitions.* Washington, DC: World Bank.

Kirchheimer, Otto. 1966. "The Transformation of the Western European Party System." En Political Parties and Political Development, ed. Joseph La Palombara and Myron Weiner. Princeton: Princeton University Press.

Kowarick, Lúcio y André Singer. 1994. "The Workers' Party in Sao Paulo." En *Social Struggles and the City. The Case of Sao Paulo,* ed. Lúcio Kowarick. Nueva York: Monthly Review Press.

Laclau, Ernesto. 2005. *Politics and Ideology in Marxist Theory: Capitalism, Fascism and Populism.* Londres: Verso Publishers.

Lanzaro, Jorge, ed. 2004. *La izquierda uruguaya: entra la oposición y el gobierno.* Montevideo: Instituto de Ciencia Política.

Latinobarómetro. 2007. *Informe Latinobarómetro 2006.* Santiago: Latinobarómetro.

Laurer, Mirko, ed. 1977. *El reformismo burgués, 1968-1976.* Lima: Mosca Azul.

Levitsky, Steven y Lucan Way. 2002. "The Rise of Competitive Authoritarism." *Journal of Democracy* 13(2): 51-65.

Llavador, Humberto y Robert Oxoby. 2005. "Partisan Competition, Growth and the Franchise." *Quarterly Journal of Economics* 119(3): 1155-1189.

LOMNITZ, Claudio. 2006. "Latin America's Rebellion. Will the New Left Set a New Agenda?" *Boston Review* 31(5): 7-10.

LÓPEZ MAYA, Margarita. 1998. "New Avenues for Popular Representation in Venezuela: La Causa R and the Movimiento Bolivariano 200." En *Reinventing Legitimacy: Democracy and Political Change in Venezuela*, ed. Damarys Canache and Michael R. Kulisheck. Westport, Connecticut: Greenwood Press.

LÓPEZ MAYA, Margarita. 2004. "Patria Para Todos (PPT): un partido popular en tiempos de globalización." En *Los partidos políticos venezolanos en el siglo XXI*, ed. Jesús Enrique Molina Vega y Ángel Eduardo Álvarez Díaz. Valencia: Vadell Hermanos Editores.

LÓPEZ MAYA, Margarita. 2005. *Del viernes negro al referendo revocatorio*. Caracas: Alfadil.

LÓPEZ-MOCTEZUMA, Gabriel. 2007. "¿Adios a las ideologías? Un estudio del gasto social en las economías de la OCDE." Ms. ITAM.

LOVEMAN, Brian. 1991. *"¿Misión cumplida?* Civil Military Relations and the Chilean Political Transition." *Journal of Interamerican Studies and World Affairs* 33(3): 35-74.

LUNA, Juan Pablo. 2002. "¿Pesimismo estructural o voto económico? Macropolitics en Uruguay." *Revista Uruguaya de Ciencia Política* 13: 123-151.

LUNA, Juan Pablo. forthcoming. "Frente Amplio and the Crafting of a Social-Democratic Alternative in Uruguay." *Latin American Politics and Society*.

LYNCH, Nicolás. 1992. *La transición conservadora. Movimientos sociales y democracia en el Perú, 1975-1978*. Lima: El Zorro de Abajo.

McADAM, Doug, John McCarthy, y Mayer Zald. 1996. *Comparative Perspectives on Social Movements. Political Opportunities, Mobilizing Structures, and Cultural Framings*. Cambridge: Cambridge University Press.

MACAULAY, Fiona y Guy Burton. 2003. "PT Never Again? Failure (and Success) in the PT's State Government in Espíritu Santo and the Federal District." En *Radicals in Power: The Workers' Party (PT) and Experiments in Urban Democracy in Brazil*, ed. Gianpaolo Baiocchi. Nueva York: Zed Books.

McCLINTOCK, Cynthia y Abraham F. Lowenthal, comps. 1989. *El gobierno militar: una experiencia peruana*. Lima: Instituto de Estudios Peruanos.

MACHADO, Joao. 1993. "Ampliacoes redutoras." *Teoria e debate* 20.

MAGALHÃES, Inês, Luis Barreto y Vicente Trevas, eds. 1999. *Governo e ciudadania: balanço e reflexões sobre o modo petista de governar*. Sao Paulo: Fundação Perseu Abramo.

MAINWARING, Scott y Matthew Shugart, eds. 1977. *Presidentialism and Democracy in Latin America*. Cambridge: Cambridge University Press.

MARQUES, Rosa Maria y Paulo Nakatani. 2007. "The State and Economy in Brazil: An Introduction." *Monthly Review* 58(9): 17-21.

MARTÍNEZ VERDUGO, Arnaldo, ed. 1985. *Historia del comunismo en México*. México, D.F.: Editorial Grijalbo.

MELÉNDEZ, Carlos. 2003. "Radiografía de una victoria política 'outsiders'?" *Quehacer* 140: 16-23.

MENEGUELLO, Rachel 1989. *PT: A formação de un partido 1979-1982*. Rio de Janeiro: Editora Paz e Terra.

MERSHON, Carol. 2001. "Contending Models of Portfolio Allocation and Office Payoffs to Party Fractions: Italy, 1963-79." *American Journal of Political Science* 45(2): 277-293.

MINCI (Ministerio del Poder Popular para la Comunicación e Información de la Republica Bolivariana de Venezuela). 2007. "Líneas generales del plan de desarrollo económico y social de la nación." Available at http://archivos.Vinci.Gob.ve/doc/lineas_generales_de_la_nacion.pdf (accessed November 6, 2007).

MOLINA, José Enrique. 2004. "The Unraveling of Venezuela's Party System: From Party Rule to Personalistic Politics and Deinstitutionalization." En *The Unraveling of Representative Democracy in Venezuela*, ed. Jennifer McCoy and David J. Myers. Baltimore, Maryland: Johns Hopkins University Press.

MOLINA, José Enrique y Carmen Pérez. 2004. "Radical Change at the Ballot Box: Causes and Consequences of Electoral Behavior in Venezuela's 2000 Elections." *Latin American Politics and Society* 46: 103-134.

MONALDI, Francisco, Rosa Amelia Gonzalez, Richard Obuchi, y Michael Penfold. 2004. "Political Institutions, Policymaking Processes, and Policy Outcomes in Venezuela." Available at http://www.iadb.org/res/laresnetwork/projects/pr231 finaldraft.pdf (accessed September 11, 2007).

MORAES, Juan Andrés. 2004. "Why Factions? Candidate Selection and Legislaltive Politics in Uruguay." Presented at the Pathways to Power: Political Recruitment and Democracy in Latin America conference, April 3-4, Winston-Salem, Carolina del Norte.

MORAES, Juan Andrés y Scott Morgenstern. 1995. "El veto del poder ejecutivo en el proceso político uruguayo: 1985-1995." Ms, Instituto de Ciencia Política, Universidad de la República, Montevideo.

MORENO, Alejandro. 1999. *Political Cleavages: Issues, Parties, and the Consolidation of Democracy*. Boulder, Colorado: Westwiew Press.

MORGENSTERN, Scott. 1996. *The Electoral Connection and the Legislative Process in Latin America: Factions, Parties, and Alliances in Theory and Practice*. Ph.D. dissertation, University of California San Diego.

MORGENSTERN, Scott. 2001. "Organized Factions and Disorganized Parties: Electoral Incentives in Uruguay." *Party Politics* 7(2): 235-256.

MORGENSTERN, Scott. 2004. *Patterns of Legislative Politics: Roll-Call Voting in Latin America and the United States*. Cambridge: Cambridge University Press.

NACIONES UNIDAS. 2007. *Demographic and Social Statistics*. Nueva York: United Natins Statistics Division.

NAVIA, Patricio. 2004. "Modernización del estado y financiamiento de la política: una crisis que se transformó en oportunidad." En *Chile 2003-2004. Los nuevos escenarios (inter)nacionales*, ed. Carolina Stefoni. Santiago: FLACSO.

NAVIA, Patricio. 2005a. "La elección presidencial de 1993. Una elección sin incertidumbre." En *Las elecciones presidenciales en la historia de Chile. 2910-2000*, ed. Alejandro San Francisco and Ángel Soto. Santiago: Centro de Estudios Bicentenario.

NAVIA, Patricio. 2005b. "Transformando votos en escaños: Leyes electorales en Chile, 1833-2003." *Política y Gobierno* 12(2): 233-276.

NAVIA, Patricio. 2006a. "Bachelet's Election in chile." *ReVista. Harvard Review of Latin America* 5 (1): 9-11.

NAVIA, Patricio. 2006b. "La izquierda de Lagos vs la izquierda de Chávez." *Foreign Affairs en Español* 6 (2): 75-88.

NIETO, Jorge. 1983. *Izquierda y democracia en el Perú, 1975-1980*. Lima: DESCO.

NOVAES, Carlos Alberto Marques. 1993. "PT: Dilemas da burocratização," *Novos estudos* 35: 217.237.

NYLEN, William. 2003. "An Enduring Legacy? Popular Participation in the Aftermath of the Participatory Budgets of João Monlevade and Betim." En *Radicals in Power: The Workers' Party (PT) and Experiments in Urban Democracy in Brazil*, ed. Gianpaolo Baiocchi. Nueva York: Zed Books.

OTTONE, Ernesto y Carlos Vergara. 2006. Ampliando horizontes. *Siete claves estratégicas del gobierno de Lagos*. Santiago: Debate.

PANIZZA, Francisco. 2005a. "The Social Democratization of the Latin American Left." *Revista Europea de Estudios Latinoamericanos y del Caribe*, 79: 95-104.

PANIZZA, Francisco. 2005b. "Unarmed Utopia Revisited: The Resurgence of Left-of-Centre Politics in Latin America." *Political Studies* 53(4): 716-734.

PANIZZA, Ugo y Mónica Yáñez. 2005. "Why are Latin Americans So Unhappy about Reforms?" *Journal of Applied Economics* 8(1): 1-29.

PARAMIO, Ludolfo. 2006. "La izquierda y el populismo." *Nexos* 339: 19-28.

Partido dos Trabalhadores. 1989. *Programa de gobernó do PT* Sao Paulo: Partido dos Trabalhadores.

PARTIDO DOS TRABALHADORES, 1999. *O programa da revolução democrática*. Sao Paulo: Fundação Perseu Abramo.

PEASE, Henry. 1979. *El ocaso del poder oligárquico. Lucha política en la escena oficial, 1968-1975*. Second ed. Lima: DESCO.

PEASE, Henry. 1981. *Los caminos del poder. Tres años en la escena política peruana (1975-1978)*. Lima: DESCO.

PENFOLD, Michael. 2006. "Clientelism and Social Funds: Empirical Evidence from Chávez's 'Misiones' programs in Venezuela." Available at http://servicios.iesa.edu.ve/newsite/academia/pdf/MichaelPendfold.pdf (accessed September 23, 2007).

Pereira Almao, Valia. 2004. "Movimiento v república: vocación de masas y atadura personalista." En *Los partidos políticos venezolanos en el siglo XXI*, ed. Jesús Enrique Molina Vega, and Ángel Eduardo Álvarez Díaz. Valencia: Vadell Hermanos Editores.

Pivel Devoto, Juan. 1942. *Historia de los partidos políticos en el Uruguay.* Montevideo: Tipografía Atlántida.

Polanyi, Karl. 1944. *The Great Transformation: The Political Origins of Our Time.* Nueva York: Beacon Press.

Przeworski, Adam y Michael Wallerstein. 1988. "Structural Dependence of State on Capital." *American Political Science Review* 82(1): 11-29.

Raby, David L. 2006. *Democracy and Revolution.* Ann Arbor, MI: Pluto Press.

Ramírez Gallegos, Franklin. 2006. "Mucho más que dos izquierdas." *Nueva sociedad* 205:30-45.

Rawls, John. 1971. *A Theory of Justice.* Cambridge, Massachusetts: Harvard University Press.

Rehren, Alfredo. 1992. "Liderazgo presidencial y democratización en el Cono Sur de América Latina." *Revista de ciencia política* XIV(1): 63-87.

Rehren, Alfredo. 1998. "La organización de la presidencia y el proceso político chileno." *Revista de ciencia política* XIX (2): 89-124.

Remy, María Isabel. 2005. *Los múltiples campos de la participación ciudadana en el Perú. Un reconocimiento del terreno y algunas reflexiones.* Lima: Instituto de Estudios Peruanos.

Rivero Ramírez, Gigliana y Carlos García Soto. 2006. "Introducción al régimen de las empresas de producción social." *Revista de derecho publico* 108.

Rodrik, Dani. 1998. "Why Do More Open Economies Have Bigger Governments?" *Journal of Political Economy* 106(5): 997-1032.

Sader, Emir. 2005. "Taking Lula's Measure." *New Left Review* 33: 58-80.

Salamanca, Luis. 2004. "La causa radical: auge y caída." En *Los partidos políticos venezolanos en el siglo XXI*, ed. Jesús Enrique Molina Vega and Ángel Eduardo Álvarez Díaz. Valencia: Vadell Hermanos Editores.

Sanborn, Cynthia. 1991. "The Democratic Left and the Persistence of Populism in Peru: 1975-1990." Ph.D. dissertation, Harvard University.

Santori, Giovanni. 1976. *Parties and Party System.* Cambridge: Cambridge University Press.

Savarino, Franco. 2006. "Populismo: perspectivas europeas y latinoamericanas." *Espiral* XIII(37): 77-94.

Schamis, Héctor E. 2006. "Populism, Socialism and Democratic Institutions." *Journal of Democracy* 17(4): 20-34.

Shifter, Michael. 2005. "The US and Latin America through the Lens of Empire." *Current History Magazine* 103(670): 61-67.

Shifter, Michael. 2006. "En Search of Hugo Chávez." *Foreign Affairs* 85(3): 45-59.

Shifter, Michael y Vinay Jawahar. 2005. "Latin America's Populist Turn." *Current History* 104(679): 51-57.

SIAVELIS, Peter. 2000. *The President and Congress in Post-Authoritarian Chile: Institutional Constraints to Democratic Consolidation.* Philadelphia: Penn State University Press.

SIAVELIS, Peter. 2002. "The Hidden Logic of Candidate Selection for Chilean Parliamentary Elections." *Comparative Politics* 34(4): 419-438.

SIAVELIS, Peter. 2006. "How New is Bachelet's Chile? *Current History* 106(697): 70-76.

SILVA, Marcelo K. 2003. "Participation by Design? The Workers' Party in the Metropolitan Region of Porto Alegre." En *Radicals in Power: The Workers' Party (PT) and Experiments in Urban Democracy in Brazil,* ed. Gianpaolo Baiocchi. Nueva York: Zed Books.

SILVA, Marcelo K., Gianpaolo Baiocchi, Patrick Heller, y Shubham Chaudhuri. 2006. "Evaluating Empowerment: Participatory Budgeting in Brazilian Municipalities." En *Empowerment in Practice: From Analysis to Implementation,* ed. Ruth Alsop, Mette Bertelsen, and Jeremy Holland. Washington: The World Bank.

SIMÕES, Júlio A. 1992. *O dilema da participacao popular.* Sao Paulo: Editora Marco Zero.

SINDPD. 2003. "Entrevista. Tarso genro, Ministro e Secretário do Consel ho de Desenvolvimiento Econômico e Social." Available at http://www.sindpd.org.br/noticias/11-11 decisao. asp (accessed December 10, 2004).

SINGER, André. 2001. OPT. Sao Paulo: Publifolha.

SOARES, Fabio, Sergei Soares, Marcelo Medeiros, y Rafael Osorio. 2006. *Cash Transfer Programmes in Brazil: Impacts on Inequality and Poverty.* UNDP International Poverty Center Working Paper 21. Nueva York: UNDP.

SOARES DE LIMA, Maria Regina y Monica Hirst. 2006. "Brazil as an Intermediate State and Regional Power: Action, Choice and Responsibilities." *International Affairs* 82(1): 21-40.

SOTELO RICO, Mariana. 1999. "La longevided de los partidos tradicionales Uruguayos desde una perspectiva comparada." En *Los partidos políticos uruguayos en tiempos de cambio,* ed. Luis E. González. Montevideo: Fundación de Cultura Universitaria.

STEDILE, João Pedro. 2007. "The Neoliberal Agrarian Model in Brazil." *Monthly Review* 58(9): 50-54.

STEPAN, Alfred. 1978. *The State and Society: Peru in Comparative Perspective.* Princeton: Princeton University Press.

STIGLITZ, Joseph. 2006. "Is Populism Really So Bad for Latin America?" *New Perspectives Quarterly* 23(2): 61-62.

SUPLICY, Eduardo. 2006. "The Possible Transition from the Bolsa-Família Program towards a Citizen's Basic Income." Presentedo en el XI International Congress of BIEN (Basic Income Earth Network), Cape Town, South Africa, Noviembre 2-4.

Tanaka, Martín. 1998a. "From *Movimientismo* to Media Politics: The Changing Boundaries between Society and Politics in Fujimori's Peru." En *Fujimori's Peru: The Political Economy*, ed. John Crabtree and Jim Thomas. Londres: Institute of Latin American Studies.

Tanaka, Martín. 1998b. *Los espejismos de la democracia. El colapso del sistema de partidos en el Perú, 1980-1995, en perspectiva comparada.* Lima: Instituto de Estudios Peruanos.

Tanaka, Martín. 2002. *La dinámica de los actores reginales y el proceso de descentralización: ¿el despertar del letargo?* Working Document 125. Lima: Instituto de Estudios Peruanos.

Tanaka, Martín. 2003. *La situación de la democracia en Bolivia, Chile y Ecuador a inicios de siglo.* Lima: Comisión Andina de Juristas.

Taylor, Lewis. 1990. "One Step Forward, Two Steps Back: The Peruvian Izquierda Unida, 1980-90." *Journal of Communist Studies and Transition Politics* 6(3): 320-331.

Touraine, Alain. 2006. "Entre Bachelet y Morales: ¿existe una izquierda en América Latina?" *Nueva sociedad* 205: 46-57.

Utzig, José. 1996. "Notas sobre of Governo do PT em Porto Alegre." *Novos estudos* 45: 209-222.

Vacarezza, Cândido, Marcos Rolim, y Luiz Dulci. 1989. "Administracao Petista em direcao ao socialismo." *Teoria e debate* (6).

Valenzuela, Arturo. 2005. "Beyond Benign Neglect: Washington and Latin America." *Current History Magazine* 104(679): 58-63.

Vilas, Carlos, comp. 1994. *La democratización fundamental. El populismo en América Latina.* México: Conaculta.

Vilas, Carlos. 2005. "La izquierda latinoamericana y el surgimiento de regímenes nacional-populares." *Nueva sociedad* 197: 84-100.

Wampler, Brian. 2004. "Expanding Accountability through Participatory Institutions: Mayors, Citizens, and Budgeting in Three Brazilian Municipalities." *Latin American Politics and Society* 46(2): 73-99.

Weintraub, Sidney. 2002. "Chile as a Template." Issues in International *Political Economy* 35: 1-2.

Weintraub, Sidney. 2006. "Latin America's Movement to the Left." *Issues in International Political Economy* 75-1-2.

Weisbrot, Mark. 2006. "Left Hook." *Foreign Affairs* 85(4): 200.

Weyland, Kurt. 1996. "Neopopulism and Neoliberalism in Latin America: Unexpected Affinities." *Studies in Comparative International Development* 31: 3-31.

Weyland, Kurt. 1999. "Neoliberal Populism in Latin America and Eastern Europe." *Comparative Politics* 31(4): 379-401.

Weyland, Kurt. 2001. "Clarifying a Contested Concept: Populism in the Study of Latin American Politics." *Comparative Politics* 34: 1-22.

World Bank. 2007. World *Development Indicators.* Washington, DC: The World Bank.

ÍNDICE ONOMÁSTICO

Este libro terminó de imprimirse en octubre de 2010
en Editorial Penagos, S.A. de C.V., Lago Wetter
num. 152, Col. Pensil, C.P.11490, México, D.F.